Feuer und Wasser

Feuer und Wasser

Roman

von

Johann Steinhauser

Lektorat: Eva Maria Bader
Cover: Wolfgang Bader
Layout: Wolfgang Bader
Schrift: Calibri, Gabriola

ISBN: 9-789403-681788

Die Handlungen und Personen dieses Romans sind frei erfunden. Ähnlichkeiten mit tatsächlich existierenden Personen sind rein zufällig und nicht beabsichtigt.

Viele historische Fakten habe ich aus dem Internet entnommen. Dabei war mir Wikipedia oft eine große Hilfe. Sollte dennoch etwas aus historischer Sicht nicht richtig sein, dann war es bestimmt mein Fehler.

Erster Teil

1887

Opfenbach (Westallgäu)

Bregenz (Vorarlberg)

Gelobt seist du, mein Herr, für Bruder Feuer,
durch den du die Nacht erhellst.
Und schön ist er und fröhlich und kraftvoll und stark.

Gelobt seist du, mein Herr, für Schwester Wasser.
Sehr nützlich ist sie und demütig und
kostbar und keusch.

Sonnengesang von Franziskus

1

Opfenbach, Mittwoch, den 15.06.1887

Ein Traum wühlte mich innerlich auf. Ich hatte mit Herausforderungen zu kämpfen, die in einem wirren Zusammenhang auf mich zukamen. Altbekanntes war dabei, auch etwas, das mich komplett überraschte. Deswegen verwunderte mich mein Bühnenbild, in das ich unvermittelt als Hauptfigur hineingestellt wurde. Bewusst hätte ich mir all dies nie so ausgemalt und genau aus dieser Überraschung heraus fühlte ich mich bedrängt, sogar ertappt. Ohnmächtig wand ich mich hin und her. Erst nach einiger Zeit bildete sich neben der Traumhandlung ein Gedanke, der wie von außen kam. Wenn ich demnächst aufwachen würde, dann würde der innere Kampf in dem Maße verfliegen wie ich das Wachbewusstsein wiedererlange.

Ich fing gerade an, mich beim Erwachen wieder auf das Alltägliche einzustellen, als mir unheilvoll klar wurde, dass irgendetwas nicht stimmte. Rauch! War das wirklich Rauch in meiner Nase? Eine einzige bewusste Einatmung genügte, um meine Schläfrigkeit förmlich wegzufegen. Wie eine Hand, die von der heißen Herdplatte zurückgezogen wird, übernahmen nun uralte, in jedem Menschen schlummernde Kräfte das Kommando und peitschten mich schlagartig hellwach. Ich schnellte hoch, wie ein gebogener Ast, der plötzlich losgelassen wird. So wurde ich auf meine Füße gestellt und fragte mich nur einen winzigen Augenblick, wie ich das so schnell, so vollkommen schwerelos geschafft hatte. Nun galt es augenblicklich zu erfassen, woher denn die Gefahr kam. Erst jetzt, so schien es mir, erwachte mein Verstand aus seiner Lähmung. Erst einige Tage später fand ich diese Worte, um diesen Augenblick zu beschreiben: Wie Kinder, die bei Gefahr die Augen schließen und glauben, damit unsichtbar zu werden, so hatte auch ich die irrsinnige Hoffnung, mit dem Wiedereinschlafen allem zu entkommen. Doch nun sollte, ja musste mein Verstand arbeiten, und zwar schnell, sehr schnell. Mein Kopf bewegte sich von selbst in alle möglichen Richtungen und meine Augen hatten Mühe, all die vielen Informationen in rasender Geschwindigkeit aufzunehmen. Aber genau das war wichtig! Was? Wo? Das Zimmer war bereits grau vor Rauch, trotzdem konnte ich alles erkennen. Meine paar Habseligkeiten waren in dem kleinen Raum noch alle am Platz so wie gestern Abend vor dem Einschlafen. Das Unheil kam von der alten Zimmertüre, die ja nie richtig luftdicht abgeschlossen hatte, wo jetzt der Rauch durch die kleinen Öffnungen am Türstock seinen Weg fand. Der Druck fand irgendwo seinen Weg kraftvoll nach draußen wie bei einem kochenden Topf mit einem Deckel darauf. Jede noch so kleine Ritze oder Spalte wurde von dem grauen Dampf genutzt, der vor der Türe, so schien es, sich endlich austoben wollte. Die genauen Umrisse der Türe und des Türstocks waren auf einmal ungeheuer wichtig, denn es gab Stellen des Rechtecks mit weniger Öffnungen, andere Bereiche wie die obere Kante der Türe ließen den Rauch viel mehr durch. Und zwar waagrecht in mein Zimmer hineingepresst, nicht nach oben wie bei dem Bild mit dem Topf auf dem Herd. Erst nach etwa der Länge einer Hand waren die grauen Schwaden fast friedlich anzuschauen, wie sie sich langsam und still überall im Zimmer verteilten und in jeden Winkel lautlos hineinkrochen. Eine Sekunde gab ich mich diesem fast versöhnlichen Eindruck hin, weil ich ein inneres Gegengewicht brauchte zu dem lebensgefährlichen Schrecken, der mich ausfüllte. Die bedrohlich beißende Wirkung in meiner Nase riss mich aus meiner Lähmung, der es sogar gefallen hätte, alles ganz genau wahrzunehmen. Den Geschmack des Rauches hatte ich nun auch im Mund. Der gesamte Mundraum war nicht mehr feucht wie gewöhnlich, sondern trocken und meine Zunge fühlte sich an, als ob sie am Gaumen kleben würde. Die Hitze nahm ich erst jetzt wahr. All diese um sich greifende Energie, der Rauch, die Hitze und nun auch das deutlich hörbare Feuer kamen durch das bisschen Türe auf mich zu. Was machten der Bauer und seine Frau? Es waren nur wir drei im Bauernhaus über Nacht. Die Kinder waren zu einem Geburtstag eingeladen unten in Opfenbach.

Ich musste schauen was da vor der Türe passierte, auch wenn es alles andere als sinnvoll erschien, diese Türe zu öffnen. Würde mich die Feuersbrunst sofort verschlingen? Würde ich augenblicklich versengt oder erstickt sein? Ich musste es aber wissen! Meine Gedanken rasten in mir mit allen erdenklichen Möglichkeiten und deren Auswirkungen. Meine Hand hatte schon mein Kopfkissen gepackt, als ich noch nicht einmal meine Absicht klar in Worte konnte: „Ich muss es wissen. Ich öffne jetzt die Türe." Wie wenn ich meinen eigenen Verstand überholen und schneller sein wollte als die Macht der allzu berechtigten Zweifel, nahm ich das Kissen und hielt es mir vor Nase und Mund. Kurz vor der Türe durchzuckte es mich: Die Kleidung! Ich raste die zwei Meter zurück und zog eiligst Hose und Hemd an. Währenddessen kamen mir die Schuhe in den Sinn. Die alltäglichen standen im unteren Gang und die Winterstiefel im Schrank brauchte ich jetzt nicht. Egal! Ich packte das Kissen erneut, schnellte beherzt zur Tür, wollte nicht überlegen, ob die Klinke nun heiß oder kalt war, ermahnte mich jetzt nochmal möglichst tief einzuatmen, und stieß die Türe auf.

Sofort kam mir ein Hitzeschwall entgegen, der mich nach hinten warf. Wie ein Tier, das seine Beute anspringt, kam das Feuer direkt nach der Hitze fauchend in mein Zimmer. Meine rechte Hand, die das Kissen vor mir hielt, brannte vor Schmerzen. Ich ließ das Kissen nicht los, obwohl ich auf dem Boden lag. Während ich möglichst weit weg von der Türe robbte, schaute ich in Richtung der Gefahr. Konnte ich in den Gang gehen, wie auch immer, und nach den Bauersleuten schauen? So schnell wie dieser Gedanke aufblitzte, war er auch schon wieder weg. Weitere naheliegende Fragen wie: „War es mir möglich das Haus zu retten, zu löschen? Was machte das Vieh?" zuckten nur kurz auf, um sofort weggewischt zu werden. Aller Mut verließ mich, ich wurde mir meiner selbst so richtig bewusst. Überwältigt, auf dem Boden kauernd, ein verbrannter rechter Unterarm, die Gefahr zu ersticken oder gar zu verbrennen?

Das Fenster über mir war leicht geöffnet wie gewöhnlich nach dem kalten Winter, wenn ich mich nachts schlafen legte.

Jetzt schien es dem Rauch und dem Feuer zu gefallen, sich genau dahin zu bewegen und dann hinaus ins Freie. Von dort nahm ich einen kühlen Luftzug wahr, als ich mich noch ein bisschen mehr zum Fenster hinbewegte. Dankbar wendete ich mich dahin wo die frische Luft von draußen herkam. Die kühle Morgenluft flößte mir förmlich Hoffnung ein und die Kraft für weitere Überlegungen, die sich dem heißen, alles verzehrenden Feuer widersetzen konnten. Das Feuer griff nach dem Türstock und schien es genüsslich langsam zu verzehren. Mein Zimmer wurde immer verrauchter und bedrohlicher. Die Dachschräge, die mir zuletzt gar nicht mehr aufgefallen war, verkleinerte auf einmal den eh schon kleinen Raum. Boden, Decke, Wände, alles war aus Holz.

Hatte es auf diesen Moment gewartet? Ich suchte das Kruzifix. Verschwommen sah ich es an seinem Platz hängen. Würde es als einziges überleben?

Dieser Gedankenfunke gab mir kurz Hoffnung, doch dann kam ein neuer noch größerer Rauchschwall ins Zimmer und das Kreuz war nicht mehr zu sehen. Raus! Mein Körper hatte sich entschieden und wartete nicht mehr länger auf den Verstand, der immer noch wie gelähmt war. Mein Körper erhob sich, ich riss das Fenster auf. Mein Rücken und Hinterkopf schien zu brennen, weil mir Hemd und Haare keinen Schutz geben konnten. Der Bauch am Fenstersims dagegen war auf einmal kühl. Raus! Ich sprang aus dem ersten Stock des alten Bauernhauses, keine Zeit sich irgendwo festzuhalten, keine Zeit die Sprunghöhe zu verringern, nur raus!

2

„Das Haus gehört mir, dem Feuer. Siehst du nicht wie ich es voll und ganz verzehre? Lasse ich etwas unberührt? Geh besser weg von mir, ich bin zu mächtig!"

Ich lag auf dem Boden, hatte mich auf meinen Ellenbogen aufgestützt und zog mich idiotisch langsam weiter weg vom Haus. Meine Augen brannten und forderten Erlösung, doch ich konnte meinen Blick nicht abwenden. Das kräftig lodernde Feuer hielt mich gefangen in seiner Macht alles zu beherrschen. Ich durfte ja, so machte ich es mir später klar, anwesend sein bei diesen unbezwingbaren, urzeitlichen Kräften, die direkt aus der Hölle kamen, oder von Gott; wer weiß?

Ich erlebte dieses großartige Schauspiel, dieses Bild der Flammen, die bei allem Unheil tatsächlich auch ihre eigene Schönheit hatten in ihrer sich ständig verändernden Form. Unten brütend, seitlich aus allen Türen und Fenstern hinausschreiend, nach oben greifend, den höchsten Punkt suchend und dann immer wieder nur kurz in sich zusammenfallend, um erneut emporzujubeln.

Hatte ich Gott erlebt? In seiner Kraft, Leben zu geben und nehmen, wie es Ihm gefällt? Und mich hatte er verschont, am Leben gelassen, und andere nicht! Mir kamen die Tränen, ich heulte hemmungslos und mein ganzer Körper bebte mit jeder verzweifelt starken Einatmung und dem anschließenden innerlichen Krümmen danach.

Die Tränen in meinen Augen ließen den Anblick verschwimmen. Dies verschaffte mir eine Besinnung auf mich selbst. Langsam erholte ich mich. Ich drehte mich, kam auf die Knie und Hände, erhob mich und rannte weg. Weiter, nur weiter weg.

Bei jedem weiteren Schritt wickelte sich hohes Gras um meine Füße und Unterschenkel. Als ich spürte wie die Hitze hinter mir deutlich weniger wurde, ließ ich mich einfach fallen. Der Geruch von Gras und dem Boden stieg mir in die Nase. Wieder krümmte ich mich vor Weinen, weil ich es in der Tat geschafft hatte, allem zu entkommen. Angenehm frisch duftete das Gras, der nächtliche Tau auf den Pflanzen fühlte sich richtig kühl an. Und das Haus brannte lichterloh! Hier das feuchte Gras und dort das große Feuer.

Der Blitzgedanke *löschen* durchzuckte mich. Doch schon bevor ich angefangen hatte, darüber nachzudenken, war mir völlig klar, dass Löschen hier vollkommen aussichtslos war. Es müssten ja die Wasser eines munteren Baches oder eines Flusses hineinfließen; wie sollte das hier gehen? Der Holzeimer beim Brunnen stand noch an seinem Platz wie alle Tage. Es war völlig aussichtslos mit dem Eimerchen etwas ausrichten zu wollen.

Wo waren der Bauer und seine Frau? Wie ging es den Kühen, den Jungrindern, *Schumpen* genannt, den Schweinen? Wer konnte sich noch retten? Ich erhob mich wieder und bewegte mich zurück zum Haus, soweit wie das Feuer es mir gestattete. Dann seitlich weiter, links herum. Die *Schindele* an den Außenwänden und die *Holzbeigen*, Holzstapel an der Hauswand, waren natürlich ein gefundenes Fressen für das Feuer. Ich kam nur in die Nähe des Brunnens. In dem ausgehöhlten alten Holzstamm, der als Becken diente, spiegelte die Wasseroberfläche die Kraft des Feuers. Das Wasser selbst darunter schien indes unbeeindruckt und schwer zu ruhen. Der Stadel befand sich Gott sei Dank erst in einiger Entfernung und schien keinen Schaden zu nehmen. Neben dem Hauptgebäude, Wohnbereich, Stall und Tennen, alles unter einem Dach, gab es nur noch den *Hennenstall*. Diese Hütte war noch nicht in Mitleidenschaft gezogen; aber wie lange noch? Ich rannte dorthin, immer wie im Kreis um das Haus. Die Feuersbrunst des Gebäudes drückte mich ja förmlich weg von sich. Ich erreichte den Hühnerstall und konnte noch rechtzeitig eingreifen. Das Feuer züngelte in alle Richtungen und schickte seine Ausläufer, brennende Fetzen, weiter durch die Luft. Ein paar von diesen Feuerzungen erreichten auch die Hütte, die im Feuerschein nicht nur alt, sondern richtig erbärmlich aussah. Glücklicherweise schienen diese nicht die Kraft zu haben, das alte Holz anzuzünden. Eben noch geschicktes, gefährliches Feuer und etwas später nur noch ein kleines schwarzes Irgendetwas, das locker zu Boden fiel. Die Tür zum Stall war ja nicht nennenswert gesichert. Ich riss sie auf und sofort stoben die Hennen heraus, zum Teil sogar etwas fliegend eine über der anderen. Diese Tiere hatten bestimmt die drohende Gefahr gespürt. Hennen, die durch die Gegend rennen und gackern waren ja nicht ungewöhnlich, diesmal war es aber anders. Ein geschlossenes Raus-von-hier trieb sie an, sie spürten das alles verzehrende Feuer, gackerten noch lauter als sonst und retteten sich ins Freie.

Augenblicklich kam mir eine Redewendung in den Sinn: *„Deam honi d'Henna abr wiidr nii dong!"* Wenn jemand allzu viel herumflatterte, sich in allen möglichen Bereichen besonders gescheit darstellte und sich über Andere erhob, dann musste ja einer kommen, der diesem Flattern, wie bei den Hennen, ein Ende setzte. Mit einer deutlichen Ansprache wurde derjenige, der die Bodenhaftung verloren hatte, zurückgeholt und wieder in den Stall gesteckt, sinnbildlich für ein Zurück zur alltäglichen Arbeit, ohne Aufbegehren.

Doch jetzt war alles anders! Der Spruch passte überhaupt nicht und ich war froh über jede Henne, die den Stall verließ. Ihre Eier würden sie wohl zurücklassen müssen, aber das sollten die Hennen selbst entscheiden. Erst nach ein paar weiteren Gedankengängen ging mir auf, wie blödsinnig ich eben gefolgert hatte. Natürlich hatten die Hennen keine Wahl bezüglich der Eier. Seit wann trugen Hennen ihre Eier durch die Gegend? Kaum hatte ich die Einsicht, kam auch schon meine Rechtfertigung: „Jeder wäre in meiner Lage völlig durcheinander." Meine falsche Folgerung mit den Eiern und die anschließende eigene Entschuldigung kamen wie von selbst und im Doppelpack. Ich nahm mich also gleich selbst in Schutz, etwas anderes konnte ich nicht brauchen.

Was für ein Glück doch die beiden Kinder hatten, die genau in dieser Nacht nicht anwesend waren. Sie waren unten in Opfenbach bei einer Tante zum Geburtstag und übernachteten dort. Sie blieben verschont. Sollte es genau so sein? Eine einzige Nacht, die alles vernichtete, hatte auch deren Leben schlagartig komplett verändert. Waren der *Bua* und das *Mädle* bereits jetzt schon Waisen, ohne es zu wissen? Das war bestimmt schlimm für sie. Immerhin hatten die beiden Verwandtschaft in Opfenbach und noch wo anders. Andere würde solch ein Schicksalsschlag noch härter treffen. Letztlich waren das aber deren Sorgen. Ich hatte auf mich, und nur auf mich zu schauen.

Einmal umrundete ich den ganzen Hof in dem Abstand, den mir der Bannkreis des Feuers setzte. Der Misthaufen glänzte im Feuerschein wie ich ihn noch nie zuvor gesehen hatte. Dem *Lacheloh*, der Güllegrube war alles egal. Ich machte mir keine Hoffnungen, noch jemanden oder ein Tier überlebend zu finden, aber ich musste mir ein Bild von der ganzen Zerstörung machen. Einmal herum, so nah wie es das Feuer mir gestattete. Die Milchkannen standen wie immer auf ihrem Platz an der Stallwand auf einem hölzernen Gestell. Die werden das Feuer überleben, zwar außen angeschwärzt, jedoch innen unbeleckt wegen dem sauber abschließenden Deckel. Täglich hatte ich diese Kannen in der Hand. Ab sofort nie wieder? Wo waren die Bauersleute? Erst jetzt mit einem gewissen Abstand konnte ich wieder einigermaßen normal denken. Es musste doch so gewesen sein, dass der Bauer von den brüllenden Viechern geweckt wurde. Oder hatten die beiden, wie ich im Tiefschlaf versunken, es einfach nicht gemerkt? Und wenn sie überlebt hatten, wo waren sie nun? Ich blickte deshalb nochmal um mich, aber niemand war zu sehen.

Es gab eigentlich nur zwei Ursachen für den Brand. Die eine war Brandstiftung von irgendwelchen bösartigen und hinterhältigen Leuten. Wahrscheinlich wollte sich jemand am Bauern rächen, möglich war es. Die andere Ursache erschien mir hingegen naheliegender. Der Heustock hatte sich selbst entzündet! Wir hatten ja das erste diesjährige Heu schon in den Tennen eingebracht. Vielleicht war das frische Heu doch noch zu feucht und dadurch entstand eine innere Hitze, die möglicherweise zum Brand führte. Mir dämmerte schon jetzt, dass ich die ganze Wahrheit wohl nie erfahren würde. Arme Bauersleute, arme Viecher!

Ich erreichte wieder den *Hennenstall* und von hier aus kam mir zum ersten Mal die weitere Umgebung in den Sinn. Der nächste Hof war ein paar Hundert Meter entfernt, etwas höher gelegen am Pfänderrücken, dieser schien weiterhin friedlich in der dortigen Dunkelheit zu schlafen. Doch der Hofhund des Nachbauern bellte. Wo war unser Hofhund? Der Hund, der immer als erster spürte, wenn sich jemand dem Hof näherte. Allermeistens war sein lautes Bellen in diesen Fällen überzogen und man redete beruhigend auf ihn ein. Genau jetzt wäre er der Erste gewesen, der das Feuer bemerkt und alle geweckt hätte. Der Hund, der Feuermelder. Erst letzte Woche hatten wir ihn *verbuddelt*, da er überraschend gestorben war. Der Bauer wollte einen neuen, jetzt verstand ich warum.

Sollte ich zum *Nachbauern* gehen? Jetzt?

Die Überlegungen, die jetzt folgten, sollten mein ganzes weiteres Leben bestimmen. Mit einer überraschenden Leichtigkeit, da ich eben noch dem Tod buchstäblich ins Angesicht geschaut hatte, kamen wie von selbst Fragen: „Was denken die anderen, wenn sie mich als einzig Überlebenden entdecken? Die werden mich wohl eher verdächtigen. Es hilft mir nichts von meinem dramatischen Sprung aus dem Fenster zu erzählen oder wenn ich die Bauersleute betrauere. Ich bin nur ein Knecht. Und die brauchen einen Schuldigen, auch wenn ich es gar nicht war. Und der Fürst als Allererster wird ja Aufklärung fordern! Wer bleibt denn übrig als Verdächtiger? Ich bin ja der Einzige, dem sie es in die Schuhe schieben können, egal ob schuldig oder nicht. Was mache ich jetzt?"

Weg, ich musste ganz einfach weg. In diesen Sekunden würde sich mein Leben entscheiden, das war mir schlagartig klar. Wohin? Wie lange dauerte es noch bis der Dachstuhl zusammenkrachte? Mir fiel es fast schwer, mich von dem Feuer zu lösen, rings um mich war ja noch Dunkelheit. Das Feuer hatte mich gebannt, wie wenn es sagen würde: „Auch du gehörst mir." Aber ich konnte mich ja entfernen. Ich bewegte mich ein paar Meter zurück, um mir diesen ganz einfachen Sachverhalt zu bestätigen: Ich konnte weg. War es jetzt schon kühler, nach diesen paar Schritten? Wann würde die Morgendämmerung beginnen? Wie viel Zeit hatte ich noch? Wohin?

Eigentlich hatte ich alle Richtungen offen. Die Zufahrt zum Hof führte Richtung Süden, genau dorthin schien es mir auch richtig zu sein. Nach etwa hundert Meter war die Südrichtung schon wieder beendet, da die erreichte Straße nur links oder rechts weiterführte. Nach Links, weiter den Pfänderrücken hoch, wollte ich nicht, nach rechts in Richtung Opfenbach war wohl nicht ratsam. Am Ende würde ich noch jemanden treffen, der gegen mich aussagte, der mich als Flüchtigen brandmarken würde. Zurück zum Hof und nach Norden?

Weiter rein ins Allgäu zog es mich nicht so recht, obwohl ich mich dort auskannte. Meine Mutter war ja immer noch Magd in einem Hof bei Wangen. Im Süden dagegen lockte der Bodensee, Vorarlberg und die Schweiz. Dort war am ehesten ein neues Leben möglich, ein Leben ohne die ständige Angst als *Zinzler*, Zündler oder Feuerteufel überführt zu werden. Ich stand mitten auf der Schotterstraße und in diesem Augenblick spürte ich, eigentlich wusste ich es: „Diese Entscheidung wird mein Leben bestimmen."

Ich zögerte noch ein wenig. Ich sah mich um. Hatte mich jemand bemerkt? Nein, aber jetzt: „Reiß dich los! Ich kann hier nicht stehenbleiben." Wieder mal hatte sich mein Körper zuerst entschieden, meine Beine liefen kraftvoll wie von selbst in die Wiese in Richtung Bodensee. Nach ein paar Metern rannte ich und genoss es sogar wie mein Atem heftiger wurde. Laufe, ja laufe. Jeder Meter den ich gelaufen war, löste mich von der Unschlüssigkeit, die mich zurückhalten wollte, mich bewegungslos zergrübelt und irgendwie innerlich verkantet auf der Straße zurückgelassen hätte. Dann hätte mich irgendwann jemand aufgelesen und über mich entschieden. Sicherlich würde ich mich dann noch wehren, aber nur wie jemand, der ertrinkend um sich schlägt. Je wilder ich mich verhalten würde, umso schneller würde ich untergehen.

3

Gestern Abend saßen wir noch zusammen, der Bauer und ich am Esstisch in der Küche. Die Bäuerin saß in der anderen Ecke des Raumes beim Ofen mit Handarbeiten beschäftigt. Der Juniabend draußen war noch einigermaßen hell, hier im Haus, *do hinne*, war es merklich dunkler. Nur das einzige Fenster des Raumes zeigte wie hell es draußen noch war. Da keine Lichtstrahlen mehr durchbrachen, verdunkelte auch das Fenster immer mehr. Eine einzige Kerze erhellte den Raum, gerade noch ausreichend für die Bäuerin mit ihren Stoffen und Nähzeug. Die heutige Arbeit war getan, die Kühe gemolken, jeder bewegte sich auf einmal bewusst langsamer. Das, was heute nicht erledigt wurde, musste bis morgen warten. Die Kinder waren nicht da und so war es ungewöhnlich still im Haus. Der Bauer saß am Tisch an seinem Platz und damit drückte er wieder mal sein Selbstverständnis aus: „Der ganze Hof gehört mir – und dieser Platz am Tisch."

Der Hof war eigentlich nicht sein Eigentum, weil ja alles dem Fürsten gehörte, aber davon wollte er nichts wissen. Die regelmäßigen Abgaben oder Frondienste kamen früh genug, zumindest bis dahin wollte sich der Bauer als eigener Herr fühlen.

Er hatte seinen rechten Arm etwas ausgestreckt locker auf dem Tisch abgelegt und schon diese Geste gab zu verstehen, dass er heute garantiert nichts mehr arbeiten wollte. Er saß auf seinem Platz und wäre noch ein bisschen mehr versunken, wenn die Mahlzeiten zuletzt üppiger gewesen wären. Er neigte zum Übergewicht und insgeheim schien es sein Ziel zu sein, durch Leibesfülle zu zeigen wie mächtig er war und was ihm alles gehörte. Was ich dazu dachte, natürlich nicht sagte, war folgendes: „Das einzige was bei dir groß wird ist dein Kropf."

Sein Verhalten sollte wohl auch so verstanden werden, dass er offen war für ein bisschen Unterhaltung. Er hätte nie gesagt: „Hock dich her, wir *raatschen* jetzt ein bisschen."

Vielmehr sollte es sich so anfühlen, als hätte es sich wie von selbst ergeben. Der Allgäuer ist halt nun mal *vrdruckt*, er könnte etwas sagen, sagt es aber nicht. Er macht nur eine Andeutung und meint dabei zu wissen, dass der Andere ihn gänzlich verstanden hat. Zwei Sprichwörter drücken dies am besten aus: „Wenn man zehn Allgäuer übereinanderlegt, dann ist der Unterste so *vrdruckt* wie der Oberste", sowie „*Reacht hot Mancher, sage sott ers abr it*". Mancher hat Recht. Sagen sollte er es aber nicht.

Wir saßen also am Tisch im Herrgottswinkel mit dem großen Kruzifix, das jeder, der den Raum betrat, sofort gesehen hatte. Übliche Gesprächsthemen waren die alltägliche Arbeit, das Vieh oder das Wetter. Wichtig waren auch die Nachbarn und das, was man über sie gehört hatte. Über nicht anwesende Nachbarn zu reden war dabei oft etwas anderes als direkt mit ihnen zu sprechen. Das war wohl auf der ganzen Welt so. Hier auf dem Land waren die meisten Nachbarn ebenfalls Bauern und somit auf derselben gesellschaftlichen Ebene. Nur mit denen konnte man sich vergleichen.

Die Lebensläufe waren durch die Geburt festgelegt. Die Ordnung der Welt seit vielen Jahrhunderten konnte man sich wie die eines Schachspiels vorstellen. Jeder Mensch hatte seinen Platz und gewisse Fähigkeiten. Und die Regeln, nach denen man agierte und sich bewegen durfte, standen seit Menschengedenken fest. Eine Gleichheit der Menschen war ebenso wenig vorstellbar wie eine Gleichheit zwischen Bauer und König auf dem Schachbrett. Viele andere Regeln ergaben sich daraus: Könige wurden von Gottes Gnaden berufen, machten die Gesetze, schöpften das Geld und gingen viel auf die Jagd. Ansonsten bewegte sich das Leben in ähnlich verlässlichen Bahnen wie die Sterne am Himmel; wenn es Wandel gab, dann von einer Jahreszeit zur nächsten.

Jede Änderung an dem Althergebrachten würde ja dem Plan Gottes zuwiderlaufen! So wie es sich von selbst verbietet, einen alten Baum umzupflanzen, so gehörte jeder Mensch in seine Heimat. Da wo ich *hingeboren* wurde, das ist meine Heimat und nur da gehöre ich hin. „Schafft der Herr ein *Gräslein*, macht Er auch ein *Wäslein*." Mit solchen leicht zu merkenden Reimen und jedermann verständlichen Bildern wurde kurz und knapp alles zusammengefasst: Gottes nicht hinterfragbares und gleichzeitig folgerichtiges Wirken, das Zurechtstutzen des Menschen als ein *„Gräslein"* und die Zuordnung dessen zu einer bestimmten Scholle. Damit wurde Trost gespendet und Zuversicht verbreitet. Durfte man diesen Spruch dann überhaupt noch in Frage stellen?

Jeden Morgen stand man auf und stellte sich erneut dem Überlebenskampf. Sogar an goldenen Herbsttagen, wenn eine Ernte eingebracht wurde, änderte sich das grundlegende Lebensgefühl nicht. Auch in diesen Tagen drehten sich die Gespräche um tatsächliche oder mögliche nachteilige Entwicklungen. Freilich durfte man genüsslich zum Beispiel einen Apfel verzehren, aber das gegenseitige Beobachten und das Bewerten, ob man auch genügend arbeitete, lauerte gleich nebenan.

Gelegentlich unterhielten wir uns über Allgäuer Sprichwörter. Neu war mir eine Redewendung für jemand, der raffgierig ist: *„Du hoasch denn ou nomol Bode gnua!"* Als ich wortlos mit einem fragenden Gesicht antwortete, erklärte der Bauer: „Wer seinen Hals nicht vollkriegt, auch der stirbt irgendwann und dann hat er wirklich genug Boden um sich herum."

Immer wieder gesagt wurde auch: *„Du hoasch liicht lache, du muasch bloß s'Gsicht vrziah!"* Dieser Spruch vermittelte eigentlich gleich mehrere Botschaften. Es konnte bedeuten, dass man die aufgesetzte Freundlichkeit des Gegenübers erkannte und deswegen Misstrauen ausdrückte. Man konnte damit aber auch mitteilen, dass man selbst vom Leben arg gebeutelt wurde und der andere dies nicht mal versteht. Gleichwohl schwingt bei dem *vrziah*, dem Verziehen, etwas Abwertendes mit, man hätte auch sagen können: „Du meinst ein Lächeln im Gesicht zu tragen, dabei siehst du nur verspannt aus."

Sparsamkeit wird dem Allgäuer ja auch nachgesagt, dafür sind wir wohl zu nah dran am *Schwobeländle*. Der Bauer und auch seine Frau kugelten sich vor Lachen bei dem Spruch: *„Kummed'r halt noch z'Middag, dass dr bis zum Veaschbre widr dehui sind."* Gäste sollten also so eingeladen werden, dass sie zwischen den Mahlzeiten nichts zu essen bekommen.

Auch ein einziges Wort sorgte für Gesprächsstoff, nämlich *schandehalber*, weil man eigentlich einen ganzen Satz braucht, um es zu erklären: „Ich mache das nur, damit niemand bei mir etwas beanstanden kann." Ein Beispiel wäre, *schandehalber* zur Beerdigung von jemandem aus einem Nachbardorf zu gehen, obwohl man diesen nicht ausstehen konnte.

Zwei Sprüche zum Sterben trugen sogar zur Erheiterung bei: *„No it huadle, wenn's ans sterbe goaht."* Nur nicht beeilen, wenn es auf das Sterben zugeht. Und: *„Manche sterbet so liicht, andre vrrecket schier drbei."* Manche sterben so leicht, andere verrecken beinahe dabei.

Mit einem mulmigen Gefühl erinnerte ich mich an diese beiden Sprüche. Gestern hatte ich noch darüber gelacht, weil das ernste Thema Sterben so witzig daherkam. Jetzt war es aber kein Witz mehr, der Bauer und die Frau waren wahrscheinlich tot und verbrannt. Ich hatte sie auf jeden Fall nicht gesehen. Denkbar war zwar auch, dass sie überlebt und sich weiter abseits aufgehalten hatten. Wie auch immer, eine Verabschiedung von ihnen würde es jetzt nicht mehr geben, aber das war ja nicht meine Schuld. Es war einfach so. Die beiden waren jedenfalls nicht da und ich musste weg, am besten weit weg, so dass keiner mehr von einem abgebrannten Hof bei Opfenbach wusste und schon gar nicht mich damit in Verbindung brachte.

Während der Unterhaltung mit dem Bauern gestern hatte ich gefragt:

»Warum ist dein Haus mit dem Wohnbereich denn nach Norden und Osten ausgerichtet, der kalten Seite entgegen?«

»Das hat mein Vater so gebaut und jetzt kann ich das nicht mehr ändern. Es gab eine Zeit, da habe ich ihm dies sogar vorgeworfen, jedoch jetzt nicht mehr. Wichtig ist halt sich vor der Wetterseite im Westen zu schützen. Und Sonne habe ich mehr als genug, weil wir ja den ganzen Tag draußen arbeiten. Im Haus drin bin ich ja eh fast nur nachts und dann ist es meist schon dunkel. Und da wo ich wirklich Sonne brauche, das im Garten, und der ist vorne am Weg, das kennst du. Die Nordseite hat ja auch Vorteile. Weißt du, nach Süden geht der Weg und da bin ich sozusagen auf dem Präsentierteller. Zudem ist der Grundherr ja auch dort unten im Süden in Bregenz. Mit dem wollen wir möglichst wenig zu tun haben und deshalb wollen wir ihn auch nicht sehen oder in seine Richtung schauen. Nach Norden raus dagegen ist nur Wiese und Wald, da habe ich das Gefühl, dass dies nur mir gehört.«

»Der ganze Hof gehört ja jetzt dem Fürsten.«

»Ja, früher dem Kloster Mehrerau und jetzt dem Fürsten. Daran ändert auch die Aufhebung der Leibeigenschaft nichts. Das haben die Bayern entschieden, zu denen wir ja gehören. Entscheidend sind immer noch die gutsherrlichen Rechte, die blieben weiterhin bestehen, trotz der neueren Gesetze. Die Unveräußerlichkeit der Fronen wurde zudem festgeschrieben, aber was heißt das schon? Trotzdem schulde ich Fronen an den Gutsherrn. Die da oben haben von Zehntfreiheit bei Neuland gefaselt. Wenn man sich allerdings die überhöhten Ablösesummen anschaut, dann ist das doch nur ein Witz. Weißt du, eigentlich hat sich tatsächlich kaum was geändert.«

»Aber die Richtung scheint zu stimmen.«

»So viel verstehe ich von Politik nicht. Ich bin ja schon froh, wenn ich in Ruhe gelassen werde. Das Leben ist eh schon schwer genug.«

»Was soll ich dazu sagen. Ich bin ja nur ein Knecht.«

»Wenn Gott etwas Anderes mit dir vorgehabt hätte, wärst du heute woanders.«

»Meinst du, dass Gott wollte, dass ich ein Knecht bin, dein Knecht?«

»Ja freilich! Was denkst denn du? Oder willst du etwa leugnen, dass deine Mutter Maria schon immer eine Magd war? Bist du etwa in einem anderen Land geboren worden? Ha, jetzt bleib mal schön auf dem Boden.«

»An Mariä Lichtmess hast du mich gefragt, ob ich dein Knecht sein wolle. Wir haben das per Handschlag beschlossen und das gilt nun ein Jahr. Ich muss mich ja bei irgendeinem Bauern verdingen. Das ist das, was ich weiß.«

»Ja, so geht's dahin. Und so arg lang dauert es nimmer, dann stehen wir vor unserem Herrgott. Man muss sich fragen, was dann wichtig ist. Das dürfen wir nicht vergessen.«

War das schon eine Art Vorahnung des Bauern? Mir wurde ganz mulmig als ich mir die Worte des Bauern nochmals vergegenwärtigte. In meiner Erinnerung sah ich ihn wieder vor mir mit seinem nachdenklichen Gesichtsausdruck, der weniger oft bei ihm zu sehen war. Seine Stimme klang fast väterlich, auch dies kam sehr selten vor. Gestern nahm ich all dies zwar wahr, konzentrierte mich aber nur auf den Sinngehalt des Gesagten und antwortete trotzig:

»Weißt du denn was dich unser Herrgott fragen wird?«

»Jetzt *werd* nicht frech, du Knecht! Und wenn du es ganz genau wissen willst, dann geh zum Pfarrer. Der wird dir die Leviten lesen.« Seine Stimmung änderte sich schlagartig. Jetzt war er wieder in Streitlust. Ich wollte jedoch nicht lockerlassen und betonte:

»Mir geht es um Gerechtigkeit!«

»Gerechtigkeit! Ha, was soll das sein? Gerechtigkeit?! Jetzt pass mal auf was der Apostel Paulus gesagt hat: O Mensch, wer bist du eigentlich, dass du Gott widersprichst? Hat nicht der Töpfer Vollmacht über den Ton, aus derselben Masse das eine Gefäß für einen edlen Zweck zu machen, das andere für einen unedlen?«

»Ist nicht Gott auch Liebe und Gnade? *Des isch doch d`Worat!* Das ist doch die Wahrheit!«

»Du bist ja ganz ein Gescheiter. Weißt du es besser als der Pfarrer? Willst du etwa die gottgewollte Ordnung in Frage stellen? Alles hat seinen Platz, seine Ordnung. *Glaub doch des amol!*«

»Also ich frage mich schon, ob Gott es so gewollt hatte, dass ich hier Knecht bin und du vor kurzem noch Leibeigener des Fürsten warst.«

»Jetzt *werd* nicht lutherisch! Wenn wir die gottgewollte Ordnung verlassen, dann macht doch jeder was er will. Gott muss uns dann gar nicht mehr strafen, weil jeder den anderen beraubt und umbringt.«

»Es könnte auch anders gehen.«

»Schluss jetzt! Morgen spurst du wieder und machst was ich will.«

4

Weiter vorne war dunkel, fast schwarz der Wald. Wenn ich den erreicht hatte, könnte ich mich darin verstecken und erleichtert zurückschauen. Ich rannte ein Stück über die Wiese, die ich erst kürzlich gemäht hatte. Als ich die Umrisse der einzelnen Trauftannen erkennen konnte, fühlte ich wie meine Anspannung weniger wurde. Am Waldrand war es mir trotz aller Eile ein Bedürfnis, den ersten Baumstamm mit meinen Händen zu berühren. Die raue Rinde fühlte sich genauso an wie ich es kannte und erwartet hatte. Meine Hände wollten Sicherheit und Beständigkeit anfassen und erspüren. Die ruhige Festigkeit des Stammes konnte mir diesen Wunsch erfüllen. Nun konnte ich auch meine Gewissheit in Worte fassen: Mochte der Hof brennen wie er wollte, diese Bäume würden stehen bleiben!

Nun hinein ins Unterholz und wenn es stachelige Brombeeren waren, dann war es halt so. Der Wald nahm mich auf und stellte keine Fragen, dafür war ich dankbar. Hier ein Haselbusch, dort gleich ein weiterer Stamm, jede weitere Pflanze, die ich hinter mir ließ, gab mir Schutz. Endlich ließ ich mich schnaufend hinter einer Tanne nieder. Ich schaute zurück und lauschte, nahm zunächst aber nur meinen eigenen Atem wahr. An den Stamm gelehnt wollte ich warten bis ich mir ein klares Bild meiner Lage gemacht hatte. Erst jetzt spürte ich wieder meinen zum Glück nur leicht verbrannten rechten Unterarm.

Plötzlich hörte ich einen Knall. Aufgeschreckt hob ich meinen Blick. Das Feuer loderte jetzt noch höher und schaffte es sogar, die Baumwipfel über mir zu erhellen. Recht bald wurde es wieder dunkler. Wahrscheinlich war ein Balken krachend zu Boden gefallen. Ich erinnerte mich an die unbedingte Kraft des Feuers, die mich auf Abstand hielt. Jetzt hier im Wald war der Brand nicht mal mehr zu riechen, stattdessen umgab mich der Wald mit seiner frischen und kühlen Luft. Die vertrauten Gerüche von Baumrinde mit Harz oder des Mooses am weichen Waldboden nahm ich dankbar wahr. Alles um mich herum war ruhig, dies verschaffte mir das erhoffte Gefühl der Sicherheit. In meiner hockenden, kauernden Haltung spürte ich nun wie so langsam die Kälte der Nacht in mich kroch. Trotz einem heißen, wehen Arm fing ich also an leicht zu frieren. Aber egal, entscheidend war, dass mir keiner folgte und die Verletzung von selbst heilen würde. Die Angst in mir war trotzdem noch da. Meine fieberhafte Vorstellung malte sich lebhaft aus, wie ich gejagt wurde. Ich sah mit Speeren bewaffnete Nachbarn, die im Rudel hinter mir herrannten. „Fangt ihn, spießt ihn auf, die Sau!", hörte ich sie schreien. Je länger ich die Angst in mir zuließ, desto furchterregender wurde sie. Wieso konnte ich mir all dies so lebensecht ausmalen, wenn ich doch noch nie in solch einer Lage war? Abschließend musste ich mit meiner Willenskraft all diese inneren schrecklich überzogenen Bilder wegwischen. Auch wenn ich nicht wusste was kommen sollte. Weg damit, einfach weg!

Ich hatte mich zu entscheiden. Wenn ich zurückgehe, würde ich mich verloren geben, wenn ich aber leben wollte, dann musste ich nach vorne schauen. Gestern dachte ich noch, mein Leben sei wie bei allen anderen ziemlich vorbestimmt. Andere Knechte waren diesen Lebensweg schließlich auch schon gegangen. Man hatte letztlich nur seine Arbeitskraft, wahrscheinlich würde auch ich irgendwann mit einer Magd ein Kind zeugen, das wieder Knecht oder Magd werden würde. Ein Kreislauf, der sich wohl immer wieder wiederholt bis zum jüngsten Tag. Dann das Feuer, das ich nicht herbeigewünscht, geschweige denn gelegt hatte. Auf einmal war meine Zukunft nicht mehr vorherbestimmt. Hatte nicht Gott für jeden Menschen einen Plan, den es zu erfüllen galt? Wenn nicht ich das Feuer gelegt hatte, wer war es dann? Wichtig war doch nur eine Tatsache: Der Hof brannte! War das die Erlaubnis, meinen vorgezeichneten Lebensweg als Knecht eigenmächtig zu verlassen? In mir regte sich eine leise Stimme, die mich mahnte: „Du bist ein Knecht, ob der Hof nun brennt oder nicht, du bist ein Knecht." Der Widerstreit in mir fand erst ein Ende, nachdem ich mir folgende Begründung zurechtlegen konnte: „Wenn der Hof nicht brennen würde, könnte ich heute ganz normal arbeiten. Da der Hof aber brennt, und das ist nicht meine Schuld, muss ich jetzt auf mich schauen und, ja, selbstbestimmt sein." So fühlte es sich gut und richtig an.

Und da war er nun, der Moment der größtmöglichen Freiheit. Ein paar Minuten spürte ich so etwas wie Respekt vor den weitreichenden Entscheidungen, die ich nun unweigerlich treffen würde. Doch dann erdete mich der Realitätssinn wieder. Es gab Entscheidungen zu treffen, jedoch so arg viele waren es nicht. Die Richtung Süden, zum Bodensee hin war ja schon klar. Somit war nur noch mein Weg dorthin von mir auszuwählen. Zudem sollte ich sofort losziehen, denn jeder Meter Entfernung verschaffte mir Rückenfreiheit. Erst wenn ich Bregenz erreicht hätte, müsste ich mir wohl keine Sorgen mehr machen, ob mich jemand verfolgte. Damit verließ ich aber auch meine Heimat, meine Mutter, die mir am Nächsten stand. Ich wollte ihr gerne mitteilen, was ich nun im Begriff war zu tun; doch wie sollte das ablaufen? Erst mich hier im Unterholz einen ganzen Tag verstecken, dann nachts im Schutz der Dunkelheit zu ihr laufen? Wahrscheinlich würde ich mich dann doch unweigerlich irgendwelchen Leuten zeigen, und wahrscheinlich den falschen. Mein verstecktes Verhalten würde erst recht gegen mich ausgelegt werden, denn wer hatte es schon nötig, nachts heimlich seine Mutter zu besuchen? Und zu guter Letzt sagen: „Ich haue ab!" Nein, das kam nicht in Frage. Genauso wenig wie es mir nicht möglich war, heute am helllichten Tag zu meiner Mutter nach Deuchelried zu gehen, freundlich hier und dort einen *Raatsch* zu halten und auf Nachfragen zu beteuern: „Nein, das war ich nicht! Den Brand habe ich zwar als Einziger überlebt. Aber nein, gezündelt habe ich nicht. Das Feuer kam halt irgendwie, das kommt schon mal vor." Keiner würde mir das abnehmen. Selbst wenn ich jetzt zum nächsten Bauern oder sogar zum Bürgermeister rennen würde, um dort hechelnd von dem schrecklichen Brand zu berichten, würde mir letztlich keiner glauben. Keiner würde mir glauben, außer Mama!

Meine einzige Familienangehörige war sie, die mich als uneheliches Kind geboren hatte. Bald darauf war mein Vater verstorben und ich konnte von Glück sagen, überhaupt überlebt zu haben. Auch meine Eltern erhielten wegen Land- und Mittellosigkeit keine Heiratserlaubnis. Als schwangere Magd hatte sie gemäß der Gesindeordnung den Hof zu verlassen. Ihre Eltern nahmen sie aber nicht mehr auf wegen der sogenannten Schande. Dabei hatte meine Mama Glück im Unglück, wie sie es nannte. Sie verstand sich sehr gut mit der Bäuerin, konnte deshalb auf dem Hof in Möllen bleiben und mich gebären. Als ich sechs Jahre alt wurde, mussten wir weiterziehen. Freilich wäre es anders gewesen, wenn der Bauer selbst mein Vater gewesen wäre. In diesem Falle hätten sich die Bäuerin und Mama garantiert nicht so gut vertragen. Mir blieb somit viel erspart. Sofern nicht von irgendeiner Krankheit dahingerafft, wurden uneheliche Neugeborene mehr schlecht als recht mitgezogen. Viele wurden *vrstellt*, also dahin abgegeben wo gerade ein Kind fehlte – Gott allein wusste warum. Es wurde sogar als göttliche Fügung gesehen, wenn solch ein Kind in eine Pflegefamilie abgegeben werden konnte. Die ehelose Mutter hatte dafür zu zahlen, zumeist die gesamten Arbeitseinkünfte aus ihrer Tätigkeit als Magd.

Mama hatte ein Leben lang dankbar zu sein für die unverdiente Gnade, überhaupt so lange auf dem Hof bleiben zu dürfen. Gleichzeitig konnte sie eigentlich machen was sie wollte, ihre gesellschaftliche Einordnung als Magd würde sie nie verlassen können. Und so war es ja auch bis zum heutigen Tag. Wer aus den oberen Schichten, zum Beispiel ein Kaufmann aus der Stadt, wollte schon eine Magd heiraten, die bereits ein Kind hatte? Während ich meine Familiengeschichte betrachtete, spürte ich, wie sich ein Gefühl in mir ausdrücken wollte. Da ich es zunächst nicht benennen konnte, beschäftigte ich mich wieder mit naheliegenden Überlegungen zu meiner augenblicklichen Lage. Wie ein Ball, der unter Wasser festgehalten wurde und sich plötzlich lösen konnte, schossen auf einmal über Jahre angestaute Gefühle mit unerwarteter Heftigkeit nach oben: „Ist meine Familiengeschichte eine Peinlichkeit? Hat sich dieses Gefühl am Ende auch auf mich übertragen?" Diesen Empfindungen, auf eigenartige Weise entspannend und bewegend zugleich, wollte ich nachgehen, aber nicht jetzt! Ich musste mich auf die augenblicklichen Herausforderungen konzentrieren!

Eben hatte ich noch ehrfurchtsvoll auf die vielen großartigen Entscheidungsmöglichkeiten geschaut, nun konnte ich nicht mal meine eigene Mutter besuchen. Von wegen Freiheit. Ich wollte sie nicht im Unklaren lassen, weil ich das Allgäu verlassen musste, bestimmt für immer. Doch ich meinte zu wissen, was Mama jetzt zu mir sagen würde. Sie würde mir ohne viel Drumherum in die Augen schauen und sagen: „Geh, jetzt, *vertrödel* das nicht. Mach dir wegen mir keine Sorgen. Ich komme schon zurecht. Wichtig ist für mich, dass es dir gut geht. Sei klug und mutig!"

Mama hatte sich einerseits damit abgefunden eine Magd zu sein. Sie schien sogar glücklich zu sein mit ihrem Lebenslos, auf diese Weise spürte sie die Ketten nicht, die ihr Leben bestimmten. Andererseits kritisierte sie, wenn sie ganz frei sprechen konnte, die Gesellschaft, die Oberen und sogar manchmal auch die Kirche. Dabei traten die Ketten deutlich zu Tage: Die grundsätzliche schlechtere Stellung der Frau, die beinahe Rechtlosigkeit als Magd und die Machtstellung der Kirche, die wohl immer das letzte Wort zu behalten schien. In all diesen Gesprächen spürte ich ihren ansonsten kaum wahrnehmbaren Eigenwillen. Hätte sie aber eine echte Chance auf Selbstbestimmtheit bekommen, sie hätte sie genutzt.

Warum waren eigentlich Frauen grundsätzlich schlechter gestellt? Zunächst war festzuhalten, dass sie im Vergleich zu Männern viel weniger fähig war, das Hab und Gut zu verteidigen. Wie konnte man also einer Frau etwas vererben, wenn sie im alles entscheidenden Streitfall ganz einfach körperlich zu schwach war? Hinzu kam das Risiko bei jeder Entbindung. Viele Frauen wurden nicht alt, weil sie das Wochenbett, sei es beim ersten oder beim neunten Kind, nicht überlebt hatten. Wenn eine Frau auf diese Weise gestorben war, suchte sich der Mann halt einen Ersatz, das heißt eine Jüngere und das

Spiel begann erneut. Auch von religiöser Seite wurde die Vorrangstellung der Männer untermauert. Die Kirche war insgesamt durch Männer geprägt und sah sich auf diese Weise, als Abbild der biblischen Offenbarungen, im Einklang mit dem Willen Gottes. Ein bisschen Weiblichkeit, ausgedrückt in der Marienverehrung, durfte freilich sein, doch Gott wurde als Mann und Vater angebetet. Es wurde ja nicht eine Frau als Göttin offenbart, oder ein Zwitterwesen, oder vielleicht sogar ein Liebespaar. Nein, ein Mann!

Diese Stellung der Frauen zeigte sich im Allgäu auch durch eine *gschpässige* Eigenart: Frauen wurden meist nur mit der männlichen Form des Vornamens angesprochen. Eine getaufte Johanna wurde ein Leben lang als Johann angesprochen, eine Viktoria immer nur als Viktor. Immerhin wurde den Frauen der weibliche Artikel gelassen, also die Johann oder die Viktor. Im Falle der Johanna wurde mir erzählt, sie hätte sich erst als fast Siebzigjährige strikt geweigert, auf Johann zu hören. Ihre Umwelt hätte daraufhin umgedacht und sie fortan tatsächlich Johanna genannt. Man respektierte auf diese Weise ihr hohes Alter.

Letzten Winter war meine Mutter *vrkranket*, also krank geworden. Als ihr das ganze Elend so unbarmherzig vor Augen stand, sagte sie trotzig: „*Wenn'r muid, nocher ka er mi hole. Der wird nocher si Freid a mir hong.*" Zu hochdeutsch: Wenn der Herrgott meint, dann kann er mich holen. Der wird dann seine Freude mit mir haben. Dadurch drückte sie kurz und knapp ihre Glaubenssätze und Überzeugungen aus. Wenn ich ihre erregte und trotzige Art, diesen Satz auszusprechen beiseitelasse und mich auf den Sinngehalt konzentriere, dann hatte sie eigentlich folgendes gesagt: Zuerst mal ging es ihr nicht gut, weil Krankheit, Kälte sowie das erbärmliche Dasein als Magd an ihr zehrten, fast schon nagten. Diese zu erduldenden andauernden Schmerzen zeigten ihr auch sehr deutlich die Endlichkeit ihres Lebens. Und die Möglichkeit des alsbaldigen Ablebens, je absehbarer dieses wurde, ließ ihre religiösen Gefühle und Überzeugungen in gleicher Weise groß werden wie die Gesundheit dahinzuschwinden schien. Sie drückte damit ihr kindliches Urvertrauen an einen Schöpfergott aus, der jedem Menschen seine Zeit zugemessen hat. Zudem war nicht nur die Lebenszeit, sondern auch der Geburtsort und damit die Heimat vorherbestimmt. Mit anderen Worten hatte es Gott ganz genau so gewollt, dass sie als Magd im Westallgäu ihr Leben fristete. Und da Gott bekannterweise allwissend ist, hier deckte sich ihr Kinderglaube mit der Kirchenlehre, wusste er genauestens Bescheid über ihren Gesundheitszustand. Eigentlich ärgerte es sie, dass ihr Herrgott sie hienieden so leiden ließ und dabei nur zuschaute. Wäre ich, ihr Sohn, krank geworden, hätte sie alles Mögliche versucht, um mir zu helfen.

Mit dem Vatergott war es hingegen offensichtlich anders, wahrscheinlich trieb sie diese Ernüchterung in die weichen Arme der Gottesmutter Maria. In all diesen Ungewissheiten bewahrte sie ihren Kinderglauben, denn entschieden hatte wirklich alles seine Ordnung. Jeder Mensch hatte Mutter und Vater, wurde von Gott für eine gewisse Zeit an einen bestimmten Ort gestellt und nach Ablauf der ihm gesetzten Frist zurück zum Schöpfer gerufen. Wohin denn auch sonst? So wie Säuglinge von der Mutter entbunden werden, danach nur in engster Beziehung zur Mutter leben können, und mit den Jahren alle Mitglieder der Familie generationsübergreifend in einem engen Familiengrab beieinanderliegen, so versteht Gott die ganze Menschheit selbstverständlich als seine Familie. Menschen gehören zu Menschen! Völlig abwegig war schon allein die Vorstellung, dass etwa ein Tier uns alle geschaffen haben könnte und uns nach dem Tod wieder versammelt. Nein, Menschen gehören zu Menschen und Gott hat seine Kinder, die nur zu ihm gehören. Und wenn es wirklich soweit war, die zugemessene Zeit abgelaufen war, dann wurde man heimgeholt. Dann war man erlöst von allen irdischen Leiden, erst dann hatte man es geschafft. An diesem Punkt nun begann meine Mutter sich ihre eigene Theologie gemäß ihrem doch kindlichen Glauben zurechtzulegen. Die Kirche verkündete seit Jahrhunderten eine schwarz-weiß-Botschaft, Himmel oder Hölle, gegebenenfalls abgemildert durch das Fegefeuer. Doch meine Mutter wollte dies entweder einfach nicht wahrhaben oder sie sortierte die Möglichkeit einer Hölle von vorneherein als äußerst unwahrscheinlich aus. Auf alle Fälle war sie zutiefst überzeugt, irgendwann heimzukommen und dann geht die Familiengeschichte weiter. Dann würde man in einer himmlischen Welt sein, von der noch niemand zurückgekommen war und berichten konnte. Sicherlich würden aber die menschlichen Beziehungen bestehen bleiben, vom Vater zum Kind und von den sehr unterschiedlichen Kindern untereinander.

Es ist dem Menschen nicht gegeben, sich auszumalen wie es sein würde, zum ersten Mal dem Vatergott gegenüberzustehen. Man könnte auch sagen, vor dem, der einem alles eingebrockt hatte. Sie hatte sich ihre Worte nicht zurechtgelegt, die sie ihrem Schöpfer ins Angesicht sagen wollte, weil diese allererste wirkliche Begegnung von den sehr besonderen Umständen abhängig sein würde. Trotzdem hatte sie aus ihrer Sicht berechtigte Gefühle, die irgendwann an das passende Gegenüber ausgedrückt werden mussten. Und wenn es Zorn und Wut war, wegen all dem zu erduldenden irdischen Leid, dann war es halt so. Gut möglich wäre, dass sie vor dem Herrgott in all seiner Pracht stehend, ihren Zettel, den sie doch noch geschrieben hatte, hinter ihrem Rücken schnell noch zerreißt, in nicht mehr lesbare Fitzel. Denkbar wäre auch, dass man sich dann als Mensch überhaupt nicht mehr erinnern kann an hienieden; wer weiß? Alles Weitere hängt von den, wie gesagt, sehr besonderen Umständen ab. Dabei gab es bereits jetzt einen Gegenspieler zu ihren zornigen Gefühlen, nämlich die Gottesfurcht! Dies hielt sie in Schach, und nicht nur sie, sondern alle gläubigen Seelen.

Ein weiterer Kerngedanke meiner Mutter war die Wahrnehmung jedes Einzelnen als eine einmalige Person. Jeder hatte seinen Wesenskern, sein Ich, das er behält, komme was da wolle. Dabei war und ist dieses Ich eigentlich nicht so eindeutig, weil Kinder erst nach ein paar Jahren sich selbst als eigenständig wahrnehmen. Zudem werden die wenigen Greise manchmal völlig vergesslich bis zum Verlust dessen, was sie als Person ausmachte. Dies störte ihr Menschenbild aber nicht. Jeder hatte ganz einfach sein Ich, das er auch im

34

Himmel behält. Dort würde es ja erst recht losgehen mit den Beziehungsgeschichten innerhalb der großen, großen Familie. Dann würde eigentlich munter weitergemacht mit dem, was weiter unten bereits begonnen wurde. Wobei dann Gottseidank alles Leid und jeder Schmerz endlich überwunden sein würde. Der Lobgesang Gottes, den man ansatzweise bereits von der Kirche kannte, würde ewig andauern. Wie selbstvergessen spielende, völlig arglose Kleinkinder würden wir uns begegnen. Man würde sich im Himmel gegenseitig wiedererkennen, auch begrüßen und zum Beispiel sagen: „Grüß dich Josef" oder „Du bist doch die Agathe?"

Mit all den Erfahrungen, die man hienieden gesammelt hatte, würde man in den Himmel kommen. Und wenn das Leben hier unten, in den irdischen Niederungen, das sie sich ja nicht selbst ausgesucht hatte, ihr etwas gelehrt hatte, dann nicht zuletzt eine gute Portion Trotz und Eigenbehauptung. Mit all dem was sie dazugelernt hatte wollte sie also wie ein kleines Kind zum Vater gehen, ein neues Spielzeug zeigen, und schauen wie der Vater reagiert. Schließlich konnte es ja nicht anders sein, als dass der liebe Vater doch Gefallen findet an seinem Töchterchen, wie auch immer sie daherkommen möge.

Mir stand das Gesicht des Bauern von gestern Abend auf einmal wieder ganz lebendig vor Augen. Die Art und Weise wie er mich anschaute, konnte ich gestern zunächst nicht aufschlüsseln. Jetzt meinte ich seinen Gesichtsausdruck verstanden zu haben. Der *Vrdruckte*, der sich selbst hätte erklären können, dies aber nicht tat, teilte mir wortlos folgendes mit: „Ich kann deine Gedanken nicht sehen. Wie bei allen Menschen, die mir begegnen, bleibt mir deine Seele verborgen bis auf das Wenige was du sagst oder das, was ich meine, herauslesen zu können. Aber ich weiß wo du herkommst. Die Geschichte deiner Mutter und dein Weg bis hierher sind mir bekannt. Was du heute tust, sehe ich jeden Tag. Ich weiß auch wie es mit dir weitergeht. Du wirst dein Leben weiterhin als Knecht verbringen, so wie viele andere auch. Unumstößlich wirst du sterben und dann vor unserem Herrgott stehen, der dein Leben noch viel, viel besser kennt und urteilt."

Ich fühlte diesem Eindruck nach und die Redewendung „in die Schublade geschoben" drängte sich mir auf. Ich wurde eigentlich von allen eingeordnet und keiner machte sich die Mühe, mich zu fragen, ob ich damit einverstanden war. Wenn der Anfang und das Ende eines Menschen bekannt waren, dann war letztlich ja ohnehin alles vorbestimmt. Ein bisschen *rumzappeln* wurde einem zugestanden, mehr aber nicht. Dies wollte der Bauer mir gestern mitteilen, da war ich mir auf einmal ganz sicher. Wo war der Bauer jetzt? Ich wollte mir nicht vorstellen, wie er jämmerlich erstickte und verbrannte.

Nach diesem Sinnieren regte sich in mir eine kampfeslustige Stimme, die meine eigene flache Atmung beendet sehen wollte: „Der Schraubstock der Vorbestimmtheit sollte Holzstücke einklemmen, aber nicht mich! Und wo ist er nun der Bauer? Der gemeint hat, alles über mich zu wissen. Meine Geburt zu kennen und angeblich bis hin zum Tod alles vorhersehen zu können. Sogar über meinen Tod hinaus wusste er angeblich Bescheid. Entweder gleich ewig in die Hölle, im besseren Fall Jahrtausende lang ins Fegefeuer oder, so genau weiß man es ja nicht, gnädig direkt in den Himmel."

5

Was war jetzt wichtig für mich? Was brauchte ich für meine Zukunft? Einen klaren Kopf und einen gesunden Körper. Eigentlich waren diese selbstverständlichen Einsichten schon mein Leben lang klar, jetzt vergegenwärtigte ich mir dies mit noch größerer Dringlichkeit. Ich war neunundzwanzig Jahre alt und gesund. Ich konnte beim Bauern alle mir übertragenen Arbeiten erledigen und nichts war mir zu schwer oder zu schwierig. Nun hatte ich aber nur noch Hose und Hemd an, auf die Schuhe musste ich verzichten. Doch das schreckte mich nicht, barfuß laufen war ich gewohnt und glücklicherweise stand der Sommer bevor.

Ich durfte keine Zeit verlieren, noch schützte mich die Nacht. Mein Ziel war die Leiblach, der Grenzfluss zu Österreich, allerdings erst etwas weiter flussabwärts. Zunächst musste ich hinunter an den Opfenbach, am besten im Schutz der Wälder, dann dort entlang bis zum Haggenbach. Dieser Bach hatte einen Tobel gegraben, durch den die Hauptstraße nach Niederstaufen verlief. Diese Straße musste ich unbemerkt überqueren, möglichst noch nachts. Danach würde der Wald mich wieder verstecken. Er würde mich aufnehmen und dabei keine Fragen stellen. War das schon Gnade? Es galt möglichst wenig Wege oder Wiesen zu betreten, denn dort würden mich wahrscheinlich Leute sehen. Und genau das musste ich jetzt vermeiden: jegliche Annäherung zu Menschen. Schon von Anderen wahrgenommen zu werden war bedrohlich. Wie schnell würde mir nachgestellt werden, wenn ich erst einmal erkannt wurde! Ich verhielt mich ja auch wie ein Flüchtender. Wer sonst hätte das nötig?

Im Wald war ich in einer anderen Welt, besonders im Unterholz oder unwegsamem Gelände. Die Menschen waren in ihren Häusern, ihren Wiesen und Straßen, mit ihren Gesetzen und Statuten. Im Gehölz jedoch galten andere Regeln, dort konnte ich eintauchen in die Natur, so wie sie ursprünglich war. Hier und nur hier konnte ich mich verstecken. Der Wald war der letzte verbliebene Ort, der von den Menschen mit ihrer Veränderungswut sich selbst überlassen war. Natürlich wurde auch Forstwirtschaft betrieben, dies zeigte sich vor allem bei den weitläufigen Fichtenbeständen.

Der Wald mit all seiner Ursprünglichkeit und Pracht war aber nicht wegen mir da, die vielen Pflanzen und Tiere lebten nicht wegen mir und meinen Bedürfnissen. Er wollte mich auch nicht versorgen, im Gegenteil, eigentlich wollte er mich eher frieren, hungern und am Ende sterben lassen. Deshalb hatte ich zu kämpfen gegen den teils dichten und abweisenden Wald in dem ich meinen Weg selber suchen musste. Es galt, ihm das abzuringen, was ich brauchte. Und dieses Versteck, das ich im Nadelwald mit vereinzelten Laubbäumen suchte, war nur auf den ersten Blick umsonst. Es lauerten auf einmal neue, andere Gefahren, hier ein Dorn, der mich reißen konnte, dort ein gut getarntes aber gefährliches Tier oder am Hang die Möglichkeit abzustürzen. Welche Beeren waren wirklich genießbar? Und wo sollte ich übernachten? Dies alles wollte ich auf mich nehmen, wollte mich allein durchschlagen, dort wo sich kaum einer verirrte. Je weiter weg von den Menschen umso besser. Ich war ganz auf mich gestellt, hatte nur mich selbst! Sollte mir etwas zustoßen oder ich mich gar ernsthaft verletzen, dann konnte mir niemand zu Hilfe eilen.

Im *Holz* folgte ich dem Haggenbach bis dieser in die Leiblach mündete. Mein erstes Ziel hatte ich erreicht. Die Morgendämmerung hatte begonnen und ein neuer Tag kündigte sich an. Ich wollte nun innehalten und mir etwas Zeit gönnen nach dem anstrengenden Weg bis hierher. Noch immer fühlte ich mich gehetzt. Ständig hatte ich den besten Weg gesucht, wich Ästen aus, umging Dornen und orientierte mich am Bach, der eine Unmenge von Pflanzen an seinen Ufern mit Wasser im Überfluss versorgte. Ich lehnte mich an eine mächtige Esche und wartete bis sich mein Atem wieder beruhigte. Trotzdem war ich noch zu aufgewühlt, um mich einer leicht schläfrigen Entspannung hinzugeben. Deshalb versuchte ich mich zu beschäftigen und nahm mir Zeit zu beobachten, wie das Wasser des Baches in den Fluss floss. Große Offenbarungen erwartete ich mir nicht davon, immerhin ließ mich dies ein bisschen ruhiger werden. Das Flusswasser unterschied sich von dem des Baches. Das klarere Bachwasser, das auch lebendiger erschien, floss in das breite Bett der Leiblach mit seinem dunkleren, behäbigeren Gewässer. Unbeirrt floss der frische Bach in den alten Fluss und vermischte sich schon nach wenigen Metern mit ihm, wurde selbst zum Fluss. Wo blieb die Eigenart des Baches? Eben noch munter und verspielt, nun träge dahinfließend, nur der Bestimmung entgegen, ein Meer zu erreichen auf uralten Verläufen. Warum wehrte sich der Bach nicht gegen sein Schicksal, eins zu werden mit einem größeren Gewässer, das alles in sich aufnahm, alle Eigenarten verschwinden ließ und nur ein Ziel kannte, nämlich selbst zu verschwinden in einer noch größeren Masse? Natürlich war dies eine blöde Frage. Ein Bach war ein Bach und kein Mensch, völlig klar! Dennoch gab ich mich gerne diesem Sinnieren hin. Nach einiger Zeit dämmerte mir, warum mich diese Eindrücke beschäftigten. Abgeben, loslassen, nicht kämpfen! Genau das Gegenteil von dem, was mich heute schon seit dem Erwachen bestimmte. Ich hatte ständig zu kämpfen, gegen das Feuer, gegen die mich vermeintlich verdächtigenden Nachbarn, auch gegen den Wald, der mich zwar schützte, aber zugleich auch ständig am flotten Fortkommen hinderte. Mit dieser Einsicht ließ ich mich fallen und kauerte in der Hocke. Überwältigt überließ ich mich dem, was auch immer kommen wollte. Mich hinlegen war die nächste Stufe des Loslassens. Als ich ein einigermaßen trockenes Plätzchen gefunden hatte, lehnte ich meinen Kopf an eine große Wurzel der Esche. Mein Körper überließ sich von selbst dem Boden und mit einer gewissen Verzögerung hatte meine Gedankenwelt dies auch verstanden. Endlich konnte ich entspannen und mich als Person ganz dem Boden überlassen. Dafür spürte ich meinen großen linken Zeh, weil der bislang unterdrückte Schmerz sein Recht forderte. Ich hatte mich beim Laufen an einer Wurzel angestoßen, achtete aber nicht weiter darauf, weil mich meine Angst immer weitertrieb. Offensichtlich konnte ich laufen, so schlimm konnte es also nicht sein. Im Schneidersitz fasste ich meinen Fuß und bewegte den Zeh. Glücklicherweise hatte ich nichts wirklich Schlimmes davongetragen. Beide Unterschenkel waren voller Schrammen von den Brombeerranken, es floss sogar ein bisschen Blut. Aber gut, es durfte wehtun.

Am Leiblachufer wollte ich bleiben und flussabwärts weitergehen, bis zum Rickenbach, von dem ich wusste, dass er die Grenze zu Österreich markiert. Ich war noch nie an dieser Stelle wo der Bach in die Leiblach floss. Als ich ihn erreichte, war ich mir aber sicher, an die Grenze gekommen zu sein. Vor mir tat sich links ein etwa acht Meter breites Bachbett auf, das zum noch größeren Fluss führte. Als ich überlegte, wie ich es denn schaffen konnte, ihn zu überqueren ohne nass zu werden, entdeckte ich eine Esche, die ganz genau quer über dem ganzen Bach lag. Dieser Baum war aber zu schwach um mich zu tragen.

Ich konnte es kaum mehr erwarten, runter auf eine kleine Schotterbank zu steigen. Mit einem beherzten Sprung wäre ich bereits in einem anderen Land! Dies wollte ich ganz bewusst und mit Genuss tun. Ich schaute wo ich am besten abspringen konnte, es schien aber keinen wirklich gut geeigneten Ort zu geben. Bestenfalls würde ich auf der gegenüberliegenden Schotterbank ankommen und meine Füße erstmals auf österreichischen Boden setzen. Auf der deutschen Seite konnte ich nur zwei Schritte zurück, um Anlauf zu nehmen und schnellte voran. Ich genoss es während des Anlaufs, nicht zu wissen wie ich auf der anderen Seite empfangen würde. Würde ich trockenen Fußes ankommen? Ich wollte es gar nicht wissen, wollte es dem Zufall überlassen. Ich war ja der Eindringling! Deshalb wollte ich spüren wie ich begrüßt wurde. Beim Absprung, mein letzter Fußabdruck auf bayrischem Boden, sank ich etwas ein und verlor somit entscheidend an Höhe. Nach einem kurzen Flug landete ich mit beiden Füssen im Wasser und fiel vornüber auf den Schotter. Ich robbte schnell aus dem Wasser, erreichte das Trockene auf allen Vieren und ließ mich erleichtert und lachend auf meinen Bauch fallen. Ich wollte nun den österreichischen Boden spüren, ihn eigentlich wie ein Liebhaber umarmen. Die Unebenheiten der Schottersteine drückten in mich hinein. Ich ließ es zu. Erst als dieses Erspüren zu einem unangenehmen Schmerz wurde, bewegte ich mich wieder und stand auf.

Ich hatte es geschafft! Ich war nicht mehr in Bayern, sondern in einem anderen Land. Hier wird wohl nicht mehr nach dem Feuerteufel von Opfenbach gesucht. Bayern hatte sich selbst um seine Angelegenheiten zu kümmern und Österreich ging das erst mal gar nichts an!

Ich kletterte die steile Böschung empor, immerhin fast doppelt so hoch wie ich, und wollte mich umschauen. Hier müsste eigentlich ein Grenzstein zu finden sein. Tatsächlich entdeckte ich einen in den Farben Österreichs, rot-weiß-rot. Dieser viereckige Stein war nur wenig höher als das Gras. Er würde kaum auffallen, es sei denn, man müsste ihn suchen. Da weiter vorne ein Gehöft war, wollte ich sicherheitshalber gleich wieder zum Fluss zurück. Dabei schwang ich mich an einem Haselbusch haltend wieder auf die Steine. Erst jetzt hatte ich Zeit, mir alles nochmals in Ruhe anzuschauen. Die Esche, die mir schon vorher aufgefallen war, konnte ich nun genauer betrachten. Der Baum wuchs auf der bayrischen Seite, direkt am Ufer. Er konnte sich nicht mehr senkrecht halten, weil er zu stark unterspült wurde. Eine Erle hätte sich wahrscheinlich halten können, dachte ich mir, weil deren Wurzelwerk das Ufer besser befestigt. Der schön gerade Stamm der Esche lag fast waagrecht etwa einen Meter über dem fließenden Wasser. In dieser für einen Baum misslichen Lage schien er sich dennoch nicht aufzugeben. Aus dem Stamm trieben neue Schösslinge nach oben. Im eigentlichen Sinn waren es keine Äste, obwohl sie seitlich vom Stamm wuchsen, sondern Wasserreiser. Die Triebe auf dem Stamm blieben von meiner Betrachtungsweise unbeeindruckt, das war klar. Der eigentlich unmögliche Ort direkt über einem Bach schien das neue Grün nicht zu stören. Auch die Aussicht, keinen dauerhaften Platz zu haben war gleichgültig, denn in absehbarer Zeit würde der Stamm, der eine Brücke bildete, eher schwächer als stärker werden. Zudem könnte ich klug auf den Sachverhalt hinweisen, dass je größer und deswegen schwerer der Trieb wird, desto mehr würde die eh schon schwache Brücke belastet! Die Natur gab mir hierzu keine

Antwort. Wenn man ihr eine Stimme verleihen könnte und sie überhaupt auf mein menschliches, ach so kluges Geschwätz antworten sollte, dann wahrscheinlich so, oder so ähnlich: „Ich habe hier Licht, Wasser, eigene schlafende Knospen und ausreichend Nährstoffe. Alles zusammen, in einer lebendigen Beziehung ermöglicht auch diesen Trieb – aus dem Nichts heraus. Und was morgen ist weiß ich nicht."

Die österreichische Uferseite der Leiblach wollte ich nicht mehr verlassen. Der nun etwas breitere Fluss beschrieb zunächst eine leichte Linkskurve, die eine größere Schotterbank entstehen ließ. Ansonsten bemerkte ich überhaupt keine Änderung am Flussufer, ob nun bayerisch oder österreichisch. Die Natur scherte sich nicht um Landesgrenzen. Aber ich fühlte mich tatsächlich so, Bayern entronnen zu sein und nun in Österreich alles hinter mir lassen zu können.

Warum fühlte ich so? Während ich mich immer weiter nach Süden vorankämpfte, war ich zunächst beschäftigt, den besten Weg im Wald zu suchen, zu finden und anschließend zu gehen. Dabei war es mir ganz recht, dass der Wald meine Aufmerksamkeit beanspruchte, weil sich dadurch meine aufgescheuchte Gedankenwelt beruhigte. Eigentlich gab es auf jedem Meter ungeheuer viel zu entdecken. Überall Äste, Blätter, Nadeln, Stämme, kleinere Pflanzen, Tiere, manchmal nur Spuren von Tieren, das Wasser und alles immer wieder in ähnlichen, dennoch neuen Formen. Gab es Blätter, die haargenau wie das Nachbarblatt aussahen? Es war mir unmöglich, an einer Stelle stehen zu bleiben und jede Kleinigkeit meines Blickfeldes zu erfassen. Die Natur zeigte sich dermaßen feingliedrig und unterschiedlich. Folglich blieb mir nichts anderes übrig, als ganze Bereiche meines Blickfeldes zusammenzufassen und als eine Einheit zu betrachten. Mit dem Wort „Unterholz" konnte eine immens große Menge an Ästen, Ranken, Blättern, Moosen, Totholz, Gräsern, Nadeln, Büschen, Jungbäumen, Schösslingen, Stauden, Pilzen, Humus und noch mehr erfasst werden. Ich marschierte weiter, dennoch nahm ich mir hin und wieder während des Gehens die Zeit, eine Einzelheit genauer zu betrachten. So ging es voran, so wie es schließlich alle Menschen machten, mit einem vereinfachenden Bewusstsein. Bei mir sogar mit dem Vorsatz, vieles übersehen zu wollen. Ich bewegte mich ganz einfach in einem Wald. Meine Aufmerksamkeit befasste sich somit nur noch mit den direkt vor mir liegenden Hindernissen auf meinem Weg.

Als ich einige Zeit auf österreichischem Boden gegangen war, beschäftigte ich mich wieder mit der Landesgrenze und warum sie etwas Besonderes war. Warum konnte ich mich hier vor einer Strafverfolgung sicher fühlen? Im kleineren Maßstab gab es ja auch die privaten Grundstücksgrenzen, auf die jedermann achtete, besser gesagt zu achten hatte.

Augenblicklich sah ich meine Mutter vor mir, wie sie einmal knapp erklärte: „Grenzen sind wichtig." Dabei hatte sie einen Gesichtsausdruck, der sich ausmalte was geschehen würde, wenn das „Meins" und „Deins" nicht beachtet wurde. Das Wort Eifersucht drängte sich mir auf, da sich jeder Besitzer eines Fleckchens Erde auch als Wächter eingesetzt sah, mit heftigen Reaktionen, wenn das stets wachsame Auge einen Übergriff feststellte. Ganze Völker waren bereit, ihr festgelegtes Gebiet zu verteidigen! Was machte nun eine Grenze zu einer Landesgrenze?

Nach längeren Grübeleien festigte sich allmählich folgende Einsicht: Landesgrenzen sind nur eine menschliche Erfindung, eigentlich eine Einbildung, die von ganzen Völkern einmütig geglaubt wurden. Ich war ja auch so ein Mensch, der dem beipflichtete, der sogar alles daransetzte, sie zu überschreiten. Es gab ja tatsächlich diesen Bach und diesen Grenzstein, doch was besagte das schon? Würden nicht alle daran glauben, dass dies wirklich eine Grenze markierte, dann wäre es nur ein Bach mit einem angemalten Stein.

Nach einiger Zeit entdeckte ich einen Kirchturm auf der anderen, bayrischen Seite der Leiblach. Wollte ich dort hinüber? Nein, nicht um alles auf dieser Welt! Ich wollte hier in Österreich bleiben, später Bregenz erreichen und schauen wie es weitergeht. Es musste der Kirchturm von Sigmarszell sein.

Der Bauer hatte mir *sellamol*, vor einiger Zeit etwas mehr von diesem kleinen Ort erzählt, der wohl schon über tausend Jahre alt war und vom Kloster St. Gallen gegründet wurde. Den Namen hatte Sigmarszell von Sigmar, einem Bauern, der unbedingt Pfarrer werden wollte. Das konnte er aber als leibeigener Bauer nicht. Seine Herrin ließ ihn jedoch gehen, so konnte er sich seinen Wunsch erfüllen. Er half St. Gallus bei der Einführung des Christentums.

Sigmar wohnte in einer Zelle, deswegen: Sigmarszell.

6

Bislang war der Flussverlauf oft wie eine Schlange mit engen Kurven in einem Tal, das er sich selbst gegraben hatte. Da ich mit der Leiblach immer mehr vertraut wurde, erkannte ich ihre Art und Weise, sich in der Landschaft einzubetten. Wenn wieder eine große Kurve kam, konnte ich mit der Zeit voraussehen, wie sie weiter verlaufen würde. Wenn zwei benachbarte Flussschlingen ziemlich nah beieinander waren und der Weg über die Erhebung dazwischen einigermaßen gangbar erschien, kürzte ich meinen Weg ab. Ich stellte mir die grundsätzliche Flussrichtung vor, wie das Wasser ungefähr ohne Kurven verlaufen würde, verließ das Ufer und ging in die Richtung, die ich mir zurechtgelegt hatte. Am Scheitelpunkt meines Weges angekommen konnte ich mir vorstellen, wie die Erhebung unter mir weggerissen sein würde, wenn der Fluss von Schlinge zu Schlinge durchbricht. Vom jetzigen Verlauf würde dann nur noch ein bogenförmiger Altarm mit einem Hügel in der Mitte übrigbleiben.

Auf der Höhe von Hörbranz änderte sich die Landschaft. Ich erreichte ein ebeneres Gelände in dem der Fluss weitläufigere Kurven beschrieb und somit insgesamt geradliniger verlief. Ich sah Felder, die zum Teil bis auf wenige Meter Auwald an die Leiblach grenzten. Weiter unten meinte ich schon den Bodensee wahrzunehmen. Es gab hier und dort Häuser, sicher waren da auch Leute, mit denen ich, so nah an Bayern, möglichst keine Berührung haben wollte.

Im Wald konnte ich mich gut verstecken; aber wie lange noch? Würde ich hier in Österreich als Flüchtling wahrgenommen werden? Ein Flüchtling wäre jemand, der in einem neuen Land von der Bevölkerung immer als solcher gesehen wird, eben nicht zugehörig, fremd und erst später angenommen, nach vielen Jahren der Gewöhnung geschuldet. Demgegenüber besann ich mich auf meine Vorteile, nämlich wie ein Einheimischer auszusehen und deutsch zu sprechen. Meine Westallgäuer Mundart, so hoffte ich, würde sich wohl nur wenig von der hiesigen unterscheiden. Ich wollte hier als ganz gewöhnlicher Mensch ankommen und angenommen werden! Hatte ich eine andere Möglichkeit, als hier, im Nachbarland von Bayern, Fuß zu fassen? Die Bayern oder Baiern, wie sie sich vor kurzem noch nannten, sollten doch bei sich suchen und finden wen sie wollten, bis hierher reichte ihr Arm nicht, oder erst viel später. Bis wirklich im angrenzenden Ausland nach mir gesucht werden sollte, bis dahin war ich schon weg, über alle Berge und nicht mehr zu greifen. „Über alle Berge", diese Redewendung setzte sich in mir fest. Sollte ich im wahrsten Sinn des Wortes über alle Berge steigen?

Ich erhob meinen Blick und schaute auf die Berge im Süden, die Alpen. Wie eine Mauer stand diese mächtige Kette mit ihren Gipfeln vor mir. Hatte es der Natur gefallen, hier alle hohen Berge zu versammeln und gemeinsam ein Gebirge zu errichten, das Jedem Respekt abnötigt? Weitere Fragen, warum die Alpen überhaupt dort stehen, verbot ich mir und rief mich selbst zur Ordnung. In meiner Lage galt es zielorientiert zu denken! Solche grundlegenden und schwierigen Fragen konnte ich mir erst leisten, wenn ich sicher in einem Bett lag, mit einem Dach über den Kopf. Jetzt war ich jedenfalls im Bodenseegebiet, hatte meine Heimat, das Allgäu, verlassen und musste auf unbekanntem Gebiet einen Weg finden. Was ich von dieser Region wusste, war eigentlich recht wenig. Die Insel Lindau weiter rechts war bayerisch. Weiter links müsste Bregenz am Bodenseeufer liegen, dahinter die Alpen. Den Namen des einen oder anderen Berggipfels hatte ich schon einmal gehört, doch inzwischen wieder vergessen. Im Süden nach den Alpen war die Welt noch nicht zu Ende. Wie es dort wohl aussah? Wie das Allgäu die Gegend nördlich vor den Alpen war, mit vielen Hügeln, deshalb unebenen Wiesen, so gab es auch eine wahrscheinlich ähnliche Landschaft südlich davon. Ob ich jemals so weit kommen würde? Sicherlich wäre es sehr interessant Vergleiche anzustellen. Von Italien hatte ich schon gehört, das Land im Süden mit Rom, der ewigen Stadt. Nur zögerlich stellte ich mir vor, über all diese steilen Berge der Alpen zu steigen. Und falls es mir dennoch möglich wäre, was würde mich auf der anderen Seite erwarten?

Diese weitschweifenden Überlegungen brachten mich nicht weiter. Ich musste immer noch aufpassen und versuchen wie ein Hiesiger, ein Einheimischer, zu erscheinen, obwohl ich nur wenig von der ganzen Gegend hier wusste. Also wenig kennen und wissen, aber dennoch so tun als ob. Wie ein Schauspieler in einem Theater, wobei ich nur das Wort kannte und nie selbst in einem war. Die Frage, ob das alles unehrlich war, stellte ich mir gar nicht, es gab keinen anderen Weg! Ich war nun in Österreich kurz vor Bregenz und wollte frei leben. Die Vorstellung für etwas verantwortlich gemacht zu werden, das ich gar nicht begangen hatte, riss mich aus meiner Zaghaftigkeit. Um mir selbst Mut zu geben, sagte ich laut zu mir selbst: „Es kommt etwas auf mich zu und ich werde es schaffen!"

Wichtig war für mich zuallererst, die Gesellschaft mit den Leuten hier zu vermeiden, auch wenn mir das wahrscheinlich nicht ganz gelingen würde. Ich sollte möglichst normal erscheinen, am besten mit einer Arbeit beschäftigt, fast egal welcher. An meinem Gang durfte nichts abzulesen sein, das mich verdächtig machte. Also nicht zu langsam, nicht zu schnell, möglichst alltäglich. Es erschien mir angezeigt, erst in der Stadt Bregenz auf Leute zuzugehen, denn notwendigerweise musste ich ja demnächst etwas essen und mich um die Übernachtung kümmern.

Ich fand einen Feldweg, der direkt an der Leiblach endete. Er führte zu verstreut liegenden Gehöften. Ich war fast schon im Begriff, diesen Weg zu nehmen, als es mir mulmig wurde. Besser doch nicht. Auf diesem Weg ginge ich ja direkt auf Bauern zu, die mich fragen würden, was ich denn auf ihren Wegen verloren hätte. Wenn die Annäherung zu Leuten unumgänglich war, dann zumindest dort, wo man am wenigsten auffiel. Barfuß daherzukommen schien mir auf dem Land kein Problem zu sein. Vielmehr machte ich mir Sorgen wegen meiner schäbigen und zum Teil versengten Kleidung. Mein Plan sah vor, am Seeufer angekommen, dort entlang nach Bregenz zu marschieren. Am Seeufer konnte ich mich ja herausreden als jemand, der den See genießen möchte. Also folgte ich dem Flusslauf auf seinem Weg zum See hin. Verspielt hatte ich sogar angefangen, mit dem Fluss zu sprechen. Ich stellte ihm Fragen, die mich gerade beschäftigten. Manchmal meinte ich sogar eine Antwort im Wasserrauschen zu hören. Natürlich waren das nur meine eigenen Hirngespinste, die ich niemanden erklären könnte – und auch nicht wollte.

Je weiter ich der Mündung meiner Leiblach kam, desto mehr war die Besiedlung durch die Menschen zu spüren. Man ließ dem Fluss nur einen kleinen Auwald auf beiden Seiten und nutzte die fruchtbaren Böden. Größere Obstgärten fielen mir auf. Im Allgäu gab es auch Obstbäume, hier am See, wohl wegen der wärmeren Lage, war manches anders. Es gab viele Anlagen mit einer Anordnung in Reih und Glied, in einer vom Obstbauern gezogenen, schnurgeraden Linie. Es standen meistens keine Hochstämme wie daheim, sondern Halbstämme. Diese deutlich kleineren Bäume wurden dafür eng zusammen gepflanzt. Weil ich mich für Bäume immer schon interessierte und deswegen einen Kennerblick entwickelt hatte, stellte ich fest, dass hier viel beschnitten wurde. Viel mehr als bei den oft alten Bäumen im Allgäu, die verstreut in einer Wiese standen und meistens sich selbst überlassen blieben. Daheim musste immer um die Bäume herum gemäht werden, das war immer etwas aufwändig. Willkommen war die alljährliche Ernte: Äpfel, Birnen, meistens Zwetschgen, seltener Kirschen.

Es wurde immer schwieriger unerkannt zu bleiben. Ich sah mich deshalb mehrmals gezwungen, am Rand des Flussbettes im Wasser zu gehen. Bisher war ich im Wald meistens nicht schnell unterwegs, nun verlangsamte sich mein Fortkommen noch mehr.

Auf einmal entdeckte ich in der Nähe eine Brücke. Warum war die mir nicht schon früher aufgefallen? Konnte ich von dort aus gesehen werden? Zur Sicherheit versteckte ich mich hinter einem mächtigen Baum, ging in die Hocke und überlegte. Ich hatte mit keiner Brücke gerechnet, meinte entlang des Flusses unerkannt bis zum See zu gelangen, um dort als Badender auftreten zu können. Schlicht und ergreifend falsch gedacht, weil es natürlich eine Straße von Lindau nach Bregenz gab und diese war nun wohl genau vor mir. Was nun? Ich konnte keine Zollstation erkennen, dennoch musste ich davon ausgehen. Dort standen sicher einige Grenzer! Und denen war es erst mal egal, auf welcher Seite des Flusses so ein Grenzgänger herkommt. Die würden nicht fragen, ob meine bis zum Knie nasse Hose eher vom bayrischen oder österreichischen Wasser der Leiblach nass wurde. Die würden mich fragen was ich hier wollte und warum ich hier war. Und vor allem würden sie mich fragen: Wer bist du?

Ich traute mich kaum, mich hinter meinem Baum zu bewegen und musste auf einmal mehrfach trocken schlucken. Ich suchte besorgt meine Umgebung ab, ob ich hier wirklich die Zeit hatte, mir in Ruhe ein klares Bild meiner Lage zu machen. Es war noch vormittags und das Wetter schien schön zu bleiben. Recht bald dämmerte mir, dass ich zurück musste. Noch hatte mich Gottseidank niemand gesehen. Jetzt nicht vorschnell sein! Erst überlegen und dann auf dem besten Weg rein in das Land. Es galt jetzt, die Grenzregion hier möglichst schnell zu verlassen.

Ich stapfte missmutig mehrere hundert Meter zurück, bis die Brücke nicht mehr zu sehen war, beziehungsweise mich niemand von der Brücke aus erkennen konnte. Jetzt war ich bereits in Österreich, hatte mich schon so gefreut und nun wusste ich nicht wie ich richtig reinkomme. Sollte auf diesen ersten Metern nach der Grenze alles auffliegen? Es war zum Verrücktwerden!

Was ich jetzt brauchte war ein Plan, am besten mit einer unmittelbaren Umsetzung. Es war ratsam vorsichtig zu sein. Andererseits würde es mir nicht gelingen, alle Gefahren zu umgehen. Daher sollte ich mir zunächst ein möglichst genaues Bild der örtlichen Gegebenheiten machen. Dann hatte ich zu warten auf den Schutz der kommenden Nacht, obwohl ich lieber rastlos gewesen wäre als stundenlang nur abzuwarten. Ich trottete den ganzen Weg zurück bis zu dem ersten Feldweg, den ich auf dem Hinweg erkannt hatte. Ich versuchte mir möglichst viele Einzelheiten einzuprägen. Hier ein

Weg, dort eine kleine Hecke. Wo genau waren die Häuser? Als ich die Höhe des ersten Weges wieder erreicht hatte, war mir schon einigermaßen klar, wo es wohl am besten war, ins Land zu gehen. Natürlich erst im Schutz der Nacht, auch wenn wahrscheinlich hier und dort ein Hund bellen würde.

7

Bregenz, Donnerstag, den 16.06.1887

Der Tag neigte sich seinem Ende zu. Ich hatte mir einen einigermaßen weichen, vor allem geschützten und trockenen Platz an einem schräg gewachsenen Baum gesucht. Meinen Kopf lehnte ich an den Stamm, die Ruhe tat mir gut. Ich wartete bis es richtig dunkel wurde und die Lichter in den Häusern nach und nach erloschen. Nach einer zeitlichen Zugabe machte ich mich auf den Weg nach Bregenz. Wie erwartet begrüßte mich mehrmals Hundegebell. Als ich die ersten Häuser auf meinem nächtlichen Weg hinter mir ließ und der erste, dann auch der zweite Hund aufhörte zu bellen, wurde ich immer sicherer. Mit kräftigen Schritten und gespitzter Aufmerksamkeit gelang es mir, den vereinzelten Höfen nicht zu nahe zu kommen. Als später eine größere Ortschaft vor mir zu erkennen war, blieb ich stehen und überdachte meine Möglichkeiten. Eigentlich wollte ich möglichst schnell zum Bodensee, jetzt doch nicht mehr. Wie sollte ich mich nachts am Ufer gegebenenfalls rechtfertigen? Zudem konnte ich mich ja am Ufer nur in drei von vier Richtungen bewegen. Da war es doch besser auf dem Land zu bleiben, ganz einfach wegen den besseren Ausweichmöglichkeiten. Also besser im großen Bogen links um die Ortschaft herum. Dies führte mich bergauf, näher an den Pfänderrücken. Schon bald konnte ich in einem finsteren Wald verschwinden. Hier war es noch dunkler als auf den Wiesen. Ich trat deswegen auf alte Äste, die unangenehm spitz sein konnten, und kämpfte mich voran. Wenn sich das Blätter- und Nadeldach über mir öffnete und ein Stück Himmel zu sehen war, blickte ich dankbar nach oben. Dort war es heller als hier im Wald. Ganz oben, über der Schicht wo Regen, Schnee, Donner und allerlei Wetter entstehen konnten, schien eine unendliche Stille zu herrschen. Das riesige Zelt über mir mit den unzähligen Sternen wirkte beruhigend auf mich. Über mir war nicht einfach nur Nichts, sondern eine Art Dach, alles hatte naturgemäß einen

Anfang und ein Ende. Und die Sterne standen alle an ihrem Platz in einer Ordnung, die ich nicht verstehen konnte, aber immerhin in einer festen Anordnung. Ich fragte mich schon, ob ich von dort aus gesehen wurde. Konnte jemand von den Sternen nach unten schauen, so wie ich von unten nach oben? Mir war es nicht möglich, näher heranzugehen und Einzelheiten der Sterne auszumachen. Konnte andersherum jemand von oben herunterschauen? Wenn überhaupt konnte das nur Gott sein, der mit seinem alles erfassenden Blick wirklich alles erkannte bis hin zu mir: Hier am Pfänderrücken, alleine, im Wald versteckt, von der Nacht fast verschluckt und vielen Fragen im Herzen.

Glücklicherweise fand ich einen Weg, der sogar noch in meine gewünschte Richtung führte. Es war nun nicht mehr nötig, meine Arme schützend vor mein Gesicht zu halten und ich konnte wieder normal und aufgerichtet gehen. Doch meine gesteigerte Aufmerksamkeit legte sich nicht, ich konnte ja nicht wissen, was mich nach ein paar weiteren Schritten erwartete. Was war zu hören oder zu sehen? Ich versuchte alles angestrengt zu erfassen. Das Allermeiste wurde aber bereits von der Dunkelheit verborgen.

Die Sonne hinter den Bergen war noch nicht zu erkennen, doch ihre ersten sanften Lichtstrahlen am Horizont läuteten in aller Stille einen neuen Tag ein. Als die Sonne dann über die Berggipfel gestiegen war, gab sich die nächtliche Dunkelheit geschlagen. Der neue Tag ließ sich gerne wachküssen und von der Sonne warm umarmen. Ich stand am Hang des Pfänderrückens an einer Eibe mit ihrer rötlichbraunen glatten Rinde. Ich spielte mit deren weichen und biegsamen Nadeln, die vom Tau noch feucht waren. „Alles an der Eibe ist giftig", erinnerte ich mich und wischte meine Hände an der Hose ab. Wieder einmal hatte es der Lehrer geschafft, mit seinem erhobenen Zeigefinger in mein Bewusstsein zu kommen.

Das Stadtgebiet von Bregenz konnte ich von meiner Warte aus gut sehen, noch zögerte ich aus guten Gründen, einfach hinzugehen. „So wie du daherkommst. Schau dich doch mal an!", ermahnte ich mich selbst. Es war nicht nur meine heruntergerissene Kleidung, die mir Sorgen bereitete. Auch mein verletzter Unterarm, die vielen Schrammen am Körper und überhaupt der ganze Schmutz an mir waren nicht zu übersehen. Was lag am Bodensee nicht näher, als ein erfrischendes Bad zu nehmen? Sogar die örtlichen Gegebenheiten schienen mich bei diesem Vorhaben zu unterstützen. Kurz vor der Stadt gab es nur eine Straße und die Bahn zwischen See und dem Pfänderrücken, eine Besiedlung mit Häusern war wegen dem steilen Berg und den beengten Verhältnissen nicht möglich. Somit konnte ich in einem günstigen Augenblick ungesehen aus dem Bergwald schnell über die Straße und das Gleis laufen und schon war ich am Strand. Übergangslos lief ich in den See samt der Kleidung, denn auch diese hatte dringend so etwas wie eine Reinigung nötig. Besonders sauber war der See hier nicht, stellte ich etwas ärgerlich fest. Der Uferbereich führte erfreulicherweise aber schnell abschüssig in tieferes und saubereres Wasser, das mich herrlich erfrischte. Mein geschundener und angespannter Körper konnte sich endlich abgeben und vollkommen dem Wasser überlassen. Nach einem sehr tiefen Atemzug forderte auch mein Kopf dieselbe Erlösung. Nichts lieber als das! Erst unter Wasser wurde mir bewusst, dass sich in meinen Haaren noch letzte Reste des Feuers von gestern gehalten hatten. Ich meinte sogar, den Rauch und Qualm des Feuers nochmals zu riechen, bis das Wasser alles immer mehr wegspülte. Als ich mit meinen Fingern nachhalf, die Kopfhaut massierte und die Haare durchknetete, mochte ich damit gar nicht mehr aufhören. Bald danach beendete ich den Badegang wieder, weil ich meinen roten Unterarm vorsichtshalber nicht zu lange im Wasser lassen wollte.

Ich fand eine Bank und breitete mein Hemd zum Trocknen darauf aus. Die nasse Hose behielt ich einfach an und setzte mich damit auf das alte Holz, das einen guten Teil des Bodenseewassers aufsog. Als die Bank von mir so durchnässt war, dass sie kein weiteres Wasser aufnehmen konnte, trieb es mich weiter.

Direkt in die Stadt oder in den Hafenbereich zu gehen hielt ich nach wie vor nicht für ratsam. Die Stadt war mit ihrer Mauer eingefasst, davor standen verstreute Häuser. Danach kam eine freie Fläche auf der der Bahnhof gebaut wurde. Zwischen Bahnhof und Hafenbebauung gab es aber eine unbebaute Fläche. Hier konnte ich mich wohl am besten durchmogeln, also steuerte ich darauf zu. Als ich den Hafen fast erreichte hatte, konnte ich zum ersten Mal mein Versteckspiel nicht mehr weiterführen, weil ich unweigerlich immer näher zu den Leuten kam. Diesen Weg musste ich aber gehen, um endlich tiefer nach Vorarlberg hinein zu kommen. Ich bedeckte meinen roten Unterarm mit dem Hemd und legte mir folgendes Selbstverständnis zurecht:

„Ich spiele hier jemanden, der auf dem Weg zum See ist, zum Baden. Mein Weg dorthin führt nun mal über den Hafen. Wenn ihr wollt, dann schaut mich an, so wie man allgemein die Leute in einer Stadt wahrnimmt. Man schaut sich nur kurz an, geht aneinander vorbei und hat das Gesicht schon wieder vergessen, weil gleich der Nächste kommt." Also schritt ich mit der richtigen Geschwindigkeit, nicht zu langsam, nicht zu schnell, die ganze Hafenanlage entlang auf ein öffentliches Seebad zu und kaum jemand blickte mir hinterher.

Auf dem Weg zum Seebad kam mir ein Mann entgegen. Obwohl wir kein einziges Wort austauschten, erinnerte ich mich noch gut an ihn. Er war etwas älter und trug alltägliche Kleidung. Das zunächst Auffällige war sein Vollbart, den er offensichtlich mehr pflegte als alles andere. Ging er mit dem Bart voran auf seine Mitmenschen zu? Als ob er allen erst mal sein Markenzeichen zeigen wollte; oder versteckte er sich dahinter?

Ich meinte sogar zu erkennen, dass ihm sein Haupthaar weniger wichtig war. Seine wenigen schütteren Haare waren am Kopf festgeklebt, als hätten sie gegenüber dem Bart zurückzutreten. Schon aus einiger Entfernung war zu spüren, dass er mich als einen zufällig Vorbeigehenden nicht höflich übersehen wollte. Sein Blick schien mich zu prüfen, fast schon so, als ob er bereits etwas gefunden hatte, womit er bei mir einhaken konnte. Vielleicht fiel ihm meine runtergerissene

Kleidung auf, zudem noch barfuß. Er hatte immerhin Schuhe an, eine Art Schlappen. Obwohl er mich musterte und den Blickkontakt förmlich suchte, bemühte ich mich um ein möglichst beiläufiges, argloses Auftreten. Als wir auf der Straße auf gleicher Höhe waren, glaubte ich seine Absichten lesen zu können. Er patrouillierte diese Straße entlang und suchte bewusst nach Gelegenheiten, einen anderen zurechtweisen zu können. Es war beinahe egal, wen er dann vor sich hatte. Hauptsache er konnte einem anderen sagen, dass er sich irrte oder einfach nur dumm war. Bei diesen streitlustigen Gesprächen wäre es ihm dann möglich, gleich mehrfach einen persönlichen Gewinn ziehen. Zuerst konnte er sich aufplustern, weil er ja auftreten konnte als jemand, der etwas besser verstand und der auf alle Fälle im Recht war. Hierzu gehörte natürlich auch eine siegesgewisse Stimmlage, die einschüchtern sollte und nicht zuletzt ihn, den Zurechtweiser, als etwas Besonderes unterstrich. Sollte ein Wortgefecht länger dauern und deswegen unweigerlich beleidigend ausarten, würde er sich stets wehrhaft zeigen. Fast wichtiger als der augenblickliche Triumph, sich über einen anderen zu erheben, war die Möglichkeit, diese Geschichte immer wieder erzählen zu können, bei passenden oder unpassenden Gelegenheiten. Je höher der Zuhörer gesellschaftlich angesiedelt war, desto genussvoller konnte man nicht nur erzählen, sondern sogar berichten. Ich konnte mir lebhaft ausmalen, wie er dabei meine berechtigten Widerworte verdrehen und meine Selbstoffenbarung als Beweis meiner Blödheit bloßstellen würde. Er war bereit für ein Streitgespräch. Ich dagegen nicht; denn warum sollte ich es ihm gönnen? Davon hatte ich keinen einzigen Vorteil, vor allem jetzt, wo es doch galt, möglichst nicht aufzufallen.

Wir gingen wortlos aneinander vorbei, er suchte den Blickkontakt, ich schaute aber bewusst zur Seite. Ich drehte mich auch nicht nach ihm um, denn das wäre ja ein Eingeständnis für seine Annahmen gewesen. Einen möglichen *Händel* mit ihm hatte ich somit nicht bestanden oder gelöst, aber auch nicht gehabt. Mir ging es darum, in Österreich anzukommen und mich sicher zu fühlen. Dieses Ziel stand über allem, was kümmerte mich schon ein Begriff wie Ehre oder Mannhaftigkeit?

Mein Verhalten von eben, das ich aus Selbstschutz gewählt hatte, beschäftigte mich weiter. Ich hatte mich aus meiner Sicht stimmig verhalten. Letztlich konnte ich nicht mit Sicherheit sagen was mir Glück bescherte, dagegen war mir ziemlich klar was mein Glück verhindern oder zerstören würde. Wie bei dem Mann eben: Nicht mit dem Mann kämpfen und vielleicht siegen, sondern sich erst gar nicht dem Kampf stellen! Diesen Grundsatz hatte ich ja auch schon beherzigt, als ich mich entschloss aus Opfenbach wegzugehen. Mich eben nicht allen berechtigten Fragen stellen, nicht rechtfertigen und verteidigen. Stattdessen weggehen, man könnte auch sagen flüchten. Eigentlich wäre es meine Pflicht gewesen, ohne Umschweife zum Bürgermeister zu rennen und den Brand zu melden. Es hätte mir durchaus Vorteile gebracht, der Erste zu sein, der die ganze Geschichte auftischte. Doch konnte ich den Obrigkeiten überhaupt trauen? Ich musste nicht lange an dieser Frage kauen, weil meine Gefühle sofort nein sagten. Augenblicklich stand mir wieder meine Mutter vor Augen, wie sie einmal sagte: *„Am beschde isch, wenn ma mit dene nix zm dua hot".* Am besten ist es, wenn man mit denen nichts zu tun hat.

Ich hätte wortreich von meinem lebensrettenden Sprung aus dem Fenster erzählen oder auf den plötzlichen Tod des Hofhundes hinweisen können. Ich hätte aufrichtig die Bauersleute betrauern und sogar an deren Grab herzzerreißend heulen können. Hätte mir das etwas genutzt? Es wäre mir freilich möglich gewesen, alle Verdächtigungen und Schuldzuweisungen mit sicherer Stimme zu entkräften. Tatsächlich hatte ich mir ja wirklich nichts zu Schulden kommen lassen. All diese Probleme hätte ich aus meiner Sicht lösen können, aber eben nur aus meiner Sicht. Eigentlich war es recht einfach: Ein Schuldiger wurde gebraucht und deshalb gesucht. Was nutzte es mir also als Unschuldiger aufzutreten, fast als Märtyrer der Wahrheit? Deswegen wollte ich diese Probleme gar nicht lösen, sondern schlicht gar nicht haben!

Dazu fiel mir ein Spruch ein: „Das Ziel des Weisen ist nicht Glück zu erlangen, sondern Unglück zu vermeiden."

Nach der Begegnung mit dem Mann war mir überhaupt nicht nach Gesellschaft zumute. Recht bald hatte ich die Stadt hinter mir gelassen. So weit so gut, andererseits konnte ich mich nicht dauerhaft von allen Leuten fernhalten. Zudem hatte ich Durst und mein Magen knurrte. Diese grundlegenden Bedürfnisse wollten befriedigt werden! Kaum war ich einer Gefahr entkommen, schon musste ich mich mit dem nächsten Problem herumschlagen. Ärgerlich marschierte ich weiter am Bodenseeufer entlang. Aus dem See zu trinken verbot ich mir, weil das Wasser bestimmt verunreinigt war. Gab es vielleicht im Umkreis einen Bach zu entdecken? Dessen Wasser wäre bestimmt sauberer als das Seewasser. Ich fühlte mich immer durch Not getrieben; sollte das mein Schicksal sein? Andererseits war ich hier frei! Lieber hier zehnmal ein Loch im Bauch, als *dahoim*, wo es mir bestimmt noch viel schlechter gehen würde.

Der Wind frischte auf. An der großen blauen Himmelskuppel über mir versammelten sich weiße und bald auch graue Wolken, nicht fassbare Gebilde, die sich laufend veränderten in ihrer eigenen, vermeintlich langsamen Geschwindigkeit. Insgesamt zogen sie weiter, wobei man die Richtung erst nach genauerem Beobachten erkennen konnte. Es schien so, dass sich die Wolken laufend veränderten oder neu zusammenfanden. Wenn eine Wolkeneinheit zerrissen wurde, entstand eine fetzenartige Spannungsfläche, die alles zusammenhalten wollte. Mit der Zeit schlossen sich diese Fetzen einer neuen Wolkeneinheit an, um darin aufzugehen. Beeindruckt beobachtete ich dieses Naturschauspiel etwas länger, konnte aber keine Regel finden, nach der sich die Wolkenstimmung veränderte. Wollte sich etwas aufbauschen oder blieb trotz Veränderung alles insgesamt beim Alten? Meine augenblickliche Aufmerksamkeit änderte natürlich nichts am Lauf der Dinge dort oben, doch der Blick weit weg tat mir gut. Ich suchte die Grenzen dessen was ein menschliches Auge erkennen kann. Dabei machte sich ein Gefühl von Weite in mir breit. Das war wirklich eine sehr gute und vertrauenerweckende Empfindung.

Zwischen Strandweg und See stand viel übermannshohes Schilf mit vereinzelten Bäumen, riesige Pappeln und Weiden. Als ich mir das Schilf genauer anschaute, sah ich wie sich diesjährige Triebe nach oben kämpften. Das neue Leben nutzte jede kleine Öffnung durch die Schicht des alten, liegenden Schilfs, das verrottend im Wasser lag. Die neuen noch kleinen Schösslinge hatten die Kraft, die Hindernisse über sich einfach wegzudrücken. Was genau waren diese Hindernisse? Nichts anderes als die Vorfahren des neuen Triebes!

Auf der anderen Seite waren nasse Wiesen, die sich soweit als möglich an das Ufer ausdehnten, weil man den ebenen, fruchtbaren Boden nutzen wollte. Hier und da entdeckte ich Korbweiden mit ihren langen Ruten.

Der Strandweg verlief immer leicht geschwungen am Seeufer entlang bis er in einem rechten Winkel nach links abbog. Vor mir sah ich nur Laubwald und dichtes, unwegsames Unterholz. Ich konnte mir die Gründe hierfür zunächst nicht erklären und machte erst mal eine Rast. War ich schon am Rhein angekommen, der nur ein Weiterkommen an seinem Ufer aufwärts möglich machte?

Was ich gebraucht hätte wäre ein frischer Bach gewesen, aus dem ich hätte trinken können. Auf dem Herweg nutzte ich schon die sauberen Bachläufe, um meinen Durst zu stillen. Doch nun stand ich nicht vor einem Bach, sondern vor einem Fluss. Einem Bach ließ man meist nur ein bisschen Begleitgrün, um möglichst viel Grünland nutzen zu können. Vor einem Fluss dagegen hatte man aus Erfahrung mehr Respekt und ließ ihm mehr Platz. Ein dichter Wald wie hier war der beste Schutz vor reißendem Hochwasser. Viel Wasser, keine Frage. Konnte ich aber hier meinen Durst stillen?

Wahrscheinlich hätte ich genauso gut aus dem Bodensee trinken können. Bei diesen Erwägungen fiel mir wieder meine Mutter ein oder ganz einfach meine bäuerliche Herkunft: „Was der Bauer nicht kennt, frisst er nicht." Bezogen auf das

Trinken eine Art vererbte Angst vor verunreinigtem Wasser. Wegen einer einzigen Mahlzeit oder einem unbedachten Schluck konnte man krank werden, vielleicht sogar daran sterben! Diese Erfahrung meiner Vorfahren steckte in mir, auch ohne mich an die ermahnenden Worte von Mama zu erinnern.

Wie ärgerlich war doch dieser Gegensatz: Wenn viel Wasser fließt wie hier, dann hilft alle Menge nichts, weil der Fluss, während seines Verlaufs, mit mehr oder weniger Dreck verunreinigt wurde, nicht zu vergessen die von Menschen gemachten Abwässer. Das viele Wasser fließt in den See und anschließend über den Rhein in das Meer. Dann wird es zu Salzwasser und somit vollends ungenießbar, so habe ich es mir sagen lassen. Warum gibt es so viel Wasser auf der Welt und warum ist so viel davon nicht trinkbar? Auch dieser Fluss hier hatte angefangen als kleiner Bach, frisch, rein und fröhlich sprudelnd. Dort hätte ich bedenkenlos trinken können.

Eine kleine Erfrischung war hingegen allemal möglich, weil dieser Ort sogar einen Badezugang zum See hatte. Nun wollte ich nur noch das tun was mir gut tat. Mein versengter Unterarm und mein angestoßener Zeh meldeten sich wieder deutlicher, wahrscheinlich, weil ich jetzt wieder Zeit hatte, diesen Empfindungen nachzugehen. Also noch einmal hinein ins Wasser!

Besonders sauber war der See im Flachwasserbereich hier auch nicht. Bis ich in tieferes Wasser kam, ging es nur langsam voran, durch feinen Schlamm. Ich hatte Hunger, Durst und einen schmerzenden Körper. Aber baden konnte ich hier so oft ich wollte.

8

Heute zum zweiten Mal frisch gewaschen dem Bodensee-wasser entstiegen, stand ich nur mit meiner nassen Hose bekleidet in der Wiese direkt am Strandweg. Mein Hemd hängte ich über einen Busch, es sollte von der Sonne getrocknet werden. Mir gefiel mein Platz hier. Vor mir das Schilf, am anderen Ufer war das sanft ansteigende Lindauer Hinterland zu sehen. Rechts die Stadt mit dem Pfänder und links hinter dem Fluss die Schweiz mit ihren Bergen. Überall gab es reichlich Wasser, weswegen sich das Leben überall entwickeln konnte. Auf jedem Fleckchen Erde wollte etwas wachsen und gedeihen, wo möglich sogar dort, wo durch die Besiedlung Flächen versiegelt wurden.

Mit diesen Betrachtungen der Natur gab ich mich gerne dem Sinnieren hin. Als Knecht hatte ich immer schon viel Zeit, meinen Gedanken nachzuhängen, weil mich meine Arbeit geistig oft nicht forderte. Gleichbleibende Arbeiten wie das tägliche Melken, Füttern, Ausmisten und Weiteres forderten meine Arbeitskraft, aber nicht einen regen Geist. Nur bei körperlich sehr anstrengenden Arbeiten im Wald oder beim Mistbreiten hatte ich keine Kraft mehr, mit meinem Kopfstüb-chen auf Reisen zu gehen. Hinzu kam, dass der Bauer immer peinlich darauf achtete, selbst die anstehende Arbeit zu planen und bei Schwierigkeiten das letzte Wort zu behalten. Zum Beispiel hatte ich es nie erlebt, gefragt zu werden, ob heute oder besser nächste Woche mit dem *Heiben,* der Heu-ernte, begonnen werden sollte.

An meinem Platz hier am Bodenseeufer mit seiner üp-pigen Natur beschäftigte ich mich gerne mit der Frage, wie es hier wohl wäre, wenn es keine Menschen gäbe. Meine Vor-stellung erzählte mir dazu: „Von oben gesehen gibt es nur noch Wasserflächen, vereinzelte kahle Gipfel und vorallem grünen, tiefen Wald. In sich ist dieser Urwald voller Pflanzen und Tiere, jeweils mit einer unüberschaubaren Vielfalt von groß bis klein. Ich stelle mir vor, wie sich alles dem Licht entgegenreckt, die obersten Blätter der größten Bäume sind die ersten, die voll in der Sonne baden können und dabei schon ein klein wenig Schatten werfen für die nächsten Blätter etwas weiter unten. Mit jedem Meter wird es etwas schattiger, feuchter und auch kühler. Die mächtigen Stämme werden breiter, je mehr es dem Boden zugeht, wird der freie Platz immer weniger bis zum Unterholz und dann zum Boden. Hier ist die luftige obere Welt zu Ende. Mit dem Boden beginnt die schwere, dunkle Masse, deren Tiefe nicht abzuschätzen ist. Wurzeln kämpfen mit dem Erdreich, um es zu durchdringen. Sie bekommen das Licht nie zu sehen, ganz im Gegensatz zu den Ästen hoch oben. Wurzeln und Äste, verschieden und doch wieder ähnlich, sind direkt miteinander verbunden. Letztlich ist alles mit allem verbunden, die verborgenen Schichten des Bodens mit den Blättern, die Grundwasser aufsaugenden Wurzeln mit den Früchten und Samen. Dem zu Urzeiten nackten und steinigen Boden hat es nicht gefallen, hart und leblos zu bleiben. Viel lieber ist es ihm, wenn das Leben eine grüne, vielfältige, insgesamt weiche Welt entstehen lässt. Er findet daran sogar so sehr Gefallen, dass er selbst von oben unsichtbar ist. Und nur wer es genau wissen will, wer sich die Mühe macht, der versteht den lebendigen Gegensatz von verborgen und sichtbar, hart und weich, tot und lebendig."

Neben dem Weg auf der Wiese hatte ich mein Plätzchen gefunden. Ein Badender, der sich für ein paar Stunden niederlässt, würde normalerweise durch die Größe des Handtuches seinen Besitzanspruch anmelden. In meinem Fall war die von mir platt gelegene Grasfläche mein Zuhause. Natürlich konnte ich hier nicht bleiben, irgendwann kam bestimmt ein Unwetter oder ein wütender Landwirt. Doch in diesem Augenblick spürte ich eine starke Beziehung zu meinem Plätzchen. Wo sonst gehörte ich hin? Was gehörte zu mir? Die Frage nach dem: „Wer gehört zu mir?", wollte ich gar nicht weiterdenken. Aus Selbstschutz riss ich mich weg von dieser Frage, sollte sie auch noch so bohren. Ob ich es mir eingestand oder nicht, ich war mutterseelenalleine, *butzalloi* sagte man dazu im Allgäu.

Der Tag wurde angenehm sonnig, meine Kleidung und die Haare trockneten nach und nach. Die Verbrennung an meinem Unterarm tat zwar noch weh, erwies sich aber glücklicherweise als weniger schlimm. Hin und wieder sah ich Spaziergänger vorbeigehen. Keiner wollte etwas von mir oder schaute mich komisch an. Es war ja auch völlig normal, bei diesem Wetter hier am See ein Bad zu nehmen.

Dieser Zustand hätte eigentlich so bleiben können, wenn mich nicht Hunger und Durst geplagt hätten. Zudem sollte demnächst ein Dach über dem Kopf gesichert sein. Als ich so nichts tuend herumstand oder es mir liegend auf dem Plätzchen gemütlich machte, wurde mir bewusst, was ich noch vermisste. Schon seit eineinhalb Tagen sprach keiner zu mir und ich zu niemanden. Wie lange das wohl noch so bleiben würde? Die Angst entdeckt und überführt zu werden war das Schlimmste, dann erst kamen die körperlichen Bedürfnisse. Aber auch überhaupt kein Wort mit jemanden auszutauschen zu können, fehlte mir sehr. Auch alltägliche Gespräche, zum Beispiel über das Essen oder einfach nur ein „Gute Nacht". Wortwechsel, die bereits wenige Augenblicke später vergessen, dennoch wichtig waren. Dabei dämmerte mir, dass wir alle nicht zum Schweigen geboren wurden. Und dann hatte ich ja grundlegende Entscheidungen zu treffen, insbesondere hier auf unbekanntem Grund. Wie gut wäre es doch, nicht nur auf mich selbst angewiesen zu sein!

Etwas später entdeckte ich einen älteren Mann, der sich von der Stadt kommend in meine Richtung bewegte. Ich überlegte, ob ich ihn in einen unverfänglichen *Raatsch* verwickeln sollte. Wie eigentlich immer bei Fremden war eine freundliche Begrüßung wichtig. Ein weiteres einladendes Wort würde helfen, die ersten Sätze zu wechseln. Auf diese Art und Weise hatte man schon mal die fremde Stimme gehört und erste Eindrücke gewonnen. Wenn er dann *hässle* oder unumgänglich war, dann ließ man ihn in seiner eigenen Hässlichkeit und zog weiter. Je näher er kam fühlte ich mich zunehmend ermutigt, genau diesen alten Mann anzusprechen. Wahrscheinlich bewog mich auch seine Kleidung dazu, immerhin ein dunkler Anzug. Er hielt sich aufrecht; eine Eigenschaft, die mir bei klein gewachsenen Menschen schon öfters aufgefallen war. Er konnte keine großen Schritte machen, tippelte aber nicht. Viele alte Männer gingen schwerfällig, wegen ihres eigenen Gewichts und der zunehmenden Steifheit. Dagegen wirkte er auf mich wie die Ausnahme von der Regel. Es war wohl die ihm gebliebene Leichtigkeit seines Ganges, die mir ins Auge stach. Jeder hatte seine eigene Art des Gehens, die von ihm war auch deshalb besonders, weil er es anscheinend nicht eilig hatte und trotzdem zügig vorankam. Er ging mit einem Stock, den er eigentlich nicht brauchte, denn anscheinend wurde kaum Gewicht auf den Stock übertragen. Es wirkte, als ob er Spaß daran hatte, mit seinem Stock zu spazieren. Ich stellte mich an den Wegrand und erwartete unser Zusammentreffen. Als er nur noch wenige Meter von mir entfernt war, tat ich so als wäre er mir eben erst aufgefallen und sagte freundlich:

»Grüß Gott.«

»Grüß Gott.«, antwortete er noch im Gehen. Er hatte mich ja schon längst wahrgenommen und suchte nun den Blickkontakt. Mit seinen wachen Augen schaute er mich interessiert an. Da er zudem stehen blieb, fühlte ich mich ermutigt ein Gespräch zu beginnen:

»Das Wetter meint es ja heute gut mit uns.«

Er blickte um sich, wie wenn er sich davon erst noch vergewissern müsste:

»Ja, so ein herrliches Fleckchen Erde hier. Rings herum die Berge, hier der Bodensee.« Dabei lächelte er ein bisschen und wandte sich wieder mir zu. Auf einen interessanten Gesprächspartner hoffend begann ich diesmal mit der Frage:

»Wie heißt eigentlich dieser Fluss hier?« Damit gab ich mich als Fremder zu erkennen, wobei er das wohl schon an meinem Dialekt erkannt hatte.

»Das ist die Bregenzer Ach, die hier in den See fließt. Der Fluss entwässert beinahe den gesamten Bregenzerwald.«

Seine Mundart war anders, dennoch gut verständlich. Das lag wohl an den *Schweizern*, die ins Allgäu kamen, nachdem der Flachsanbau beendet und vollends auf Milchwirtschaft umgestellt wurde. Es gab damals großen Bedarf an Bauern, die das tägliche Melken der Kühe mit der Hand beherrschten. Viele Schweizer waren bereit zu helfen, kamen somit als Gastarbeiter ins Allgäu und brachten neben ihrer Arbeitskraft natürlich auch sich selbst und ihre Art zu sprechen mit. Auf diese Weise fanden so manche *schwietzerdütsche* Worte den Weg ins Allgäu, die „Halskrankheit", die kehlige Art das „ch" zu sprechen, jedoch nicht. Da Vorarlberg genau zwischen dem Allgäu und der Schweiz liegt, ist deren Dialekt von beiden Nachbarn beeinflusst, mit einer österreichischen Klangfärbung.

»Dann muss der Rhein ja noch weiter in der Richtung sein.« Unsere Blicke richteten sich von meiner Hand geführt nach Westen, wo zunächst nur das Dickicht des Waldes zu sehen war.

»Ja, der Rhein ist schon ein anderes Kaliber. Auskennen tun Sie sich hier aber schon ein bisschen, oder?«

Die wenigen gewechselten Worte genügten offensichtlich, sich gegenseitig einzuschätzen: Er erkannte mich als Fremden, so wie ich ihn als Einheimischen. Verwundert darüber war eigentlich keiner von uns beiden, dafür waren die Unterschiede in unseren Dialekten zu klein. Wäre ich ein *Preiß* aus Berlin oder sonst wo her, hätte man sich gegenseitig deutlich fremder gefühlt.

»Wissen Sie, ich komme aus dem Allgäu. Hier ist doch so manches fremd für mich.«

»Aha, dachte ich mir doch. Ein Allgäuer. Woher denn genau?«

»Aus der Nähe von Wangen.«

»Wangen kenne ich. Sagt man nicht: In Wangen bleibt man hangen?«

»Den Spruch kenne ich. Bei mir trifft es aber nicht zu« Letzteres war mir so rausgerutscht. Eigentlich wollte ich nicht so viel von mir preisgeben. Doch gesagt ist gesagt. Ich prüfte deswegen genauer wie mein Gegenüber reagierte, doch sehr wahrscheinlich ging von diesem alten Mann keine Gefahr aus. Dies bestätigte sich als er locker fortfuhr:

»Es gibt so viele schöne Fleckchen auf Gottes Erdboden.« Mit seiner Hand fing er an mit dem Stock zu spielen. Den rechten Arm ausgestreckt, die Stockspitze auf seinem Platz belassen, beschrieb er mit dem Griff Halbkreise. Dabei schien er spielerisch seine Möglichkeiten auszuloten.

»Und die Gegend hier gehört bestimmt dazu.« Erst jetzt wurde mir bewusst, dass ich meine Arme vor mir verschränkt hatte, locker, aber verschränkt. Unbewusst hatte mein linker Unterarm den rechten bedeckt. Ich ließ die Arme fallen und versteckte sie gleich sicherheitshalber hinter dem Rücken. Mit dieser betont lockeren Geste wollte ich mich offen und einladend zeigen. Davon unbeeindruckt redete er weiter:

»So ist es. Hast du schon die mächtigen Pappeln hier gesehen? Hier am Ufer werden sie besonders groß und alt.«

»Auch ein alter Baum kann voller Leben sein.«

Dankbar nahm ich das Stichwort Bäume auf, weil es eines meiner Lieblingsthemen war. Der Alte nahm sich eine kleine Gesprächspause. Ich konnte ihn währenddessen anschauen ohne unhöflich zu werden. Er war frisch rasiert und überhaupt vergleichsweise gepflegt. Sein dunkler Anzug war nicht neu, aber auch nicht abgetragen. Seine wachen Augen schauten jetzt versonnen auf den Boden, ohne dabei etwas zu suchen. Vielmehr brauchte er etwas Zeit, seine Gedanken in Worte zu fassen und sagte nachdenklich:

»Ja, die Bäume bleiben immer am selben Ort, da wo ein Samen angefangen hat zu keimen. So macht es die Natur.«

Er blickte mich wieder an und lud mich auf diese Weise ein, diesen Gedankengang weiter auszuführen:

»Stimmt, wenn ein Samen keimt und irgendwo immer weiter ins Erdreich vordringt, dann ist der Platz festgelegt. Die Pflanze bewegt sich ein Leben lang nicht mehr weg von diesem Ort.«

»Es sei denn, die ganze Pflanze samt Erdreich wird fortgerissen. Durch einen Erdrutsch oder durch Hochwasser, das einen ganzen Uferbereich mitnimmt.« Er blickte zum See, der über eine Schilffläche hinweg zu sehen war. Das Ufer war nicht in Gefahr weggerissen zu werden. Aber er hatte ja nicht von diesem hier gesprochen, sondern wahrscheinlich von einem Flussufer. Somit ließ ich seine Aussage einfach stehen.

»Wir dürfen die Menschen nicht vergessen. Wie oft werden ganze Bäume ausgegraben und woanders wieder eingepflanzt. Das macht kein Tier.« Mein Blick ging dabei auch zu einem Gehöft flussaufwärts. Dort standen mehrere Bäume, wahrscheinlich Apfelbäume, in einer Reihe.

»Nein, nein, soviel ich weiß setzen Tiere keine Pflanzen um. Was sie aber sehr wohl machen ist, Samen zu verbreiten. Die Natur hat das ganz geschickt eingerichtet.«

Auf einmal sah es so aus, als wäre ein Wettbewerb zwischen uns entbrannt, wer denn nun das umfassendere Fachwissen hätte. Deshalb ergänzte er noch:

»Weißt du eigentlich wie in neu entstandenen Seen Fische reinkommen? Immer wieder mal bildet sich in der freien Natur eine neue Wasseransammlung – ohne Verbindung zu anderen Gewässern. Wie kommen da die Fische rein?«

Jetzt war ich kurz sprachlos. Diesen Augenblick nutzte ich, mein Gegenüber noch genauer zu betrachten. Er schien keinen besonderen Spaß am Besserwissen zu haben. So wie er es gesagt hatte, meinte ich zu erkennen, dass es ihm tatsächlich um die Sachfrage ging. Ich bemühte mich ein Gesprächspartner auf Augenhöhe zu sein und antwortete:

»Das weiß ich nicht. Aber das ist wirklich eine gute Frage. Irgendwie weiß sich die Natur bestimmt zu helfen. Hmm, aber wie?«

»Durch die Vögel! Im Gefieder der Vögel können sich die Fischeier festsetzen. Der Vogel fliegt zum neuen See und mit ihm im Gepäck: die Nachkommen der Fische.«

9

Ich saß am Tisch mit Anton und Elisabeth und genoss Käse, Speck und das frische Brot. Sogar das *Rempfle*, das Endstück des Brotlaibes mundete ausgezeichnet. Immer wieder ermahnte ich mich langsam zu essen; denn wie schaute es aus, wenn ich alles nur so in mich hineinschlang? Meine letzte Mahlzeit lag schon zwei Tage zurück. Meine Gastgeber konnten meinen Hunger bestimmt nachvollziehen, aber zu Tisch gab es nun einmal ein Mindestmaß an Tischmanieren. Zudem wollte ich ja möglichst lange das köstliche *Vesper*, ein Abendessen, genießen. Also langsam essen!

Mit Anton hatte ich mich an der Bregenzer Ach so gut verstanden, dass wir das förmliche „Sie" recht bald hinter uns ließen. Je länger wir redeten, desto mehr festigte sich mein Gefühl, ihm trauen zu können. Nachdem ich ihm den Grund meiner Anwesenheit erklärt hatte, wurde ich von ihm eingeladen. Dies konnte ich wirklich nicht erwarten, umso schöner war es dann, mit ihm zu seinem Häuschen zu gehen, ein Holzhaus am Rande der Stadt. Anton meinte, es könne nicht angehen, mich hier alleine zu lassen. „Magst nicht besser mit mir heimgehen?", fragte er mich. Was sollte ich denn darauf erwidern? Natürlich wollte ich.

Das Grundstück von Anton war an einer Straße, die nur wie ein besserer Feldweg aussah. Die Stadtmauer war erst in einiger Entfernung zu sehen. Das eingeschossige Haus wirkte etwas gedrückt, weil es aussah, als wäre es etwas in den Boden versunken. Zudem war die Raumhöhe kostensparend für kleinere Leute gebaut worden. Der Anton, fast einen Kopf kleiner als ich, schien da ganz gut reinzupassen. Als er mir seine Frau Elisabeth vorstellte, verstärkte sich dieser Eindruck, denn beide Eheleute waren ungefähr gleich groß, besser gesagt klein. Bei der ersten Begegnung mit Elisabeth wunderte ich mich, wie wenig überrascht sie war. Brachte Anton öfters jemanden mit? Elisabeth stand in ihrer Alltagskleidung vor mir. Wie bei vielen Frauen machte ihre Kittelschürze auch sie zu einer Hausfrau. Sie hatte die fülligere Figur einer Mutter, die in die Jahre gekommen war. Sie war nicht dick, es wirkte vielleicht nur so, weil Anton so hager war. Auch an der Kopfform zeigte sich ihre Unterschiedlichkeit: So länglich das Gesicht von Anton war, so rund war ihres. Für mich auffallend waren die gleichen wachen Augen der beiden. Obwohl beide äußerlich gegensätzlich waren, wirkte es auf mich, als ob sie sich mit den Jahrzehnten aneinander angeglichen hätten; in der Art zu sprechen sowieso, mit ihren Gesten und den auffallend wachen Augen, vor allem auch in der Art mich anzuschauen. Es war nie Misstrauen herauszulesen, vielmehr Interesse an dem was mich gerade beschäftigte.

Als Elisabeth von den Kindern erzählte, die das Elternhaus bereits verlassen hatten, gewann ich für einen kurzen Moment den Eindruck, sie wartete eigentlich jeden Tag darauf, ihre Kinder wieder zu sehen und so lange diese Besuche sich verzögerten, kam ich gerade recht. Doch es gab keinen Grund für diese Annahme, ich sei nur ein Ersatz. Wenn Elisabeth die Sehnsucht nach ihren Kindern ausdrückte, dann war das so in Ordnung. Eher beschäftigte mich die Redewendung: „Ich gebe dir den kleinen Finger, du nimmst gleich die ganze Hand." Ich wollte das mir entgegengebrachte Wohlwollen auf keinen Fall ausnutzen, deshalb fragte ich schon recht bald, ob ich mich auf irgendeine Art nützlich machen konnte.

Ich hätte es mit den beiden eigentlich kaum besser treffen können. Ich wurde als Gast aufgenommen und bekam meine grundlegenden Bedürfnisse gestillt. Endlich konnte ich mich aussprechen und auf diese Weise alles nochmal verarbeiten, besser verstehen und dementsprechend einordnen. In den letzten zwei Tagen hatte ich wirklich genug Zeit zum Nachdenken gehabt; warum war das nicht so aufschlussreich wie jetzt das Sprechen darüber mit Zuhörern? Noch am Tisch sitzend erzählte ich Elisabeth nochmals die ganze Geschichte der letzten für mich so ereignisreichen Tage.

Anton hörte schweigend zu und erfuhr „im zweiten Durchgang" sogar noch ein bisschen mehr. Die gelöste Stimmung und das Gefühl endlich Sicherheit zu haben, hatte mir die Zunge gelöst.

Während ich ausführlich erzählte, wurde mir bewusst, was ich alles verloren hatte. Die Liste war ziemlich lang: Meine Kleidung samt Schuhen bis auf das, was ich immer noch anhatte. Meine Arbeitsanstellung mit einem zwar geringen, aber geregelten Einkommen, meine Habseligkeiten in dem Schrank, der wohl nur noch Asche war. Meine Mutter, die ich nicht mehr besuchen konnte. Meine vertraute Heimat Westallgäu, die Familie des Bauern wo ich zuletzt lebte und so manchen Bekannten *dahoim*.

Als Bild stand mir eine Wiese vor Augen: Ein Sturm war darüber gefegt und hatte alte Bäume umgerissen, auch das Gras lag geknickt am Boden. Aber das Moos zwischen den Grasbüscheln oder an anderen wenig beachteten Stellen war überhaupt nicht in Mitleidenschaft gezogen worden. Das in Bodennähe befindliche Moos, das sich nie stolz nach oben reckte, das immer zufrieden war mit dem schattigen Dasein am Fuße von viel größeren Pflanzen und sich dort überall festhalten konnte, wollte auch nach dem Sturm nicht nach oben wachsen. Viele Lebewesen würden das Gebrochensein der Gegenspieler als eine günstige Gelegenheit begreifen, aber nicht das Moos. Der heftige Sturm hatte viele Tiere und Pflanzen seine Kraft spüren lassen, doch das Moos spürte davon fast nichts. Mit diesen Betrachtungen nahm ich mich selbst wahr und kam zu der beruhigenden Erkenntnis, dass an mir nichts gebrochen war, weder körperlich noch seelisch. Der Schrecken des Feuers in mir verblasste mit jedem Tag etwas mehr, inzwischen war es mir sogar möglich, die einschneidenden Ereignisse in mir hochkommen zu lassen, und mir selbst sachlich Bericht zu erstatten. Die Folgen des Feuers, mein Aufenthalt hier in Bregenz und die ungewisse Zukunft, waren verheißungsvoll und gefielen mir immer besser. Auf einmal war ich zwar nicht neugeboren, aber die niedrige Decke eines vorbestimmten Lebens war weggerissen. Der offene Himmel über mir erklärte sich wie immer nicht selbst, aber er zeigte sich weit, er wurde sehr weit

Je länger ich die Gesellschaft der Beiden genießen durfte, desto mehr wurde mir bewusst in welch ein gastfreundliches Haus ich gekommen war. Wie hatte ich das verdient? Diese stille Fragerei verflüchtigte sich mehr und mehr, je sicherer ich mich fühlte, hier am Rand einer mir unbekannten Stadt, mit einem Ehepaar, dessen Kinder schon vor Jahren ausgezogen waren, zudem mit der sehr erfreulichen Gewissheit auf Nahrung und einem Dach über dem Kopf.

Die Mahlzeiten ähnelten denen wie ich es vom Allgäu her gewohnt war. Zwei Mahlzeiten standen auf der Tagesordnung, eine am Morgen, eine am späteren Abend. Wie in der ländlichen Bevölkerung üblich gab es morgens einen Getreidebrei, der über dem Herd geköchelt und aus dem warmen Kessel gelöffelt wurde. Oder eine Brotsuppe, eine warme Milch mit Brot. Abends gab es eine Brühe mit Gemüse und einem Knochen, der mehrmals ausgekocht wurde, oder Suppe sowie Brot. Der Honigtopf stand immer in Reichweite, wenn man etwas süßen wollte, oder auch als Kraftquelle. An Getränken gab es zu jeder Mahlzeit ein mildes, alkoholisches Getränk, eine Art Bier. Wein wäre zu teuer gewesen, Wasser wurde aber nie getrunken.

Elisabeth wollte sich immer entschuldigen für ihre einfache Küche, doch diese Sorgen konnte ich ihr ausreden. Ein besseres Essen, wie bei den Hochwohlgeborenen, kannte ich nicht. Ich war zufrieden.

Den Wasserbedarf entnahm man dem Grundwasser, niemand wäre es eingefallen, in einem Siedlungsgebiet direkt aus Bächen, Flüssen oder Seen zu trinken. Trotzdem hatte man Angst vor Verunreinigungen. Alle Welt vertraute deshalb auf Bier und Wein und dessen Alkohol, der das Wasser reinigte. Man konnte doch nicht sehen, was sich ins Wasser eingeschlichen hatte. Wie oft hatte man schon von Leuten gehört, die krank wurden. Nur vom Wassertrinken!

Manchmal dachte ich beim Trinken an meine Ankunft an der Bregenzer Ach. Wie viel hätte ich gegeben für klares Wasser aus einem frischen Bach. Wasser ist der Lebensspender! Eine Eigenart dieses Elements ist an Orten zu weilen, die von den Menschen gemeinhin gemieden werden, nämlich ganz unten, dort wo sich aller Unrat und Dreck dieser Welt ansammeln kann. Das Wasser erhebt sich nicht stolz, vielmehr bleibt es unten, nimmt alles an und dient auf diese Weise allen Lebewesen, ohne Streit um Form und Platz.

Das Nass kann vieles annehmen und aufnehmen. All dies kann es aber auch wieder abgeben und somit erneut zu dem werden was es am Anfang war: reines Wasser. Wenn man es sich recht überlegt und viel Zeit ins Land gehen lässt, dann kann es als solches auch nicht verbraucht werden. Immer wieder steht es frisch und rein zur Verfügung, obwohl es bestimmt schon ewig alt ist.

Vielleicht bewegten Franziskus ähnliche Gedanken, als er mit seinem bekannten Sonnengesang Schwester Wasser pries. Die Eigenschaftsworte nützlich, demütig, köstlich und keusch hatte er gefunden. Wobei mir das „keusch" nicht ganz einleuchten wollte, weil es sich doch nicht verweigernd abwendet. Wahrscheinlich meinte er damit eher die immer wiederkehrende jungfräuliche Reinheit. Fragen konnte ich ihn nicht mehr. Seine inspirierenden Worte waren mir aber genug. Als ich sie gelesen hatte, fanden sie den Weg zu meinem Herzen. Seither wärmten sie mich, auch gerade deshalb, weil ich manches gleich verstand, anderes erst später und einen Gutteil wahrscheinlich nie. Was konnte es Schöneres geben?

Im ausgebauten Dachboden wurde ich in ein ehemaliges Kinderzimmer einquartiert. Als ich mich ins Bett legte und ausstreckte, tatsächlich ein Dach über dem Kopf hatte und das Bier seine Wirkung tat, freute ich mich auf den Schlaf. Endlich konnte ich getrost alles loslassen und mich fallen lassen.

10

Bregenz, Freitag, den 17.06.1887

Heute erzählte mir Anton aus seinem bisherigen Leben. Auch er hatte das Bedürfnis sich mitzuteilen:

»Als wir uns das erste Mal, an der Bregenzer Ach, gesehen hatten, waren wir in der Nähe der Mehrerau, einem ehemaligen Kloster. Mein Leben ist sehr verwoben mit der Mehrerau, obwohl ich nie ein Mönch war oder sein wollte. Ich habe mein Leben lang neben der Mehrerau gewohnt und war dort als Kind sogar zeitweise Ministrant. Interessiert es dich? Ich kann dir etwas von deren bewegter Geschichte erzählen.«

»Ja klar. Es ist für mich vor allem auch deshalb interessant, weil der abgebrannte Hof früher zu diesem Kloster gehörte. Die Bauern waren damals noch Leibeigene.«

»Dabei fing es so harmlos an. Die ersten Mönche hatten im elften Jahrhundert den Wunsch, am Bodenseeufer ein Kloster zu gründen. Nach einigem Hin und Her wurde ihnen ein Platz westlich von Bregenz zugewiesen. Dort wurde 1097 der Grundstein der Klosterkirche gelegt. Der Name des Klosters kommt von der *mehreren*, der großen Au. Im Laufe der Jahrhunderte wurde die Anlage immer größer. Nicht zuletzt durch Schenkungen der Montforter Grafen konnte der Besitz vergrößert und auch ein prächtiger Bibliothekssaal erbaut werden. Es nannte sich später sogar neulateinisch *Monasterium Brigantinum*. Man kann sagen, dass alles gut lief bis zum Jahr 1805, als Österreich nach militärischen Niederlagen gegen Napoleon Tirol und Vorarlberg an das Königreich Bayern abtreten musste. Demzufolge wurde Bregenz von einem Tag auf den anderen bayerisch. Durch die Besatzer, das ist wohl das richtige Wort, bekam die Stadt eine moderne Verwaltungsstruktur. Die treibende Kraft war aber der Graf von Montgelas, der unter französischem Einfluss stand. Hör mal, wie ich das *Montgelas* ausspreche. Hörst den französischen Tonfall?«

»Jetzt muss ich ganz ehrlich sagen, dass ich gar nicht weiß wie sich französisch anhört. Aber es stimmt schon, es hört sich irgendwie anders an.«

»Das ist einer der Vorteile des Älterwerdens. Man bringt einfach mehr in Erfahrung.« Anton nahm sich etwas Zeit, seine Gedanken zu ordnen. Schließlich fuhr er fort:

»Jetzt muss ich dir erst mal das Wort Säkularisation erklären. Es bedeutet die Trennung von Kirche und Staat. Insbesondere die Ablösung der weltlichen Macht der Kirche durch den Staat. Das waren die neuen Zeiten, die Aufklärung griff in Europa um sich und dann gab es ja auch noch Napoleon, der alles durcheinanderbrachte. Die Bayern hatten ja bereits in den Jahren 1802 und 1803 ihre Säkularisation. Damit machten sie nun hier weiter. Bayerische Beamte waren es, die das Benediktinerkloster 1806 aufhoben. Die letzten Mönche hatten die Mehrerau zu verlassen. Der gesamte Besitz wurde vereinnahmt, die wertvollsten Gegenstände, vor allem das Kirchensilber, kamen sofort nach München. Alles was sonst noch wertvoll war wurde öffentlich versteigert. Die Gebäude wollte die bayerische Verwaltung zunächst an Gewerbetreibende verkaufen. Als dies nicht gelang, lud 1808 die neue Behörde zum Spektakel des Turmeinsturzes ein. Kupfer, Dachziegel und anderes Baumaterial wurden anschließend zu Geld gemacht. Der Großteil der Steinquader und Platten wurde über den See nach Lindau verschifft, um dort den neuen Seehafen zu bauen. Auch die Bibliothek fiel den Vandalen zum Opfer. Als man für eine Tanzveranstaltung einen großen Raum brauchte, wurde kurzerhand der Bibliothekssaal geräumt. Alle Bücher flogen dabei zu den Fenstern hinaus. Einheimische bedienten sich der Schätze und fuhren mit Leiterwagen ganze Ladungen Bücher davon, der schönen Einbände wegen, vielleicht zur geistlichen Erbauung, oft auch nur um Zwischenböden und Öfen zu füllen. Das musst du dir mal vorstellen: Die Bregenzer nahmen einfach die wertvollen alten Bücher und verwendeten diese als günstiges Dämmmaterial für die Zwischenböden oder den Dachstuhl. Sprichwörtlich nannte man das den „Segen von oben." Man entwickelte eine Art Glauben, dass die geistlichen Bücher im

Haus über einem doch bestimmt ihre segensreiche Wirkung hätten. Zudem waren sie nicht sichtbar, störten also nicht. Insgeheim konnte man sich sogar rechtfertigen, da man ja Wertvolles gerettet hatte. Die Bevölkerung war wegen der Säkularisierung nicht vom Glauben abgefallen, im Gegenteil, manche wendeten sich aus Trotz verstärkt der Kirche zu.

Die Klostergebäude wurden als „Schloss Karolinenau" der neuen bayerischen Königin Karoline zum Geschenk gemacht. Verständlicherweise wohnte die protestantische Regentin nie hier. Die Konventgebäude verwahrlosten weiter. 1839 brach in den Gebäuden ein Brand aus. Wiederhergestellt diente die Anlage als Kaserne und Druckerei. Erst in den 1850er Jahren wurde das Kloster wieder besiedelt mit Genehmigung von Kaiser Franz Joseph.

Wegen dem Wiener Kongress verzichtete Bayern 1814 auf Vorarlberg und Tirol, die gemeinsam an das Kaiserreich Österreich zurückfielen. Wenn diese nur neun bayerischen Jahre in Bregenz nicht gewesen wären, dann gäbe es das Kloster vielleicht noch. Das Rad der Zeit lässt sich nicht zurückdrehen.« Seine letzten Sätze ließen ein leichtes Bedauern erkennen.

»Was war der eigentliche Grund für die Säkularisation?«

»Montgelas hielt dies für zweckmäßig, weil der kirchliche Besitz zu umfangreich sei. Etwa die Hälfte aller Höfe Bayerns war im kirchlichen Obereigentum, und diese Zusammenballung behinderte den Wirtschaftsverkehr. Er rechtfertigte seine Ansicht auch mit den Folgen der Reformation. Da die protestantischen weltlichen Fürsten zu alten Rechten zurückgefunden hätten, könne für die katholischen Reichsfürsten nichts anderes gelten. Nicht zuletzt drehte es sich ums Geld; wie sollte es anders sein? Die Kriege in der napoleonischen Zeit brachten Bayern viele neue Ländereien, infolgedessen aber auch viele neue Schulden! Der Staat war zahlungsunfähig, dazu sagt man bankrott. Deswegen mussten die Klöster daran glauben, das ist übrigens eine schöne Redewendung. Auf alle Fälle wurde das Vermögen der Klöster in der Regel zugunsten des Staates enteignet. Du musst nur an die vielen Klösterwälder denken, die auf einmal zu Staatswäldern wurden. Hinzu kamen noch Mauscheleien mit dem Adel und schon war der bankrotte bayerische Staat wieder zahlungs- und somit überlebensfähig.«

»Die Klöster mussten also daran glauben und wurden aufgelöst. Aber die Kirche insgesamt wurde doch nicht maßgeblich geschwächt?«

»Nein, die Kirche hat ihre eigene Art sich zu wehren. Eine Waffe der Kirche ist das öffentliche zur Schau stellen, sich selber Leiden zuzufügen. Anderen zeigen, dass es sich wirklich nicht gut anfühlt, ganz entschieden und streng den Glauben zu leben. Denn schließlich gilt es ja, großartigste, vollkommen selbstlose Entscheidungen zu treffen. Ehelosigkeit, kein Geschlechtsverkehr, regelmäßig fasten, ein Leben lang im Büßergewand auf den Knien herumrutschen und in Selbstverleugnung immer die eigenen Leidenschaften unterdrücken soll ja unzweideutig diese Botschaft vermitteln: Wir leiden wirklich! Mit gleich noch weiteren zumeist nicht ausgesprochenen Warnungen, wie: Willst du etwa auch so leben wie wir? Oder: Wie kannst du auf uns, die eh schon ganz unten sind, noch herumtrampeln? Und sogar: Du kannst unser Leiden vergrößern, aber dies können wir religiös umdeuten. Doch pass nur auf: Wir können dir sogar noch mehr wehtun! Jetzt vielleicht nur ein bisschen, aber dann in der Ewigkeit! Willst du wirklich ewig in der Hölle schmoren?«

»Das dachte ich mir schon. Die Kirche, so wie ich sie erlebt habe, ist nicht als Verlierer aufgetreten. Wahrscheinlich ist das auch gut so.«

»So ist es. Und wenn der kirchliche Einfluss weniger wird, dann gibt es gleich ganz kluge Köpfe, die alles Mögliche daherreden. Vor kurzem hat ein sogenannter Wissenschaftler behauptet, dass Bregenz mal ganz unter Wasser und somit Teil eines größeren Bodensees war. Vor vielen tausend Jahren sei der See doppelt so groß gewesen und seither wird er immer kleiner. Ob das richtig ist, weiß ich nicht. Genau genommen behaupten sie, Gott hätte die Welt nicht so erschaffen wie sie heute immer noch ist, im Großen und Ganzen. Wobei man bedenken muss, dass die Bibel ja auch von der Sintflut berichtet. Davon hast du wohl schon gehört. Es steht geschrieben, dass die Sintflut ein ganzes Jahr und zehn Tage dauerte. Selbst die Bergspitzen waren mit Wasser bedeckt. So gesehen war Bregenz auf jeden Fall mal unter Wasser. Bei dieser gottgesandten Flutkatastrophe wurden ja die gesamte Menschheit und die Landtiere vernichtet, bis auf den gottesfürchtigen Noah mit seiner Arche. Siehst du, man kann viel darüber grübeln und einiges hineindichten, richtig wissen werden wir es nicht.«

»Ich stelle mir gerade vor, wie die Alpen hier vor uns gänzlich mit Wasser bedeckt waren. Das ist mir alles zu groß.

»Mir geht es ähnlich. Auch mir ist so manche Vorstellung einfach zu groß.« Es entstand eine Pause. Zum Schluss sagte Anton:

»Weißt du eigentlich wie neue Pflanzen zu uns kommen? Manche auf natürlichem Wege, aber auch die Menschen tragen zur Verbreitung bei. Zum einen durch Solche, die Zeit und Geld haben, um zu reisen. Also der Adel, der von fernen Ländern fremde Pflanzen mitgebracht hat. Und zum anderen die christlichen Missionare mit dem Missionsauftrag, der sie zu den Ungläubigen führt. Irgendwann kommen sie zurück und haben allerhand fremdländischen Samen dabei.«

»Das habe ich noch nie so gesehen.«

»Dazu passt was ich erst kürzlich gehört habe: Die Mehrerauer Mönche haben Samen von einem amerikanischen Mammutbaum in die Hände bekommen. Schon der Weg zu uns ist interessant. Von der Heimat dieser Bäume in Kalifornien an der Westküste Amerikas musste man erst mal zur Ostküste kommen, dann über den Atlantik. In Europa angekommen, wurden die Samen zum schwedischen Königshaus gebracht. Und von dort über die Insel Mainau und über Lindau nach Bregenz. Diese Baumart kann sehr alt und groß werden. Es würde mich nicht wundern, wenn man im Jahre Zweitausend einen riesigen Mammutbaum im Klosterhof antreffen würde.«

11

Seit drei Tagen schon lebte ich bei Anton und Elisabeth. Ich half mit bei vielen kleinen Arbeiten rund um Haus und Garten. Eigentlich hätte es weiterhin so bleiben können. Den Nachbarn, denen meine Anwesenheit aufgefallen war, wurde erklärt, ich sei ein entfernter Verwandter auf Besuch. Ich hütete mich, auch nur ein Wort mit den Nachbarn zu reden, verließ das Anwesen nicht und machte mich für die Außenwelt so unsichtbar wie nur möglich. Heute hatte ich zunehmend das Gefühl, die Nachbarn hatten das Interesse an mir verloren und die Verwandtengeschichte tatsächlich geglaubt. Jedenfalls wurde viel weniger nach mir gefragt. Ich vertraute darauf, dass dies weiterhin so blieb, auch wenn sich Anton und Elisabeth fast täglich mit den Nachbarn unterhielten.

Dennoch konnte ich hier auf die Dauer nicht bleiben. Die Angst doch noch entdeckt zu werden als flüchtiger Feuerteufel ließ mich nicht los. Es musste ja nur ein Nachbar mit jemand aus der Stadt die Neuigkeiten austauschen, mögliche Verbindungen erahnen und diese nicht für sich behalten. Zudem gab es überall geschwätzige *Wäschweiber*. Die Landesgrenze war ein Schutz; aber wie lange noch?

Heute saßen wir abends nach dem Essen gemütlich am Esstisch. Wie bei Bauernküchen üblich, waren auch hier Küche und Essbereich in einem einzigen Raum. Das Gespräch drehte sich zunächst um das Allgäu. Ich wurde aufgefordert, mehr von meiner Heimat zu erzählen. Ein allgemeines Thema erschien mir am geeignetsten:

»Das Heiraten ist bei uns sehr wichtig. Dabei haben die Eltern ein großes Mitspracherecht. Mit einer Ehe werden meist nebenher weitere Geschäfte abgeschlossen, zum Beispiel die Zusammenlegung von Grundstücken der Familien. Sofern kein leiblicher Sohn vorhanden ist, übernimmt der Schwiegersohn den Bauernhof. In diesen Fällen will der Schwiegervater aber seinen Nachfolger selbst aussuchen. Aus meiner Sicht, als Knecht, gibt es wenig Möglichkeiten, ein Bauer zu werden. Am ehesten durch Heirat, wenn es auf dem Hof nur *Mädle* gibt, außerdem müssen Fürst und Altbauer ihr Einverständnis dazu geben. Auch wenn der Bauer, mit einer Magd von einem anderen Hof, einen unehelichen Sohn hat und keine ehelichen männlichen Kinder vorhanden sind, kann dieser *Kegel* vom Vater geholt werden. Aber Knechte sind nur die letzte Wahl, selbst wenn niemand in der Verwandtschaft gefunden werden kann. Und der Fürst, dem ja alles gehört, schaut, dass der Hof weiterläuft und Erträge bringt.«

»Das ist bei uns in Vorarlberg nicht anders«, meinte Anton. Diese knappe Antwort machte mich beinahe wütend:

»Und die Begründung, warum das alles so ist, ist immer die Gleiche. Wenn du ein Edelmann sein sollst, dann wärst du als solcher geboren. Wenn Gott gewollt hätte, dass du ein Bauer bist, dann wärst du der erste Sohn des Bauern.«

»Auch das ist bei uns nicht anders«, wieder antwortete Anton wortkarg, fügte aber gleich dazu:

»Wie lange warst du in der Schule?«

»In der Dorfschule war ich nur sechs Jahre. Der Lehrer hat alle Schulkinder zusammen in einem Raum unterrichtet. Es gab nur einen Holzofen im Schulraum und im Winter fehlte manchmal das Brennholz. Für das Holz war die Gemeinde zuständig, leider kam sie dieser Verpflichtung nicht immer nach. Ich erinnere mich wie wir im Winter jämmerlich gefroren haben. Da sehnte ich mich wieder danach, in den Stall zu kommen, bei den Kühen war es immer warm.«

»Wie geht es den ärmeren Kindern im Vergleich zu den Kindern reicher Leute?«, wollte Elisabeth wissen.

»Wie es in den Städten in der Schule zugeht weiß ich nicht.«

»Die früheren Reichsstädte Lindau, Wangen oder Isny haben doch immer noch ein Bürgertum, das, sagen wir mal, nicht so ärmlich ist«, meinte Anton und lächelte wissend.

»Ja, die Stadt ist mit dem Land nicht zu vergleichen. Dort soll es sogar Unterricht nach Altersstufen geben. Eine Klasse nur für Achtjährige zum Beispiel.«

»Weil es ganz einfach auch mehr Kinder gibt, die zusammengefasst werden.«

»Dann fällt es weniger auf, wenn Kinder von armen Leuten fehlen, vor allem in der Erntezeit oder beim *Heibe,* der Heuernte, weil sie zu Hause arbeiten müssen.«

»Es ist schlimm, dass Kinder oft nur als billige Arbeitskräfte gesehen werden. Dabei sollten sie Kind sein dürfen und was Ordentliches lernen. Davon will man leider oft nichts hören. Eltern wird es zu leicht gemacht, ihre Kinder vom Schulunterricht befreien zu lassen.« Elisabeth wurde bei diesen Äußerungen sichtlich erregt und ärgerlich.

»Was wäre etwas Ordentliches, wie du gesagt hast?«, wollte Anton von seiner Frau wissen.

»Ach, da fällt mir einiges ein. Zuerst Lesen, Schreiben und auch Rechnen, dann gibt es in der Natur ja so viel zu lernen. Musik sollte nicht vergessen werden – und wenn du mich so frägst, wäre für mich auch ein bisschen Philosophie wichtig. Wie Immanuel Kant zum Beispiel.« Elisabeth blühte richtig auf bei diesen Ausführungen.

Anton hob seine Augenbrauen, seine Augen wurden dabei größer und sein ganzes Gesicht nahm einen überraschten und interessierten Ausdruck an. Da er nichts sagte, entstand eine beinahe peinliche, wortlose Pause, die ich beendete mit:

»Was hat dieser Immanuel Kant denn gesagt?« Dankbar für diese Frage erklärte Elisabeth:

»Der hat sehr richtig gesagt: Aufklärung ist der Ausgang des Menschen aus seiner selbstverschuldeten Unmündigkeit. Was wir brauchen ist Aufklärung und der Verstand soll uns in eine bessere Zukunft führen! Dies sollte bereits in der Schule gelehrt werden, aber unsere Herrschaften haben ja kein Interesse an einer aufgeklärten, mündigen Bevölkerung.«

In diesem Augenblick schaute keiner den anderen an, jeder blickte woanders hin, allerdings interessierte sich keiner für das alte Holz der unebenen Dielen des Bodens oder der Decke. Überall war Holz, nur der Kochbereich war gemauert. Schöpflöffel und andere Küchengeräte hingen an einer Eisenstange über dem gusseisernen Herd. Wie viele Jahre oder gar

Jahrzehnte stand er schon auf seinem Platz? Anton wurde ernster und pflichtete bei:

»So ein Gedankengut ist natürlich gegen die Interessen der Obrigkeit und des Adels. Auch die Kirche hört sowas nicht gern. All die Herren wollen keine Aufklärung und in der Folge Aufmüpfigkeit, schon gar nicht wollen die sich sowas heranziehen.« Diese Wendung des Gespräches gefiel mir. Diese Frage musste ich noch loswerden:

»Der Verstand soll uns in eine bessere Zukunft führen? Das verstehe ich nicht ganz.«

»Kant sagt, Unmündigkeit ist das Unvermögen, sich seines Verstandes zu bedienen ohne Anleitung eines anderen. Und selbst verschuldet ist diese Unmündigkeit, wenn es an Mut fehlt. Wage es verständig zu sein, sagt Kant, habe Mut, dich deines eigenen Verstandes zu bedienen!«

Es entstand eine betretene Stille, die Elisabeth selbst beendete indem sie das Gesagte verstärkte:

»Warum gibt es Armut? Wie es das Wort schon sagt: Arm an Mut. Wer arm ist, ist arm an Mut!«

Diese Worte, die Elisabeth offensichtlich schon seit geraumer Zeit in sich getragen hatte und deshalb von ihr so überzeugend ausgesprochen wurden, erfüllten nun diesen alten Raum. Hätte man danach greifen können, dann wären sie wie ein hell brennender Kronleuchter gewesen, der das Zimmer ausleuchtete, bis in jeden Winkel. Der gesamte Raum hatte sich dadurch wundersam verändert: Die Wände verloren die Dunkelheit des Holzes und zeigten sich auf einmal hell angestrahlt von dem Leuchter. Eine Zauberhand hatte zudem an allen vier Wänden riesige Spiegel aufgehängt, die klar und unnachgiebig die einzelnen Menschen zeigten, jeden Einzelnen im Raum. Jeder sah nicht nur die Anderen, sondern sich selbst und die Anderen.

11

Bregenz, Sonntag, den 19.06.1887

»Weißt du, manchmal komme ich mir vor wie ein Baum, der sein Leben lang an ein und demselben Platz bleibt. Ich habe Bregenz nie verlassen und jetzt bin ich ein alter *Näne*. Die letzten Jahre werde ich auch noch hierbleiben. Eigentlich habe ich mich nicht fortbewegt, wie die Bäume, dennoch kann man voller Leben sein. Manchmal vergleiche ich mich mit einer Zwetschge, die genau auf dem Platz einer vorhergehenden Zwetschge gepflanzt wurde. Mit dir kann ich darüber reden, du kennst dich aus und weißt, dass die zweite Zwetschge sich nicht so gut entwickelt. Der Baum wächst zwar, hat auch mal in einem Jahr viel Obst, um dann jahrelang fast nichts zu tragen. Irgendwie merkt der Baum, dass er nur ein Nachfolger ist und keinen neuen Platz für sich erobert hat.« So nachdenklich, etwas geknickt und offen über sich selbst sprechend, hatte ich den alten Mann noch nicht erlebt.

»Wie meinst du das?«

»So wie ich es gesagt habe. Ich hätte Bregenz schon als junger Mann verlassen sollen. Nicht, dass ich unzufrieden wäre mit meinem Weib, aber ich bin einfach in dem Nest geblieben wo ich nun mal *reingeboren* wurde.«

»Machen das nicht die allermeisten Menschen so?«

»Mag sein, es wäre aber besser gewesen als junger Mann zu gehen. Woanders seine Aufgabe finden ist das Ziel.«

Er sprach von sich, das war klar, allerdings entging mir nicht, dass er allgemein von einem jungen Mann gesprochen hatte. Er meinte bestimmt auch mich. Ich gab ihm etwas Zeit weiterzusprechen. Da er schweigen wollte, fragte ich:

»Damit meinst du wohl auch mich?«

»Ja, ich komme nicht umhin, es so deutlich zu sagen.«

»Ich weiß, irgendwann dringt die Nachricht vom verbrannten Hof bis hierher und dann bin nicht nur ich, sondern seid auch ihr in Schwierigkeiten.«

»Richtig, das ist aber nicht alles. Wenn du hier wirklich entdeckt werden solltest, könnte ich mich wahrscheinlich rausreden. Das ist nicht das Problem, es geht darum, dass du ein klares Ziel hast. Einen Weg auf dem du gehen kannst.«

»Das stimmt schon. Überhaupt einen Weg zu haben, das ist mein Ziel.«

»Gut, dass du das auch so siehst. Auf die Dauer kannst du hier nicht bleiben, dafür ist das Allgäu einfach zu nahe. Hier wirst du immer mit einer gewissen Spannung leben müssen. Denk nur mal daran, dass der Fürst des Hofes bei Opfenbach auch hier in Bregenz lebt!«

»Ja, ich muss weiter, die Frage ist nur wohin?«

»Ich habe mir was überlegt. Willst du das hören?«

»Ja, ich habe wirklich keinen Grund anzunehmen, dass du es nicht gut mit mir meinst. Ich bin dir und deiner Frau von Herzen dankbar für alles was ihr für mich getan habt.«

»Ist schon gut. Du bist uns nicht zur Last gefallen.«

»Kann ich mich hier noch irgendwie nützlich machen?«

»Nein, nein. Hör mal zu, was ich mir überlegt habe: Geh das Rheintal rauf bis Liechtenstein, weiter in die Schweiz und dann bis nach Südtirol. Dort bist du noch in Österreich, an der Grenze zu Italien. Entscheidend ist, man deutsch spricht und du bist weit weg von deinem abgebrannten Hof. Dort fragt keiner mehr danach.«

»Südtirol? Erzähl mir mehr davon.«

»Ein schönes Land, auf der anderen Seite der Alpen, und wie gesagt, man spricht deutsch.«

»Es muss doch möglich sein, um die Alpen herumzugehen.«

»Da wirst du ganz schön weit laufen müssen.«

»Wenn ich nicht mal sehe wo die Alpen aufhören, dann ist das ein langer, langer Weg.«

»Geh drüber oder entlang der Täler!«

»Das stelle ich mir schwierig vor. Geht das denn so einfach?«

»Leider nein.« Ich schaute ihn mit großen Augen an, Anton fuhr fort:

»Dafür gehst du nicht so wie du hergekommen bist. Für die Alpen brauchst du geeignete Schuhe und Kleidung, die auch schlechtes Wetter mitmachen, damit du nicht als Landstreicher daherkommst.«

All dem nicht gerecht werden zu können, senkte ich beschämt meinen Blick, als ob ich auf dem Boden etwas suchen würde. Doch was konnte ich schon finden auf dem festgestampften Boden in der Scheune? Überall lagen Reste von Schilf und altes Stroh umher, nicht weiter verwunderlich hier am See. Anton hatte mich gebeten, ihm in der Scheune zu helfen während Elisabeth in der Küche beschäftigt war. Jetzt dämmerte mir, dass er dieses Gespräch von Mann zu Mann genauso geplant hatte. Anton suchte erneut Blickkontakt und erklärte:

»Dass du kein Landstreicher bist, das weiß ich doch. Deswegen bekommst du eine neue Kleidung.« In den letzten Tagen hatte ich nie empfunden, meine erbärmliche Ankunft in Bregenz sei mir zum Vorwurf gemacht worden. Dennoch brach in mir innerlich ein Damm als das Thema direkt angesprochen wurde. Etwas verzweifelt fragte ich:

»Was denn für eine?«

»Kleider machen Leute, so sagt man doch. Ich stelle mir vor, dass du als Zimmermann auf der Walz über die Alpen bis nach Südtirol gehst.«

Eben hatte ich noch den Eindruck von Minderwertigkeit wegen meiner schäbigen Kleidung, doch offensichtlich war es nicht die Absicht von Anton, mir dies zu vermitteln. Er wollte mich stattdessen woanders hinführen. Seine Worte hatte ich sofort verstanden, jedoch meinte ich zunächst, dass er damit nicht tatsächlich mich gemeint haben könnte. Mit jedem weiteren Gedankengang wuchs in mir eine neue, überraschende und dementsprechend belebende innere Spannung. Ich als Zimmermann auf der Walz?

»Du weißt schon, dass ich bisher nur ein Knecht war, auf einem Hof mit Braunvieh?«

»Das hast du mir erzählt und freilich glaube ich dir das.«

»Sprich bitte weiter.«

»Ich bleibe hier und sterbe irgendwann in Bregenz. Doch bei dir ist es etwas Anderes. Du wirst nicht immer am selben Ort bleiben. Vom Allgäu am südlichen Rand von Deutschland, kommst du nach Bregenz, dem letzten Zipfel Österreichs vor der Schweiz. Deswegen empfehle ich dir wieder zu einer Randlage, nach Südtirol zu gehen. Dort sprechen sie auch deutsch, ein bisschen eigen, aber deutsch. Die gehören auch zum Kaisertum Österreich. Wir hatten doch über die Bayern gesprochen. In den neun Jahren, in denen Bregenz zu Bayern gehörte, war auch Südtirol ein Teil des Königreiches Bayern. In Südtirol ist man gerade noch in Österreich, an der Grenze zu Italien und entscheidend ist, du bist weit weg von deinem abgebrannten Hof. Weißt du, so eine Randlage hat ja auch Vorteile! Ich habe mich mal mit dem Mittelalter beschäftigt, speziell mit dem dreißigjährigen Krieg im siebzehnten Jahrhundert. Er begann als Religionskrieg und endete als Eroberungskrieg. Das war damals ein schreckliches Gemetzel! Unter anderen hatten sich die Schweden unter Gustav-Adolf hervorgetan, die von Norden kommend bis tief nach Bayern vorstießen und plündernd eine Spur der Verwüstung hinterließen. Weitere Einzelheiten erspare ich dir und komme auf die Randlage zurück. Denn wer war von diesen schrecklichen Ereignissen nicht betroffen? Die Südtiroler, da ihre Lage südlich der Alpen zu abgelegen war. Ich kann mir sehr gut vorstellen wie froh die damals waren, nicht mitten drin zu sein.«

»Und ich soll dorthin als Zimmermann auf der Walz?«

»Das habe ich mir für dich überlegt. Etwas Besseres ist mir nicht eingefallen.«

»Danke, dass du dir so viele Gedanken über mich machst.« Dabei klang ich wohl etwas mutlos. Anton ließ sich davon aber nicht beindrucken und redete gleich weiter:

»Jetzt erzähl ich dir etwas von der Walz, den Wanderjahren oder der Gesellenwanderung. Das ist die Zeit der Wanderschaft zünftiger Gesellen nach dem Abschluss ihrer Lehrzeit, der Freisprechung. Sie ist wichtig für die Zulassung zur Meisterprüfung. Die Gesellen sollen vor allem neue Arbeitsweisen, fremde Orte und Länder kennenlernen sowie Lebenserfahrung sammeln. Ein Handwerker, der sich auf dieser traditionellen Wanderschaft befindet, wird als Fremd-geschriebener oder Fremder bezeichnet. Eine bestandene Gesellenprüfung wird vorausgesetzt, er muss schuldenfrei, ledig, kinderlos und unter dreißig Jahre alt sein. Die Wander-schaft soll nicht als Flucht vor Verantwortung missbraucht werden. Die Landeszugehörigkeit oder die Religion spielen keine Rolle sofern fehlende Sprachkenntnisse nicht im Wege stehen. Liechtensteiner, Schweizer oder Österreicher können also bis nach Südtirol reisen. Mancherorts ist die *Tippelei* an weitere Bedingungen geknüpft. Der Fremde darf in seiner Reisezeit einen Bannkreis von meist fünfzig Kilometer um sei-nen Heimatort nicht betreten, auch nicht im Winter oder zu Feiertagen. Für eine gesellengerechte Art des Reisens bewegt er sich zu Fuß fort, nutzt nur Landwege und trägt in der Öffentlichkeit ausschließlich die Kluft seines Berufsstandes. Da ein Fremdgeschriebener oftmals auf die Unterstützung der Bevölkerung angewiesen ist, zum Beispiel bei der Suche nach Arbeit oder einem Schlafplatz, hat er sich immer ehrbar und zünftig zu verhalten, sodass der Nächste ebenfalls gern gesehen ist. Darin liegt auch der Grund für die vielen Gebote, insbesondere welches Auftreten ein Wandergeselle seiner Umgebung gegenüber an den Tag zu legen hat.«

»Und ich soll so einer sein, oder zumindest so scheinen?«

»Ja genau. Du bist nun fast dreißig, siehst aber jünger aus, deswegen gehst du locker durch als einer Anfang zwanzig. Das Alter ist also nicht das Problem. Dann noch ein Wort zu den Zünften. Hierzulande verlieren sie immer mehr an Be-deutung, weil die Gewerbefreiheit um sich greift. In der Schweiz ist das dagegen noch anders. Dort gibt es eigene Herbergen der Zünfte mit einer Arbeitsvermittlung.«

»Muss man sich dort melden?«

Mit einer knappen Geste aus dem Handgelenk wischte er meine Bedenken weg. Er schaute mich noch durchdringender an und fuhr fort:

»Mach dir doch nicht jetzt schon Sorgen! Viel wichtiger ist, dass man es dir ansieht, dass du gewohnt bist, mit schweren Hölzern zu arbeiten. Du musst dich richtig darauf freuen, endlich wieder ein Holz anfassen zu können und deine Kraft an Balken und Bretter auszulassen. Du bist ja ein schmaler Wurf, so wie ich, aber du bist jung, gesund und man sieht schon an deinen Händen, dass du arbeiten gewohnt bist. Im besten Fall stehst du in dem entstehenden Dachstuhl und erlebst den Rausch, etwas Neues in den Himmel hineinzubauen. Der Zimmerermeister wird als Mensch richtig eins mit dem was er baut, seinen Gesellen oder Helfern ist das auch anzusehen. Die Fachbegriffe zu kennen ist wichtig, zumindest annähernd zu wissen, was gemeint ist. Der Dachstuhl ist dir ein Begriff. Kennst du Sparren, Firstpfette, Kehlbalken oder Deckenbalken?«

»Bisher war ich fast nur mit dem Vieh beschäftigt.«

»Du kommst aus dem Allgäu. Habt ihr nicht viel Holz dort *rumstehen*?«

»Ja schon. Immer wieder mal, vor allem im Winter, habe ich im Wald gearbeitet. Und am Haus gibt es ja oft etwas auszubessern.«

»Ein bisschen kennst du dich schon aus. Und die neuen Begriffe kann ich dir alle erklären. Wichtig ist, dass du dem anderen vermittelst, dass du vom Fach bist. Schauspielerei ist also gefragt.«

Wir standen in der alten Scheune sehr nah beieinander, weil überall an Wänden und am Boden allerlei Gerätschaften hingen oder standen, so dass es sich ziemlich eng anfühlte. Ein alter Schrank neben mir war vollgestopft mit allerlei Zeug, wahrscheinlich Kindersachen die zurückgelassen wurden. Mit dem Gedanken „Wer brauchte das jetzt noch?", schaffte ich mir eine innere Distanz zu dem überraschenden Vorschlag von Anton. Nach einigen Atemzügen fragte ich mit sachlicher Tonlage, die mich selbst überraschte:

»Und wenn der ganze Schwindel auffliegt?«

»Sag einfach, dass du als freier Mann deine Kenntnisse lieber woanders erweitern willst«, fuhr er schlagfertig fort.

»Das ist ganz schön dreist!«, dabei klang ich ziemlich kläglich.

»Ach, mach dir deswegen keinen Kopf! Du gehst einfach weiter, keiner wird dir hinterherlaufen und wenn du in einem neuen Ort bist, fängst du neu an. Keiner wird von dir schon etwas gehört haben.«

»Ja, das stimmt schon. Die einzelnen Betriebe haben bestimmt andere Sorgen als mir hinterher zu laufen.«

»Die Welt will betrogen werden. Glaub mir, es wird gemauschelt, bis sich die Balken biegen.«

»Da wären wir wieder bei der Zimmerei.«

»Andere dürfen lügen, dass sich sprichwörtlich die Balken biegen, dagegen ist dein Schummeln fast gar nichts.«

»Wem schade ich denn schon als Zimmerer auf der Walz, der eigentlich gar keiner ist?«

»Genau. Du musst kein Opfer sein von den Fesseln deines Geburtslandes und den vorgeformten Lebensläufen, wie du es bereits kennengelernt hast. Habe Glauben, im Sinne von bauen oder aufbauen. Sei mutig, verlasse das Alte und mach dich auf zu Neuem.«

Wegen all den neuen Vorstellungen und „Was wäre wenn" Überlegungen stand ich erst mal sprachlos da. Doch allmählich begann sich ein Lächeln auf meinem Gesicht abzuzeichnen. Anton war das nicht entgangen, da er mich während des Gesprächs immer direkt angeschaut hatte. Er spürte wie ich seine Anregungen angenommen hatte und bestimmte zum Schluss:

»Und jetzt zeige ich dir welche Werkzeuge ich habe.«

Zweiter Teil

1887

Vom Rheintal zum Vinschgau

Kein Element in der Schöpfung
Ist weicher und nachgiebiger als Wasser.

Aber kein anderes Element übertrifft es
im Überwinden des Harten und Starken,
und dies aufgrund seiner nicht fassbaren Form
und steten Veränderlichkeit.

Das Schwache überwindet das Starke.
Das Nachgiebige überwindet das Feste.

Laotse

13

Rheintal, Vorarlberg, Montag, den 20.06.1887

Die schwarze Kluft passte mir gut, obwohl ich die Schultern nicht richtig ausfüllen konnte. Für mich als schmalen Wurf, wie Anton mich genannt hatte, war der Gürtel mit dem engsten Loch gerade noch ausreichend. Wichtig waren die Schuhe, mit diesen sollte ich immerhin ganz über die Alpen wandern. Die schwarzen Lederschuhe passten, zwar etwas zu weit, aber besser als zu eng.

Nach einem letzten gemeinsamen Frühstück war Abschied angesagt. Elisabeth hatte geweint als sie mich beim Abschied umarmte. Zuerst war ich völlig überrascht, als ich auf einmal ihren warmen, runden Körper spürte. Die letzten Tage hatten wir wie eine Familie gelebt. Sie waren wie Vater und Mutter für mich gewesen, dennoch gab es so gut wie keine körperliche Berührung. Das war ich so ja auch gewohnt. Auch im Allgäu berührte man sich in aller Regel nicht, abgesehen vom Handschlag. Mütter zogen ihre Kinder an sich, das war normal. Sich gegenseitig anfassen war unter Mannsbildern grundsätzlich nicht üblich. Wahrscheinlich auch deswegen, weil keiner auch nur in den Verdacht kommen wollte, etwas zu mögen für das es eigentlich keine Worte gab. Und wenn es Raufereien gab, dann war es schon wieder in unguter Weise. Wann sonst fasste man sich an? Mit den *Mädle* oder Frauen war es ja eine besondere Geschichte mit der Körperlichkeit, alle Welt weiß davon. Auch Anton umarmte mich, männlich, kürzer und mit einem abschließenden Schlag auf die Schulter. Ich hatte den beiden viel zu verdanken. Ich öffnete die Türe ihres Anwesens, nicht viel mehr als eine Holzkonstruktion an einem Scharnier. Einen Moment fragte ich mich, die Hand noch an der Türe, ob es einen Weg gab in dieses Haus zurückzukehren. Vielleicht später, in einigen Jahren? Ich war vor vier Tagen so liebevoll empfangen worden. Sollte es ein Abschied für immer sein? Ich spürte wie mich diese Gedanken am Gehen hinderten. Hätte ich dieser wehmütigen Stimmung nachgegeben, wäre ich hilflos erstarrt stehen geblieben. Diese Unfähigkeit wäre schon während einer einzigen Ein- und Ausatmung immer noch peinlicher geworden, für mich zuerst, sehr schnell auch für Anton und Elisabeth, bis zu einem inneren Platzen, das mich dann doch in Bewegung gesetzt hätte. Besser war es gleich zu gehen. Ich ergab mich den Kräften, die mir keine Wahl ließen. Zuletzt sah ich die beiden eng nebeneinanderstehend, wie sie mir hinterher sahen.

Anton hatte mir gestern erklärt, er könne mir eine Zimmerer Kluft besorgen. Ich traute mich gar nicht zu fragen wie und woher das möglich sei. Er meinte nur knapp, er wüsste da eine Zimmerei in der Nachbarschaft. Er hatte sich heute Morgen nicht erklärt, mir nur die komplette Kleidung samt Schuhen und Hut überreicht und gesagt, ich solle da mal reinschlüpfen. Ich merkte es ihm an, dass er nicht gefragt werden wollte, wie er denn über Nacht zu der Kluft kam. Ich sollte einfach nur alles anziehen und schauen wie es passte. Auch Elisabeth kam dazu und befand mit vielen Worten wie gut mir das alles stehen würde. Dabei drängte sich mir der Eindruck auf, sie quasselte deswegen so viel, damit Anton nicht sprechen musste. Er schaute mich nur wortlos an, um knapp anzumerken: „Passt doch."

Die Bekleidung empfand ich alles andere als unauffällig, vor allem fiel der schwarze Hut mit breiter Krempe auf. Außerdem fühlte ich mich etwas unwohl in den weiten schwarzen Schlaghosen, die ich bisher nur ganz selten bei anderen Männern gesehen hatte. Die schwarze Weste hatte acht Knöpfe. Jeder Knopf stand angeblich für eine Arbeitsstunde pro Tag. Dafür hatte das Jackett nur sechs Knöpfe, weil es ja nur sechs Arbeitstage pro Woche gibt. Es gäbe Kluftfarben, hatte Anton erklärt, demzufolge tragen Holzgewerke Schwarz. Dazu bekam ich ein weißes Hemd, Staude genannt, das auch zur Arbeitskleidung der Zunft der Zimmermänner gehörte. Als einziges Stück war es nicht schwarz, zudem hatte es keinen Kragen. Die Besonderheit mit dem Kragen sei der Arbeit geschuldet, denn es sollten ja keine Sägespäne in den Kragen hineinfallen können. Das viele Schwarz erinnerte mich an die Pfarrer in ihren schwarzen Gewändern. Auch die hatten doch nur am Hals etwas Weißes.

Übergeben wurde mir auch eine hölzerne Kraxe, um mein weniges Gepäck tragen zu können. Anton schärfte mir ein, das Gepäck ausschließlich mit der linken Schulter zu tragen. Auf diese Weise würde ich als Geselle mitteilen, jederzeit bereit sei zu sein mit Hand anzulegen. Mein Hab und Gut wurde auch Unterwäsche, eine Art Schlafsack und ein Stenz als Wanderstab, der einfach dazu gehöre, erklärte mir Anton. Zum Schluss überreichte er mir noch ein Wanderbuch. Dies sei eigentlich der wichtigste Gegenstand, den ein jeder Wandergeselle mit sich führte. In diesem wurden nur Arbeitszeugnisse sowie die Städtesiegel der besuchten Ortschaften eingetragen, nachdem bei deren Bürgermeistern mit dem traditionellen Handwerksgruß „zünftig um das Siegel vorgesprochen" wurde. Der Wandergeselle mache keine eigenen Eintragungen in sein Wanderbuch. Dieses dürfte zudem nur in einer vertraulichen Umgebung oder aus einer Notwendigkeit heraus vorgezeigt werden. Die Wanderschaft dauere normalerweise drei Jahre und einen Tag und könne nur bei einer schweren Krankheit beendet werden. Andernfalls wäre eine Unterbrechung „unehrbar", das Wanderbuch würde eingezogen, die Kluft „an den Nagel gehängt". Diese Wandergesellen wurden auch als „Harzgänger" bezeichnet.

Viele Gesellen erweiterten auf der Walz ihr Wissen und lernten neue Techniken kennen. Die gezielte Wanderung zu einer Arbeit kam des Öfteren vor, wenn in der näheren Umgebung keine Beschäftigung möglich war. Bei einem neuen *Kraute*r, dem Handwerksmeister, konnte man wieder *schaniegeln*, sprich arbeiten. So mancher Geselle hätte sich dabei auch auf dem Heiratsmarkt umgesehen, um nach der Walz eine neue Familie zu gründen und sesshaft zu werden.

Als ich Bregenz hinter mir gelassen hatte, spürte ich das Bedürfnis, mich bewusst zu verabschieden. Das Allgäu hatte ich bereits verlassen, nun auch noch den Bodensee mit Anton und Elisabeth. In dieser Stimmung blieb ich nicht stehen, meine Schritte wurden aber langsamer. Erst als sich die Einsicht: „Es geht nur vorwärts, nicht zurück" in mir festsetzte, wurden meine Schritte wieder schneller. Ich fühlte mich dann sogar wie endlich losgelassen, wie eine Feder, die ihre Spannung nicht länger in sich halten musste. Mit kräftigen Schritten ging ich auf der Hauptstraße in Richtung Dornbirn. Dabei fielen mir am Straßenrand die Bäume auf, die manchmal eine längere Reihe bildeten. Ich fragte mich, ob diese absichtlich so gepflanzt wurden, da die Abstände zueinander auffällig regelmäßig waren. Häufig sah ich nasse Wiesen mit schnurgeraden Entwässerungsgräben mit etwas Schilf an beiden Seiten. Hier und da war eine Hecke, kleine Birkenwäldchen, manchmal auch nur Baumstümpfe, die keiner ausgraben wollte, weil es viel einfacher war, den natürlichen Verwesungsprozess abzuwarten. An einer Stelle entdeckte ich eine erkaltete Feuerstelle mitten auf einer Wiese. Bei genauerem Hinschauen erkannte ich die Absicht dahinter, nämlich das Abbrennen eines Baumstumpfes. Der Bauer würde bestimmt alles wieder einebnen und dafür Sorge tragen, dass durch regelmäßiges Mähen kein neuer Baum entstand.

Als ich Dornbirn erreichte, zog es mich gleich weiter in Richtung Feldkirch. Ich suchte keinen Blickkontakt mit den Leuten hier, ein paar Gesprächsfetzen auf der Straße nahm ich dennoch wahr. Fast alles konnte ich verstehen, dies überraschte mich. Als ich es mir recht überlegte, wurde mir auch klar warum. Mit Anton und Elisabeth hatte ich in den letzten Tagen sehr viel gesprochen. Ich hatte mich bereits ein wenig an deren Vorarlberger Dialekt gewöhnt.

Die *Schindele* an den Hauswänden waren auch hier recht verbreitet. Die unten abgerundeten Holzplättchen wurden immer waagrecht nebeneinander angebracht. Die nächste Reihe darüber war überlappend und versetzt. Somit konnte man erst bei jeder zweiten Reihe die senkrechten Spalten erkennen. Die untersten Reihen in Bodennähe wurden mittels Keilen etwas angehoben, damit das abfließende Wasser nicht in das Bauwerk hineinkriechen konnte. Täuschte ich mich, oder waren die unteren Enden dieser Wandverkleidung im Vergleich zum Allgäu tatsächlich noch stärker wie eine Schanze geformt?

Die Straße führte mich auf der östlichen Seite des Rheintals nahe den Erhebungen des Bregenzer Waldes. Die westliche Seite wurde wegen Hochwassergefahr weniger genutzt. Für mich als Allgäuer war das Rheintal insgesamt überraschend eben. Auffallend für mich waren die vielen nassen Wiesen.

Die Veränderungen in meinem Leben erschienen mir riesengroß, deshalb wollte ich öfters mal zaghaft werden, riss mich aber immer davon los und marschierte weiter. Ich konnte mein Gefühl, ein wandernder Geselle zu sein, nicht so recht beschreiben, obwohl es mich beflügelte. Das Bild einer losgelassenen Feder brachte mich dann zu dieser Erkenntnis: „Zum ersten Mal seit dem Brand war die Spannung nicht in mir, sondern außerhalb von mir." Ich hatte schlagartig weitreichende Entscheidungen zu treffen, lebte ständig mit einer unruhigen Wachsamkeit, die erst bei Anton und Elisabeth nachgelassen, jedoch nie ganz aufgehört hatte. Nun bewegte ich mich als Zimmerergeselle durch die Welt und hatte ein klares Selbstbild zumindest nach außen hin. In dem Wanderbuch, das ich inzwischen angeschaut hatte, stand: Wanderschaft des Xaver Schlager, Zimmermann, freigesprochen in Bregenz am 02. Juli im Jahre des Herrn 1885. Ich wollte gar nicht weiter nachdenken, wie denn der Anton zu diesem Buch gekommen war. Die wenigen Einträge im Wanderbuch würde ich mir aber schon merken müssen, denn ab sofort waren es meine eigenen! In einer ersten Durchsicht war der letzte Eintrag aus dem Jahr 1886. Nun hatten wir 1887. Der Anton hatte mir sicherlich absichtlich keine weitere weitere Auskunft gegeben. Ich vertraute ihm, deswegen war es gut so. Zu den Jahreszahlen musste ich mir noch eine Geschichte einfallen lassen. Von dem echten Xaver Schlager wollte ich am besten gar nichts wissen, wichtig war nur: Nach außen hin war ich der Xaver Schlager, nicht mehr der Schorsch wie bisher. Getauft wurde ich als Georg, als Kind war ich erst der Schorschi, später der Schorsch. Manche sagten zuhause auch *Jirg* zu mir, die Allgäuer Aussprache von Jörg, das von Georg abgeleitet wurde.

Diese Suppe, die mir Anton eingebrockt hatte, machte mich überhaupt nicht ärgerlich. Im Gegenteil, als ich einmal unter einer herrlich duftenden Lindenallee wanderte und mich unbeobachtet wähnte, sprach ich laut mit jeder Linde, die ich antraf: „Ich bin der Xaver Schlager, hast mich verstanden? Soll ich es dir nochmal sagen? Noch lauter?" Und still, wie in einem Gebet, dankte ich Anton und Elisabeth für alles was sie für mich getan hatten. Ohne sie wäre ich jetzt nicht hier. Ohne sie wäre ich weiß-Gott-wo. Ohne sie wäre ich nicht Xaver Schlager auf der Walz und noch ohne ersten Arbeitseinsatz. Doch diese Ungewissheit mit dem Arbeiten schreckte mich nicht so sehr. Anton hatte nämlich einfach Recht. Es ging immer nur darum, dass der Andere glaubte, ich sei tatsächlich der Zimmerergeselle Xaver Schlager. Und beherzt nach dem Holz zu greifen, sollte kein Problem sein. Wahrscheinlich würde ich sowieso in den ersten Tagen nur als Hilfskraft gesehen, der man die ungeliebten einfacheren Tätigkeiten übertrug.

Diese Worte von Anton wiederholte ich immer wieder: „Geh nach Südtirol. Nimm nicht den Weg über den Arlberg, weil es für dich besser ist, deine Heimat, Deutschland und das Allgäu, schnell hinter dir zu lassen. Geh also zunächst immer das Rheintal entlang, über Liechtenstein, dann bis kurz vor Chur. Bei Matrils fließt die Landquart in den Rhein. Verlasse hier den Rhein endgültig und folge diesem kleineren Fluss ins Prättigau im Schweizer Kanton Graubünden. Später erreichst du Davos. Von dort aus nimm den Flüelapass rüber ins Inntal. Lass dir den Reschenpass zeigen und anschließend nur immer an der Etsch entlang ins Vinschgau. Wenn du in Meran stehst, ein schönes Städtchen, dann hast du es geschafft. Du kannst aber auch nach Süden bis Bozen weiterziehen."

14

Der Anton hatte mich auf die Walz geschickt. Der Weg und jeder Schritt sollte mich zu einem Ziel führen, das ich noch nicht einmal kannte. Dort angekommen würde ich im besten Fall eine neue Heimat finden. Ich hatte nur ein Land, Südtirol, als Orientierung genannt bekommen und wanderte nun darauf zu. Dabei war ich frei in meinen Entscheidungen, weil ich auf niemand Rücksicht nehmen musste. Ob ich meine Schritte lieber nach Süden oder in eine andere Richtung lenkte, blieb allein mir überlassen. Erwarteten mich nicht überall die gleiche Fremdheit und Unsicherheit? Dieses nur auf mich gestellt sein, so schön es auch sein konnte, empfand ich bei diesen Betrachtungen als Bedrückung. In dieser Stimmungslage hätte ich gerne Anton bei mir gehabt, doch jede gegangene Strecke und vergangene Stunde entfernten mich ein weiteres Stück von ihm. Zu ihm zurückzugehen und jammern, dass sein Plan für mich zu schwierig gewesen sei, verbot ich mir aber. Dies befahl mir mein Stolz. Er hatte Vertrauen in mich gesetzt und mir eine Aufgabe gegeben. Deshalb wollte ich ihn nicht enttäuschen, auch wenn die Erfüllung seines Plans mich unweigerlich immer weiter von ihm fortführte und schließlich ganz von ihm trennen würde. Was für ein widersprüchlicher Standpunkt dies doch war: Ich sollte den Plan eines anderen erfüllen und ihn deshalb verlassen. Ähnlich erging es mir mit meiner Mutter, aber ich war mir sicher, dass sie mir aus Liebe dasselbe wünschte. Auf den Punkt gebracht, folgende Botschaft: „Verlasse mich damit du eine Zukunft hast. Schreib mir einen Brief, wenn du gut angekommen bist und lasse es mich wissen, dass es dir gut geht." Die Vorstellung nie mehr nach Hause zurückzukommen, oder erst nach vielen Jahren, wenn Gras gewachsen war über die Sache mit dem Opfenbacher Hof, wenn Anton und Elisabeth und vielleicht Mama längst gestorben waren, zerriss mir das Herz. Erst als ich mir vorstellte, von Südtirol aus Briefe, nicht nur einen einzigen, heimwärts zu schreiben, fühlte ich mich wieder besser. Von wegen etwas Anderes in Erwägung zu ziehen! Ich spürte in mir eine bislang kaum gekannte Entschlossenheit. Sich zu entscheiden war eine Sache, entschlossen zu sein fühlte sich nochmal anders an, weil ich all meine Kräfte sammeln und vereinen konnte.

Das Wandern als solches gefiel mir immer besser, je mehr ich mit Selbstsicherheit auf die augenblicklichen, sich ändernden Gegebenheiten so zugehen konnte, dass am Ende meine Bedürfnisse erfüllt wurden. Ich hatte gelernt wie ich abends einen Bauern fragen musste, um einen Platz in seinem Stadel zu bekommen. Mein anfänglich bittender Ton führte meist nur zu längeren Gesprächen oder gleich zu Absagen. Stattdessen, war es besser, meine Absicht klar mitzuteilen, in einem freundlichen, aber bestimmten Ton.

Heute Morgen auf einem Hof bei Rankweil bot ich dem gastgebenden Bauern an, mit Hand anzulegen. Als ich ihm geholfen hatte, seinen Bretterzaun zu reparieren, bekam ich bei der freundlichen Verabschiedung Brot und Käse für diesen Tag mit. So konnte es bleiben. Als Zimmermann auftreten, obwohl ich noch keine einzige Stunde als solcher gearbeitet hatte, meinen Weg nach Süden fortsetzen und einfach nur vorankommen.

Gestern war es einfach einen Unterschlupf zu finden in einer kleinen, baufälligen Hütte, möglicherweise würde sie bald abgerissen. Es gab darin wegen der Beengtheit zunächst kein gemütliches Plätzchen, erst als ich einen Ballen Stroh erbeten hatte, konnte ich es mir auf dem Boden einigermaßen gemütlich machen. Meine Beine ausstrecken war liegend jedoch nicht möglich. Deshalb streckte ich meine Füße manchmal nach oben und berührte mit meinen Fersen die Wand. So konnte ich zwar nicht schlafen, in dieser Stellung konnte ich aber schön meine Beine ausschütteln. Die Knie gegengleich im schnellen Wechsel etwas gebeugt und wieder zurück, so lange bis die Muskeln der Oberschenkel und der Waden sich nicht mehr erinnern konnten, was sie den ganzen Tag gemacht hatten. Als mir das Blut von den Beinen zu sehr in den

Kopf floss, ließ ich meine Beine wieder sinken. Bald danach schlief ich ein.

Lange konnte ich nicht schlafen. Ein Albtraum quälte mich mit den gleichen Bildern und Vorstellungen wie in der Brandnacht, als ich im Wald zum ersten Mal zur Ruhe kam. Wieder sah ich wie ich gejagt wurde. Speere wollten mich aufspießen. Ein Rudel von Nachbarn, darunter auch Unbekannte, rannten hinter mir her. Wieder hörte ich das: „Fangt ihn, spießt ihn auf, die Sau!" Als ich gerädert erwachte, wurde es nicht besser. Erst nach einiger Zeit stellte ich sachlich fest, dass sich meine heutigen Vorstellungen zu denen der Brandnacht verändert hatten. Andere Leute waren auf einmal mit im Spiel, in gewisser Weise hatte sich meine innere Handlung weiterentwickelt. Wie konnte das sein? Tatsächlich hatte ich nichts von all diesen furchterregenden Ängsten erlebt! Ich zwang mich deshalb zum sachlichen Nachdenken, damit ich mit mir selber besser klarkam. Offensichtlich führte die Angst in mir ein Eigenleben. Die Absicht, mich zu warnen war in Ordnung, doch woher kamen all die schrecklichsten inneren Bilder, die ich noch nie wirklich erlebt hatte? Erzählten meine Ängste Lügengeschichten? Erst viele Jahre später, angeregt durch noch ältere Menschen, formte sich diese Einsicht: Wie sich Talente oder Vorlieben mitvererben, so wurden auch allgemeine, möglicherweise lebensbedrohliche Ängste in mir angelegt. Wenn man sich vorstellt, wie meine Vorfahren auf einem Acker gearbeitet hatten und plötzlich durch hungrige, wilde Tiere oder gar durch Krieg bedroht wurden! Auch solche Erfahrungen wurden weitervererbt.

Heute jedoch konnte ich mir meine unverhältnismäßig heftigen Empfindungen nicht erklären. Somit blieb mir letzten Endes nichts anderes übrig, als mich davon loszureißen und nach vorne zu gehen.

Mein Ziel war die komplette Alpenüberquerung von Nord nach Süd. Anton meinte, der Weg nach Meran sei nicht unter zwei Wochen zu schaffen, da ich mich nicht direkt nach Süden, sondern eher in südöstlicher Richtung bewegen musste. Täglich könne ich etwa zwanzig Kilometer zurücklegen.

Bislang habe ich kaum etwas geschrieben über meinem Wunsch nach einer Frau. Habe ich deswegen geschummelt und ein unzureichendes, beinahe falsches Bild von mir gezeichnet? Wie alle Männer trieb mich mein geschlechtliches Verlangen an. Meine Augen schauten gerne begehrlich auf weibliche Körper beziehungsweise auf das, was ich zu sehen bekam. Und wenn weit und breit keine junge Frau ansichtig war, dann füllte oft ein Wunschtraum meine lüsternen Vorstellungen. Ich war jung, kraftvoll und nicht anders als all die anderen Männer. Warum also davon bisher kein Wort? Weil ich mich jetzt diesem Thema umso intensiver widmen möchte.

Heiraten konnte längst nicht jeder wann und wen er wollte. Auch ich brauchte für eine Eheschließung eine Heiratserlaubnis der Obrigkeit. Und der Grundherr, der Fürst, der dies zu entscheiden hatte, kümmerte sich nicht um meine persönlichen Befindlichkeiten. Die Eheschließung war an den Besitzstand gebunden: Hochzeit halten durfte nur, wer sich, seine Frau und seine Kinder selbstständig ernähren konnte. Demzufolge hieß es ganz allgemein, dass man *unvermögliche Leut it* sollte heiraten lassen.

Warum wurde so vielen Menschen die Heirat verweigert, mit dem Hinweis auf *Unvermöglichkeit*? Die grundherrschaftlichen oder fürstlichen Herren hatten zunächst ein Interesse an einem Heer von arbeitenden Knechten und Mägden. Die Erfahrung hatte immer wieder gezeigt, dass auch ohne Eheschließung genügend Nachwuchs aus deren Reihen entstand. Wenn man diese Untergebenen heiraten ließe, dann, so die Befürchtung, würden noch mehr Kinder in die Welt gesetzt. Die Bedürftigkeit dieser Mittellosen war abzusehen, in gleicher Weise die Kosten der Armenfürsorge. Man wollte einfach möglichst wenig *unvermögliche Leut* durchfüttern müssen. Obendrein kosteten die Armen nicht nur Geld, aus staatlicher Sicht stören sie den bürgerlichen Frieden, neigen zur Zusammenrottung, zu Aufruhr und Gewalt. Kurz gesagt: Da Arme wieder nur Arme, Bettler, *Landstörzer*, Diebe und Aufrührer zeugten, blieb ihnen die Ehe verwehrt.

Nicht zu vernachlässigen war auch hier der kirchliche Einfluss. Von der Kanzel herunter wurde manchmal gegen die Sünde gewettert, die in vielerlei Gestalt den Menschen in Versuchung führt. Und wenn von der Sünde der Wollust die Rede war, eigentlich der empfindlichste Bereich jeder einzelnen Seele, dann wurde es immer besonders still und klamm in den Kirchenbänken. Große Worte wie das „heilige Sakrament der Ehe" oder „gotteslästerliche Unzucht" wurden von der Kanzel förmlich auf das brav sitzende Volk ausgeschüttet, das die Warnungen und Strafandrohungen sehr wohl verstand. In der Kirche saßen ja lauter Menschen mit jeweils genau einer unsterblichen Seele. Jeder Einzelne mochte für sich über die natürliche Anziehung der Geschlechter, den Geschlechtsverkehr denken was er wollte, letztendlich war es eine Frage der eigenen Bewertung. Doch was waren oder sind schon eigene Meinungen, die sich im Laufe eines Menschenlebens gerne verändern? Die paar wenigen Jahre hier auf Erden sind bald vorbei. Es geht doch um den Verbleib in der Ewigkeit!

War die Kirche eine Art Waffenbruder, die den weltlichen Herren beisprang? Sorgte die Kirche mit ihren Mitteln dafür, dass die Unmöglichkeit der Ehe für die vielen sogenannten Unvermögenden doppelt und dreifach abgesichert wurde? Das Zusammenwirken der weltlichen und geistlichen Herren war es doch, was die Machtverhältnisse als unverrückbar erscheinen ließ. Und ich stand all dem immer nur als Einzelner gegenüber. Andere junge Männer in der gleichen Lage waren letztlich auch nur Einzelne. Und so fügte man sich schließlich in das von Gott Gegebene.

Ich wollte der Kirche kein Unrecht antun indem ich sie nur auf die Rolle eines Verhinderers festlegte. Aber ein ja oder nein zu der Erlaubnis heiraten zu dürfen, war mir einfach zu wichtig! Zudem wollte und konnte ich mir nicht vorstellen, kinderlos zu bleiben. Meine eigenen Kinder sollten es dann möglichst besser haben als ich. Schon jetzt gab diese Zielsetzung meinem Leben Sinn.

Eine Kirche zu besuchen war immer wieder ein besonderes Erlebnis, wegen den beeindruckend hohen Räumen, den vielen Bildern und Statuen. Wo sonst gab es so große und vor allem hohe Räume? Wo sonst sah man schon so viele Bilder? Im Alltag sah man vor allem die allgegenwärtige Natur und die von den Menschen geschaffenen Behausungen. Bücher waren selten. Falls Bilder überhaupt vorhanden waren, zeigten diese religiöse Darstellungen. Es war allgemein Brauch, sowohl Kirchen, Kapellen als auch die eigene Stube mit Statuen von Heiligen oder Jesus selbst zu schmücken. Hauptmaterial dafür war Stein oder Marmor. Oft diente auch Holz als Werkstoff, so mussten Marienfiguren aus Lindenholz geschnitzt sein.

Mir wurde erklärt, die vielen Bilder und figürlichen Darstellungen dienten von alters her der Veranschaulichung christlicher Inhalte, weil das Volk nicht lesen konnte. Die Wand- und Gewölbemalereien, die vor allem die drei Themenkreise Jüngstes Gericht, Passion Christi und Heilige zum Gegenstand hatten, sollten also viele Geschichten erzählen. Richtigerweise handelte es sich um Offenbarungen, die in Form einer Geschichte vermittelt wurden. Eine dieser Erzählungen, die man auch ohne lesen verstehen konnte, war der Kreuzweg, eine Bilderfolge mit vierzehn Stationen. Der Leidensweg der Passion Christi war das ganze Jahr über zu sehen. Kurz vor Ostern wurde immer das Kreuz im Altarraum verhängt mit der Begründung, auch unsere Augen müssten fasten. Dabei fragte ich mich, warum die Kreuzwegstationen an den Seitenwänden nie verhüllt oder abgehängt wurden. Immerhin gedachte man ja der Auferstehung, nicht immer nur an Leid und Tod Christi! Aber nein, die Leidensbilder bei den Bänken blieben. Ich traute mich nicht mal, diese Gedanken auszusprechen, geschweige denn als Forderung zu formulieren. Vielmehr kam in mir ein Gefühl hoch, mit meinen selbstgestrickten Folgerungen ungenügend, theologisch nicht gebildet genug oder schlicht falsch zu sein.

Bei so viel zur Schau gestelltem Leid war mein Lebenslos, als Knecht nur für andere arbeiten zu müssen, fast schon wieder erträglich. Und wenn die religiösen Begründungen nicht ausreichten, dann wurde auf die Natur verwiesen. Das Beispiel einer Arbeiterin im Bienenstock wurde immer wieder mal als Rechtfertigung herangezogen. So hatte man sprichwörtlich fleißig wie ein Bienchen zu sein. Eigentlich sollte man so beschäftigt mit der Arbeit sein, dass man keine Zeit hatte, eigene Nachkommen zu zeugen. Die Zeugung des Nachwuchses im Bienenvolk ist ja auch allein der Königin vorbehalten. Wenn am Ende köstlicher Honig entsteht, dann taugte das Beispiel des Bienenvolks bestimmt auch für die menschliche Gesellschaft. Es wurde also in gewisser Weise der Fürst mit der Bienenkönigin verglichen. Der Fürst hatte demnach das emsige Treiben der Menschen, die für Nahrung sorgten, zu überwachen. Und die Bienenkönigin, sowie der Fürst, bekommt alles vom Volk zugetragen.

Mit solchen wohlfeilen Erklärungen, die ich in der Schule und von der Kanzel gehört hatte, wurde ich also abgespeist. Der Verweis auf das Bienenvolk war zwar interessant, jedoch lang nicht ausreichend, um die aus meiner Sicht drängenden Fragen zu beantworten. Warum durfte ich nicht heiraten? Wieso war ich verdammt, ein Leben lang nur Knecht zu bleiben? Weshalb gab es so gut wie keine Aussicht auf ein besseres Leben? Eigentlich bekam ich nur hingerotzte Antworten, die mir zu verstehen geben sollten, dass mein persönliches Aufbegehren nicht gerne gesehen wurde.

Als im Frühjahr Bienenschwärme durch den Ort geflogen waren, erfuhr ich von einem Züchter Aufschlussreiches über Bienenvölker: Die neuen Eier legt normalerweise die Königin, Arbeiterinnen können auch Eier legen, doch nur unbefruchtete. Wenn ein Volk seine Königin verloren hatte, dann wurde es unter Umständen „drohnenbrütig". In den Eierstöcken einiger Arbeiterinnen entwickeln sich neue Eier, die auch in die Wabenzellen gelegt werden. Da diese Arbeiterinnen jedoch keine Samenblase, geschweige denn einen Samenvorrat besitzen, entstehen bei dieser Jungfernzeugung nur Drohnen.

Mit den interessanten Ausführungen des Imkers zur Drohnenbrütigkeit wurde mein Wissen zwar erweitert; doch half mir das wirklich weiter? Ich stellte Fragen und bekam letzten Endes immer nur Antworten, die mich nicht weiterbrachten. Es war besser, weniger Fragen zu stellen und mehr zu tun!

Genau jetzt, hier auf der Walz, war auch nur eines für mich wichtig: Weitergehen, Gefahren möglichst umgehen und mein Ziel erreichen!

15

Einen ersten Meilenstein hatte ich gestern Abend erreicht, als ich die Grenze zum Fürstentum Liechtenstein überquerte. Ansonsten änderte sich nicht viel. Der Rhein war weiter sehr landschaftsprägend. Die Leute sprachen den gleichen Dialekt, vielleicht ein bisschen ähnlicher als die Schweizer. Ein Bauer, der am nächsten zum Rheindamm lebte, gewährte mir Unterschlupf. Er erklärte mir, dass diese Dämme oder *Wuhren* zum Schutz vor unberechenbarem Wildfluss überlebensnotwenig seien. Die Rheinnot, die Überschwemmung mit Hochwasser, käme im Schnitt alle drei Jahre! „Wenn es nur gelänge, den Fluss zu zähmen und in einem regelmäßigen, geraden Flussbett zu führen", hörte ich den Bauern jammern.

Mit den Klageliedern des Bauern im Ohr schaute ich mir den Fluss genauer an. Das Flussbett, mit bis zu 300 Metern Breite, verlief leicht schlängelnd dahin. Es gab viele unterschiedliche Schotterbänke, zum großen Teil mit Büschen bewachsen. Zwischen den Binnendämmen, die 500 bis 1000 Meter Abstand zueinander hatten, waren Nebenflüsse, Altwasser und sogar kleinere Tümpel zu sehen. Hier hatte der Mensch seine Hand nicht mit im Spiel. Das Flusswasser floss trotz geringer Neigung zügig hin zum Bodensee.

Ich hatte mich bis hierher immer am Rhein orientiert und blieb an dessen östlichem Ufer. An einer günstigen Stelle überquerte ich den Damm und begab mich in das Gebiet, das der Fluss für sich allein beanspruchte. Als ich einen großen, nicht zu hohen Findling im Wasser entdeckte, folgte ich spontan meinen Impulsen. Die Kraxe legte ich an einer sicheren Stelle ab, bestieg den Stein und saß wie ein König auf seiner trockenen, einigermaßen ebenen Oberseite. Meine nach hinten ausgestreckten Arme ermöglichten es mir, den Rücken entspannt durchhängen und die Beine baumeln zu lassen.

Zunächst blickte ich in meine Zielrichtung nach Süden und sah das Wasser pausenlos auf mich zufließen. Welche Kraft mir da entgegenkam! Ich fühlte mich dadurch kraftvoll aufgeladen, spürte aber auch, dass die Wasserkraft eigentlich alles mitreißen wollte, den Findling, mich, alles. Der Stein unter mir lag aber satt und schwer auf dem Boden, wahrscheinlich gab er sich erst geschlagen, wenn er bei Hochwasser vollends überspült wurde. Erst dann würde er sich ein paar Zentimeter, vielleicht Meter, abwärts bewegen, um anschließend jahrelang auf die nächste Wanderung zu warten.

Auf dem Hosenboden einmal gedreht sah ich nur wegfließendes Wasser. Wenn ich in seine Richtung wandern könnte, dann sähe ich das Flusswasser immer weg von mir. Es würde immer leicht abwärtsgehen und ich könnte mich weitergetragen fühlen. Auch jetzt auf meinem Stein spürte ich, wie es mir leichtfiel, meine Gedanken loszulassen. Eine angenehme Entspannung machte sich breit. Der Fluss reinigte, nahm alles mit, dies zeigte auch das teilweise schmutzig braune Wasser. Dort wo Wellen entstanden, kräuselte sich das Wasser glitzernd und setzte sich selbst eine Krone auf. Genauso schnell wie es entstand, verging dieses Schauspiel auch wieder. Letztendlich strömte alles weg, geschwind, beweglich und unaufhaltsam.

Wieder auf dem Hosenboden gedreht, konnte ich für einige Augenblicke in der Vorstellung schwelgen, alles strömt auf mich zu, alles was auf mich zukommt bereichert mich. Arbeit, Geld, die richtige Frau, alles wird mir zugetragen. Es zerrinnt mir nichts, im Gegenteil alles mehrt sich!

Vor mir stand jetzt aber die Aufgabe, mich in Richtung der Quelle vorankämpfen zu müssen, nach oben, weil ich ja nach Süden wollte, sogar ganz über die Alpen. Umso mehr genoss ich es, umgeben von der Strömung, mich etwas auszuruhen. Mit Drehungen meines Blickwinkels ließ ich die beiden gegensätzlichen Kräfte auf mich wirken und wurde meines Atems gewahr.

Da fiel mir der Sepp ein, ein etwas älterer Knecht eines anderen Hofes bei Opfenbach. Der hatte mir doch tatsächlich mal ein Gedicht von Goethe vorgetragen. Wie lange kannte ich ihn schon? Eigentlich schon immer oder besser gesagt, schon von meiner Schulzeit her. Danach sah ich ihn immer bei dem allgemeinen *Raatsch* nach dem sonntäglichen Kirchgang. Erst vor ein paar Wochen trafen wir uns nach der Kirche zufällig im Schatten der mächtigen Kirchenmauer. Er blickte mich stolz an und fragte mich, ob ich schon was vom deutschen Dichterfürst Goethe gehört hätte. Ich spürte wie er seine Überlegenheit auskostete, gönnte es ihm aber, weil ich ihn kannte und er bei mir irgendwie einen *Stein im Brett* hatte. Ich fragte ihn nicht zu Goethe als Person, weil ich mich damit als noch dümmer hingestellt hätte. Stattdessen bat ich ihn, mir das zu erzählen was er wusste und das groß angekündigte Geheimnis zu lüften. Er ließ mich noch ein paar Atemzüge in der überzogenen Erwartungsspannung. Denn das konnte er gut, nämlich anderen Leuten zu verstehen geben, dass er etwas Besonderes wusste, als ob er einen inneren Schatz in sich tragen würde. Wahrscheinlich war dieses Verhalten nur ein Ausgleich zu seinem sehr ernüchternden Alltag. Doch wer war ich schon, ihm dies unter die Nase zu reiben? Er war wie ich ein Landloser, der wochentags vom Bauern und sonntags vom Pfarrer gesagt bekam wo es langgeht. Einen Wert bekam ich erst durch meine Arbeitskraft. Deshalb war ich schon froh, wenn ich mich mit jemanden angenehm unterhalten konnte. So manches Mal haderte ich mit anderen Knechten, die wie ich ihr Dasein auf einer der untersten Stufen fristeten. Anstatt uns zu vereinigen und gemeinsam gegen Ungerechtigkeiten anzukämpfen, machte man sich das Leben gegenseitig noch schwerer. Man musste aufpassen nicht *ibervortlet*, ausgetrickst oder benachteiligt zu werden.

Als sich Sepp meiner vollen Aufmerksamkeit sicher war, hob er an, wie eben der Pfarrer in der Kirche, sprach langsam und auf einmal hochdeutsch:

> *„Im Atemholen sind zweierlei Gnaden:*
> *Die Luft einzuziehn, sich ihrer entladen;*
> *Jenes bedrängt, dieses erfrischt;*
> *So wunderbar ist das Leben gemischt.*
> *Du danke Gott, wenn er dich presst,*
> *Und dank ihm, wenn er dich wieder entlässt.“*

Stolz über sein geoffenbartes Wissen lächelte er mich an. Mir gefiel das Gesagte und bat ihn es nochmal zu wiederholen. Diesem Wunsch kam er nach, diesmal etwas schneller vorgetragen. „Das kannst du dir gut merken, denn alles reimt sich.", meinte er anschließend und betete nochmal die jeweils letzten Worte herunter: Gnaden entladen, erfrischt gemischt, presst entlässt. Sinnsprüche in Reimen waren weit verbreitet, weil man sich diese besser merken konnte. In der Kirche hörte man zum Beispiel: „Maria mit dem Kinde lieb. Uns allen Deinen Segen gib." Auch zu sehr irdischen Themen wie das Wetter gab es eine ganze Reihe von Bauernregeln. „Wie´s Wetter am Siebenschläfertag, noch sieben Wochen bleiben mag", war einer der bekanntesten Sprüche.

Hier auf dem Findling wollte ich mich mit dem Spruch von Goethe beschäftigen. „Jenes bedrängt, dieses erfrischt", hatte er gesagt. War es mit dem Wasser hier nicht genau das Gleiche? Auf mich zufließend und wieder wegfließend war eigentlich nur eine Frage meiner Blickrichtung. Und wie schnell sich alles änderte! Mein Atem änderte sich ja auch immer wieder, ein und aus. „Jenes bedrängt, dieses erfrischt."

Gerne hätte ich jetzt einen Gesprächspartner gehabt mit dem ich meine Eindrücke hätte teilen können. Am liebsten mit Anton, doch den sollte ich ja verlassen. So blieb ich mit einer angenehmen inneren Schwere auf meinem Stein sitzen und ließ meine Gedanken weiter frei laufen. Die Tiefe und Einsicht von Goethes Gedicht ließ mich aber nicht los. Konnte ich so weit gehen und behaupten, dass die Kraft des Wassers, das auf mich zu und wieder wegfloss, irgendwie dasselbe war wie mein Atem, mit Ein- und Ausatmung? Also auch eine Form von auf mich zu und wieder weg? Schließlich wollte ich mich von meinen wahrscheinlich zu verkopften Auffassungen lösen und schaute direkt nach oben, in den blauen Himmel mit ein paar Schäfchenwolken. Dort oben schien sich heute nichts zu verändern. Mit diesem ganz anderen Bild vor Augen war der Fluss, der mich eben noch beschäftigte, nicht mehr wichtig. Das Wasser blieb unten, mein menschlicher Geist konnte sich mit Leichtigkeit davon lösen. Nur das Wasserrauschen war noch zu hören, das wegen seiner Gleichförmigkeit mir immer weniger im Bewusstsein war. Auch auf meinen Atem achtete ich nicht mehr, stattdessen genoss ich es einfach nach oben zu schauen, irgendwie von allem enthoben.

So gesehen ging es mir hier und jetzt hervorragend! Keiner schaffte mir an, keiner sagte mir was ich zu tun hatte und niemand schaute, ob ich am Sonntag in der Kirche war. So konnte es eigentlich bleiben. Ein trotziges Gefühl füllte mich aus wegen dem was ich bislang alles zu erdulden hatte. Darüber schüttelte ich jetzt nur noch den Kopf. Ich lümmelte erst recht noch ein bisschen mehr auf meinem großen Stein auf dem mir niemand etwas zu sagen hatte. Als es mir langweilig wurde, verließ ich meinen Thron, überquerte den Damm und folgte der Straße weiter nach Süden.

Je freier ich mich von äußeren Zwängen fühlte, desto mehr wollte sich mein Gemüt mit meiner Vergangenheit beschäftigen. Die Schule kam mir in den Sinn. Der Lehrer, der auch mich geschlagen hatte, lebte schon nicht mehr. Er lag nun in seinem Grab auf dem Friedhof direkt an der Kirche. Was war von ihm geblieben? Unter anderem sein Sterbebildchen. Seines entdeckte ich kürzlich auf der Kommode beim Bauern. Warum lag es da, so alleingelassen? Der einzig richtige Aufbewahrungsort für die Sterbebildchen war selbstverständlich das persönliche Gesangbuch. Auf der einen Seite der Sterbebilder stand der Name mit den persönlichen Daten des Verstorbenen, auf der Rückseite oder Vorderseite wie man es nahm, war oft ein Marienbild. In andächtigen Stunden, eine der wenigen Gelegenheiten sich einer rührseligen Stimmung hinzugeben, wurde man somit immer wieder an den Verstorbenen erinnert. Man spürte das Bedürfnis für ihn zu beten, nicht zuletzt aus der Einsicht, recht bald selbst auf die Gebete anderer hoffen zu müssen. In diesem Zusammenhang fiel mir wieder dieser Spruch ein: *„Entwedr du kusch zu mir odr i zu dir."* Gemeint war das persönliche Erscheinen auf der Beerdigung eines Nachbarn oder Verwandten. Diese Übereinkunft wurde oft nicht mal ausgesprochen, aber allgemein anerkannt. Durch die Anwesenheit bei einer Beerdigung wurde der Verstorbene geehrt, den Hinterbliebenen gute Absichten mitgeteilt und nicht zuletzt eine Tatsache geschaffen. Man war da! Der Tod eines Nahestehenden war oft nur schwer zu verarbeiten, bei den religiösen Themen fehlte eigentlich immer ein klarer Anfang und eindeutiges Ende, dagegen gab es an der Anwesenheit bei einer Beerdigung nichts zu rütteln. Man war da! Wenn man von Anfang bis Ende anwesend war, vielleicht sogar noch beim Leichenschmaus, dann war dies keine halbe Sache. Wenn man bei mehreren Beerdigungen war, dann schuf man damit sogar eine abzählbare Größe, die bestimmt auch in der himmlischen Welt nicht unbemerkt blieb.

So glitten meine Gedanken mühelos von Goethe zu meiner Schulzeit und von da zu Beerdigungen. Ich musste mich nicht anstrengen, unterschiedliche Erlebnisse zu kombinieren, sogar Zeiten zu überspringen und Folgerungen daraus zu ziehen. Vielmehr schaffte mein Hirn all diese Erinnerungen, Übergänge und Erkenntnisse wie von selbst.

Wovon war ich abgeschweift? Von der Schule.

16

Die ganze Landgemeinde Opfenbach bestand aus etwa 200 Familien mit 1100 Seelen. So viel ich wusste waren alle ausnahmslos römisch-katholisch. Die meisten würden von sich sogar behaupten, sie seien gut katholisch. Damit meinte man auch das selbstverständliche Wiederholen von kirchlichen Traditionen, die nach außen sichtbar wurden zum Beispiel durch das Auslegen von Blumenteppichen an Fronleichnam oder das Herrichten und der Besuch der Gräber an Allerheiligen. Gleichzeitig bedeutete „gut katholisch" so etwas wie „nicht sehr gut katholisch". Man leistete sich eine gewisse innere Distanz obwohl keiner aus der Kirche austrat.

In der Schule war Religion das wichtigste Fach und stand auch im Zeugnis immer an erster Stelle. Am ersten Schultag wurde die neue Klasse für alle sichtbar als neue Einheit zusammengestellt. Schon damals sollte die Anordnung der Personen eine eindeutige Ordnung vermitteln. Aus Sicht der im gebührenden Abstand stehenden Familienangehörigen stand der Pfarrer links an erster Stelle, weil man ja auch von links nach rechts schreibt. In der Mitte die Kinder, die *Schuelerschnitz,* und erst ganz rechts, hinter dem letzten Kind, der Lehrer. Von dem Vielen was an diesem Tag gesagt wurde, blieb mir nur ein Satz in Erinnerung: „Liebe Kinder, lernet fleißig und vergesset nicht die Gebote Gottes und die Gebote der heiligen Kirche."

Der Pfarrer war ein noch junger, großer Mann mit Bauchansatz, den seine schwarze Soutane noch mehr zur Geltung brachte. Seine lichten Haare waren sehr kurz geschnitten, ein weißes Band engte seinen Hals ein. Er hatte uns in den darauffolgenden Jahren oft mit Absicht und heftig geschlagen, nur bei den *Mädle* etwas weniger fest. In meiner Erinnerung sah ich ihn wieder vor mir, mit seinem eingeschnürten Hals, dem schnell rot anlaufenden massigen Kopf und den Haaren, die bei ihm meistens abgesäbelt aussahen. In seiner Gedankenwelt war wohl auch immer ein Säbel oder eine Sense am Werk, weil das was nicht sein durfte, nicht mal gedacht werden sollte. Aus meiner heutigen Sicht platzte er innerlich wegen des Zölibats, zu sehen auch an dem oben sehr eng anliegenden Priesterrock. Die Gewalt nach außen war wahrscheinlich ein Weg damit irgendwie zurechtzukommen. Doch nicht nur wir Schüler hatten zu leiden, vermutlich litt auch er an dem, was er sich selbst antun musste.

Als Knecht mit nur wenigen Jahren Schulzeit konnte ich immerhin lesen und schreiben, mangels Übung leider sehr langsam. Ich hatte die ABC Fibel wirklich sehr gemocht. Das Hochdeutsche fühlte sich oft gestelzt an, manchmal beinahe wie eine Fremdsprache.

In jeder Gemeinde gab es eine Schule und der Lehrer hatte grundsätzlich alle Schüler von klein bis groß vor sich. Die Jüngsten saßen in der ersten Reihe, die folgenden Altersstufen dahinter. Die Gleichaltrigen saßen also immer nebeneinander, nur jedes Jahr eine Reihe weiter hinten. Das Klassenzimmer war eigentlich ein kleineres Abbild des Kirchenraumes. Vorne stand der Lehrer oder Pfarrer, vor ihm in Reihen links alles was männlich war und rechts die weibliche Seite. In der Schule die Schulbänke, in der Kirche waren es die Kirchenbänke. In beiden Fällen wanderte man im Laufe der Jahre nach hinten, wobei im Klassenzimmer genau nach dem Alter unterschieden wurde, von der ersten Reihe bis zur sechsten.

Eine große schwarze Tafel lehnte an einem Schragen, ein Gestell aus kreuzweise verbundenen Pfosten und Latten, die ein Andreaskreuz bildeten. Nur der Lehrer schrieb und rechnete auf dieser Tafel mit einer makellos weißen Kreide. Er bemühte sich immer, die Buchstaben und Zahlen ordentlich zu schreiben. Er ließ sich deswegen damit Zeit. Währenddessen blieb uns nur sein leicht gebeugter Rücken zugewandt, der jedem Schüler, zumindest mir, die ganze Hingabe des Lehrers an die Wörter zeigte. An Werktagen sahen wir den Rücken des Lehrers, am Sonntag den des Pfarrers bei der Wandlung. Wie der Pfarrer eine heilige Handlung zelebrierte, so vollführte auch der Lehrer an der Tafel etwas Heiliges, wobei er dies nie so behauptet hätte. Er vermittelte uns aber seine Liebe für das geschriebene Wort und die Welt der

Bücher. Deshalb war er beim Schreiben nie schlampig, nie hätte er sich erlaubt, ein Wort falsch zu schreiben oder auch nur einen Buchstaben nicht gefällig auszuführen. Wenn er mal verrutschte oder ihm etwas misslang, dann war er sofort mit dem Schwamm zur Stelle.

Jeden Morgen beziehungsweise vor einer neuen Schulstunde musste die Tafel abgewischt werden. Dafür gab es den Tafeldienst, den natürlich die Schüler zu verrichten hatten.

Man sah davon ab, gleichaltrige Kinder aus Nachbargemeinden zusammenzufassen, weil damit die Schulwege, die ohnehin schon lang waren, teils noch länger geworden wären. Der Schulsprengel, meist deckungsgleich mit dem Kirchensprengel, orientierte sich an den täglichen Fußwegen der Schüler, insbesondere an eisig kalten Wintertagen, wenn sie durch den hohen Schnee stapfen mussten. Dabei sollte natürlich auch an die körperlich etwas schwächeren *Mädle* gedacht werden, die jahrein, jahraus in Röcken gekleidet waren, im Winter trugen sie darunter einen Unterrock und wollene Strumpfhosen. Ich habe gehört, dass diese schrecklich kratzten, besonders im warmen Klassenzimmer. Die langen Haare wurden oft zu Zöpfen geflochten, die gut in einer Mütze versteckt wurden, damit ja kein Haar nass wurde und gefror.

Es gab im Jahreslauf die Sommerschule und die Winterschule. In der Sommerschule lernte man weniger, weil häufig die bäuerliche Arbeit wichtiger war als in die Schule zu gehen. In der Winterschule von Michaelis bis Pfingsten dagegen wurde manchmal sogar eine weitere Lehrkraft eingestellt. Bei uns gab es einen Mann, der sich in der Schule hervorgetan hatte. Er wurde aber nicht Pfarrer, wie so viele mit guten Schulnoten, sondern blieb im Dorf aus Gründen, die mir nicht bekannt waren. Im Winterhalbjahr, wenn auch er weniger Arbeit hatte, half er mit beim Unterrichten.

Man war in der Werktagsschule an sechs Wochentagen sechs Jahre lang. Anschließend kam die dreijährige Sonntagsschule an den Nachmittagen der Sonn- und Feiertage. Freilich gab es auch Ferien.

Eine Möglichkeit, mit den arg unterschiedlich alten Schülern gleichzeitig umzugehen, war die Stillarbeit. Zum Beispiel wurde zuerst den Älteren etwas beigebracht, die anschließend, als sich der Lehrer den Jüngeren zuwandte, still das Gelernte übten. Immer wieder wurden die älteren Schüler aufgefordert, mit dem was sie bereits gelernt hatten, den Jüngeren zu helfen. Dieser persönliche Unterricht von Kind zu Kind gefiel mir. Dabei hatte mir Sepp, der mich später mit dem Goethegedicht überraschte, wirklich geholfen, auch das kleine Einmaleins besser zu verstehen. Vor allem schätzte ich seine Geduld, wenn der *Groschen nicht gleich fallen* wollte. Später als älterer Schüler bemühte ich mich, so wie der Sepp, auf die Kleineren zuzugehen.

Der Lehrer unterrichtete alle Fächer, außer Religion. Zu diesen Stunden kam der Pfarrer, der auch die Schulaufsicht innehatte, in die Schule. Dann gab es noch eine Handarbeitslehrerin, die von Schule zu Schule reiste und immer nur mittwochs bei den *Mädle* war. Wir Buben hatten währenddessen Werken. Leider war der Bürgermeister nie bei uns im Klassenzimmer. In Vorarlberg sei dies anders, hatte ich gehört. Dort ließ es sich der Bürgermeister nicht nehmen, von den Besonderheiten der Gemeinde oder Stadt zu erzählen. Bei uns übernahm dies der Lehrer. Dennoch wäre es schön gewesen, das gesamte dörfliche Dreigestirn, nämlich Pfarrer, Bürgermeister und Lehrer in der Schule zu erleben.

Wie alle meine Schulkameraden ging ich mit einem kleinen Schulranzen auf dem Rücken zur Schule. Im Ranzen hatte ich meine Schiefertafel zusammen mit einem Tafelschoner, Griffel in einem Griffelkästchen und meistens eine Brotzeit. Außen am Schulranzen baumelte ein Schwämmchen, das zum Abwischen der Tafel nass gemacht wurde, und ein selbstgehäkelter Lappen zum Trocknen. Beides war mit einer Schnur am Holzrahmen der Tafel verbunden. Meine Schiefertafel hatte von Anfang an einen Sprung. Ich konnte mich genau erinnern, wie der Sprung verlief auf der einen Seite mit den Schreiblinien und der anderen nur grauschwarzen Fläche. Mama hatte mir erklärt, eine neue makellose Tafel könne sie sich nicht leisten und tröstete mich gleich mit dem Hinweis:

„Die Tafeln sind bruchempfindlich. Du wirst schon sehen, am Ende des Schuljahres bist du nicht der *Gotzig*, der Einzige, mit einem Sprung in der Tafel." Sie sollte damit Recht behalten. Dieser Tafelsprung erschien mir heute als Sinnbild für meine Schulzeit. Etwas war gebrochen, aber trotzdem in Gebrauch. Andere hatten aus meiner Sicht bessere Voraussetzungen, der Unterricht war aber für alle gleich. Meine Augen und Ohren, um den Ausführungen des Lehrers zu folgen, waren nicht gebrochen! Dennoch wurde ich gehänselt wegen des Sprunges in der Tafel und meiner Herkunft. Letztlich ging ich nicht nur als der kleine *Schorschi* in die Schule, sondern als der *Schorschi*, der uneheliche Sohn einer Magd. Mein Freund Stefan oder *Steffe* war dementsprechend auch nicht nur der Stefan, sondern Stefan, der Sohn des Metzgers.

Der *Steffe* wurde einmal käseweiß im Gesicht, weil er auf eine Frage des Lehrers nicht antworten konnte. Später auf dem Nachhauseweg erzählte er mir, wie ihm in jenem Augenblick zumute war: „Als ob ich auf einer sehr hohen Leiter stünde, welche zu schaukeln beginnt. Eine bekannte Stimme ruft mir zu »Halte dich fest!« Aber ich sehe und taste keine Sprossen mehr, alles um mich wird blau und voll kreisender Sterne. Ich stürze."

Da die Lehrerwohnung im Schulhaus war, kam der Lehrer manchmal mit Hausschuhen ins Klassenzimmer. Er musste ja das Haus nicht verlassen. Gerne trug er seine strenge und gelehrte Miene zur Schau. Er forderte Ordnung und Gehorsam und vermittelte manchmal sein Erstaunen, wie dies nicht allen selbstverständlich klar sein konnte. Er war aber gerecht in dem Sinne, dass er es nicht nötig hatte, einen Schwachen unter den Schülern ausfindig zu machen und daran ein Exempel zu statuieren. Ich lernte gern und hing an seinen Lippen, trotz der Bestrafungen.

Später hatten wir ein Fräulein, die in einer Wohnung im *Meßmerhaus* wohnte. Wenn jemand im Dorf sagte, das Fräulein hätte dies und das gesagt, dann war jedem klar wer gemeint war, nämlich die Lehrerin, die nicht heiraten durfte. Ich mochte die Stimme des Fräuleins, ihre mit reichem und stimmigem Gefühl vorgetragenen Schilderungen. Sie forderte unbedingte Disziplin, auch wenn sie als eher zierliche Person kaum zuschlug. Ihre Kopfnüsse mit ihren harten Knöcheln waren aber dennoch gefürchtet. Wenn sie merkte, dass ihre Autorität auch nur ansatzweise in Frage gestellt wurde, dann drohte sie uns mit dem Lehrer oder Pfarrer. *„Mueß i denn ersch no de Schteacke us'm Pfarrhof ku long?"* Muss ich denn erst noch den Rohrstock aus dem Pfarrhof kommen lassen?, hörten wir sie drohen. Es war, wie mir Steffe bestätigte, wie in einer Familie. Auch seine Mutter warnte die heranwachsenden Söhne mit: *„Wart no bis dr Babba hui kut!"*

So saßen wir Kinder schüchtern und eingezwängt, weniger von der räumlichen Enge des Klassenzimmers, als von der ungeheuren Macht, die vom Lehrer ausging. Zudem wurde uns allen von den Eltern eingebläut, ja keine Schande zu machen. Dementsprechend waren wir weit davon entfernt aufsässig zu werden. Natürlich verglichen wir Schüler uns auch untereinander. Das Raufen war die direkte Art und Weise, mit dem Lernen kam eine ganz neue Form des Vergleichens. Wer war der Beste unter den Gleichaltrigen? Fast interessanter war die Fragestellung in die andere Richtung: Wer war der *Allerärgscht*?, der *Mindscht*?

Der *Allerärgscht* fiel durch sein Verhalten auf. Demgegenüber zeigte man sich meist nachsichtig, weil man wusste, dass er nicht dumm war. Dagegen war z.B. der Ausdruck *allerärgschter Schlamper* eindeutig ablehnend gemeint. Der Vergleich der Noten offenbarte wer der *Mindscht* war. Eigentlich konnten wir in beiden Fällen die Benennung des jeweiligen Schülers immer dem Lehrer überlassen.

Hier auf dem Land gab es Schulgärten, weil die Lehrer vom Staat nur schlecht bezahlt wurden. Die Gemeinde hatte einen solchen Garten bereitzustellen, damit die Lehrkräfte diesen selbst bestellen konnten. Darüber hinaus gab es immer wieder Aufforderungen an die Familien der Schüler, Eier, Käse oder andere Lebensmittel abzugeben.

In diesem Garten wurde an geeigneten Tagen auch unterrichtet. Wir lernten dort wie man Jungpflanzen nachzieht, wie man Bäume veredelt oder schneidet.

Grundvoraussetzung für äußere und innere Disziplin der Schüler war das ruhige und vor allem *richtige Sitzen*. Der Lehrer achtete streng darauf, es gab ja auch das *falsche Sitzen*. Als richtig galt, wenn der Rücken kerzengerade aufgerichtet wurde und die Füße mit ihrer ganzen Sohle auf Boden oder Fußbrett ruhten. Für eine gesundheitsgerechte Schreibhaltung sollte immer ein unbenutzter Bleistift zwischen Kinn und Tisch passen. Hielt der Lehrer einen Vortrag, mussten wir die Arme verschränken oder nach Anweisung die Hände auf dem Tisch ablegen. Letztlich drehte es sich immer wieder um die Tugenden Gehorsam, Fleiß, Ordnung und Sauberkeit, die den Kindern in der Schule beigebracht werden sollten. Und bei Verstößen gab es harte Strafen, wie Ruten- und Stockschlägen, Handtatzen, Kopfnüsse oder Ziehen an den Haaren. Einmal wurde auch ich durch das Klassenzimmer gezogen, der Grund dafür war mir inzwischen entfallen, ich erinnerte mich aber daran, dass der Lehrer bewusst meine Schläfenhaare, nicht die Kopfhaare gepackt hatte, weil es ja richtig weh tun sollte.

Eine besondere Form der Bestrafung war das Umsetzen eines Schülers auf eine *Mädle*-Bank. In die andere Richtung, also ein *Mädle* zu den Buben zu setzen, habe ich nicht erlebt. Einmal wurde ich zur Strafe nach links beordert, über den Mittelgang auf einen freien Platz neben einem Mädchen. Was war schlimmer, körperlich geschlagen zu werden oder auf diese Weise öffentlich gedemütigt zu werden? Das *Mädle*, eine der vielen Agathe, gab mir gleich zu verstehen wie unangenehm ihr meine Anwesenheit war. In ihrem Blick steckte auch die Frage: „Was habe ich denn verbrochen, dass ausgerechnet ich ausgewählt wurde, neben dir sitzen zu müssen?" Die meisten Burschen ergötzten sich an meiner Bloßstellung. Bei den *Mädle* sitzen zu müssen war wie der Verlust meiner Identität als heranwachsender Mann, als ob mir öffentlich mein Zipfel abgeschnitten worden wäre. Und der Pfarrer, der mich dazu zwang, wusste genau was er anrichtete. Um die größtmögliche Wirkung zu erzielen, durfte er diese Bestrafung nur nicht zu häufig anwenden.

Im Zeugnis kam die Religion an erster Stelle. In diesem Fach wurden hauptsächlich Geschichten von Menschen erzählt, die etwas mit Gott erlebt hatten. Wie Moses zu den zehn Geboten kam, eine Begebenheit von Petrus und Jesus, die Gleichnisse und vieles mehr. Zunächst ging es darum, diese Geschichten überhaupt zu kennen, anschließend wurde darauf aufgebaut. In diesem Sinn, durch viele Geschichten aus einer anderen Zeit, bin ich durchaus etwas gebildeter geworden.

An zweiter Stelle stand im Zeugnis das Lesen. Im Laufe der Jahre etwas verschieden und jeweils mit einer Note, kamen Deutscher Sprachunterricht, Schönschreiben, Rechtschreiben, Schnellschreiben und Aufsatz. Mündliches Rechnen (Kopfrechnen) und schriftliches Rechnen wurden alljährlich benotet. Des Weiteren gab es schriftliche Bewertungen zu: Gedächtnisübungen, Gemeinnützige Kenntnisse, Fleiß, sittliches Betragen und Geistesgaben. Letzteres sollte besondere Begabungen und Talente, vielleicht sogar christliche Geistesgaben im Blick haben. Bei mir stand hier immer nur ein kleines Wörtchen, nämlich „viele".

Ich fragte mich, was ich bislang an Bildung mitbekommen hatte. Allgemeinbildung und Gelehrtheit erschlossen sich mir immer mehr als verlockend und verheißungsvoll in dem Maße, wie ich deren Mangel bei mir feststellte. Warum hatte ich, abgesehen von Religion, bislang so wenig davon gehört oder mitbekommen?

Mein landwirtschaftliches Fachwissen ergab sich wie von selbst aus der täglichen Arbeit. Welche Bildung hatte ich darüber hinaus? Ich musste mir eingestehen, nur auf sehr wenig schauen zu können. Vieles ergab sich mehr oder weniger aus Zufall. *„Bildung? Brauch i it"*, würde so mancher sagen. Doch dies war mir zu einfach. Elisabeth hatte von Kant erzählt, das war schon sehr beeindruckend, weil sein Gedankengut so anders war als von anderen Menschen. Wer lehrte mich schon meinen Verstand zu gebrauchen, Mut zu haben und unabhängig zu werden?

17

Vaduz, Liechtenstein, Freitag, den 24.06.1887
Maienfeld, Schweiz, Samstag, den 25.06.1887

Es regnete leicht als ich in Vaduz ankam. Der erste Eindruck des Hauptorts von Liechtenstein enttäuschte mich. Schmutzige Straßen, heruntergekommene, meist einstöckige Häuser. Insgesamt ein düsterer Eindruck. Ich hatte mehr erwartet, besonders im Vergleich zu den mir bekannten Städten, wie Wangen, Isny, Lindau und seit kurzem Bregenz. Trotz des Regens hing immer noch Wäsche an Seilen, die über die Gassen gespannt wurden. Die Wäsche sah aus wie Fetzen eines gescheiterten Lebens. Vieles an den Häusern gehörte ausgebessert oder am besten gleich neu gebaut. Kaum ein Haus hatte zwei Stockwerke. Das Handwerk und der Handel mit Nachbarn schienen hier kaum zur Entfaltung zu kommen.

Ausgerechnet hier hatte ich meinen ersten Einsatz als Zimmerer. Als ich den Ort fast schon wieder verlassen hatte, entdeckte ich eine Baustelle, wohl die einzige weit und breit. Ich überlegte schon, ob und wie ich die Baustelle weiträumig umgehen konnte, als ich angesprochen wurde. Ein etwas älterer Mann redete auf mich ein in einer Sprache, die ich kaum verstand. Was er von mir wollte, war aber schnell klar, nämlich auf der Baustelle zu arbeiten. Offenbar wurde ich bereits als Handwerker erkannt. Schließlich begleitete ich den ständig quasselnden Mann zu dem halb fertigen Haus. Dort angekommen wurde ich eigentlich nicht begrüßt, sondern gleich direkt zum Anpacken aufgefordert. Keiner wollte wissen wie ich heiße und woher ich komme, keiner fragte mich nach meinen fachlichen Kenntnissen, stattdessen hatte ich das Gefühl, eine Art Bringschuld erfüllen zu müssen. Es galt, Dielen als Boden einzusetzen und später die verbliebenen Hölzer für die Decke zu verwenden. Ich machte mit und spielte meine Rolle. Mit den Dielen zu hantieren war für mich kein Problem und eh ich mich versah, war ich mitten in der

Arbeit. Es lief besser als gedacht, so dass ich mich fragte: Was genau war eigentlich meine Angst?

Die Vorstellung, jemand käme auf mich zu und sagt: „Da schau mal einer an. Das ist doch der Schorsch, der Feuerteufel von dem Hof bei Opfenbach, der erst vor ein paar Tagen abgebrannt ist. Was machst du denn hier, in einem anderen Land? Seit wann bist du denn ein Zimmerer? Meinst du wirklich du kommst damit durch?" Mit diesen Worten würde ich vor allen Leuten als Betrüger entlarvt und bloßgestellt werden. Meine unrechtmäßige Kluft würde mir vom Leib gerissen werden. Ich wäre völlig hilflos vor den Leuten. Deren Lächeln würde zeigen, dass sie mich durchschaut haben und deshalb verspotten. Jemand käme zu mir, nimmt meinen roten Unterarm und streckt ihn für alle sichtbar hoch. „Ich rieche es", würde er sagen, „er riecht noch nach Rauch! Nach Feuer!" In den Blicken derer, die mich vor sich hertreiben, würde ich eine Enthemmung wahrnehmen, weil sie wieder jemanden gefunden haben, auf den sie eindreschen dürfen. Ich wäre der Verräter in den eigenen Reihen, der Sündenbock. Schuld würde mir zugeschoben werden, Schuld für den abgebrannten Hof, den Tod der Bauersleute und sogar noch mehr. Diese Schuld ist so drückend, dass die Leute einen Kreis um mich bilden und mich schließlich von allen Seiten durchbohren und erdrücken.

Nichts von all dem, nicht mal ansatzweise, erlebte ich hier. Stattdessen blickten mich die Leute hier immer mehr bittend an. „Bitte hilf uns, wir kommen selbst nicht zurecht. Du bist doch vom Fach. Du kannst Sachen machen, die wir nicht können", sprach aus ihren Blicken. Verrückte Welt! Die Leute schienen einen Retter zu brauchen, Jemanden, dem sie nur allzu gern alle Probleme zuschieben konnten. Dabei würden sie anschließend, wenn dieser Erretter doch versagen sollte, behaupten: „Wir haben mit dem nichts zu tun, ganz bestimmt nicht!" Mit diesen Eindrücken tat ich das, was einen Zimmerer ausmacht, nämlich mit Holz umzugehen, nicht mehr, aber auch nicht weniger. Rückblickend gesehen konnte mir eigentlich nichts Besseres passieren als meinen ersten Einsatz als Zimmerer bei Leuten zu haben, die offensichtlich selbst

Probleme hatten und wegen eigener Not sehr mit sich selbst beschäftigt waren. In deren Gesellschaft konnte ich mich ziemlich sicher fühlen, weil sie sich für die Herausforderungen anderer Leute kaum interessierten.

Da keine Kirchenglocken zu hören waren, hatte ich die Befürchtung, an diesem langen Junitag würde bis zur Abenddämmerung gearbeitet. Der Feierabend kam aber früher. Als das Baumaterial ausging, wurde es wieder still auf der Baustelle. Mir wurde erklärt, der Bau müsse ruhen, weil es nicht genügend Dielen gäbe. Das von Wäldern umgebene Vaduz hatte nicht genügend Holz für die wohl einzige Baustelle des Ortes! Ich schaute nur etwas verwundert, sagte aber nichts, denn immerhin konnte ich die anstrengende Arbeit beenden. Es waren keine besonderen Kenntnisse als Zimmerer nötig gewesen, was mir nur recht war. Zudem schien keiner am Ende des Arbeitstages auch nur irgendeinen Zweifel zu haben, dass ich tatsächlich nicht vom Fach war. So gesehen war ich zufrieden. Ich hatte erwartet, nun Aufmerksamkeit zu bekommen, immerhin hatte ich an deren Bau mitgeholfen. Stattdessen fühlte ich mich wie ein Knecht, der seine Schuldigkeit getan hatte, dem man somit auch nicht zu danken hatte. Ich hatte *herheben müssen,* weil ich einfach gerade da war. Da ich keinen Vorarbeiter ausmachen konnte, wandte ich mich an die Gruppe der anderen Arbeiter. Erst als ich auf meine Bedürfnisse nach Nahrung und Unterkunft hinwies, wollte man sich mit mir beschäftigen. Hätte ich nicht in einem fordernden Ton gesprochen, so schien mir, wäre ich übersehen worden. Nach etwas Gemurmel und Gebrummel unter den Arbeitern wurde ich doch noch aufgefordert, einem Mann zu folgen. An einer armseligen Behausung angekommen, bekam ich tatsächlich eine Suppe zu essen und einen Platz für die Nacht. Viel mehr war es nicht. Der Mann und überhaupt alle, die mit dem Bau zu tun hatten, verwunderten mich. Es war schwierig zu beschreiben, auf alle Fälle sprach eine Art Unsicherheit und Gehetztheit aus ihrem Verhalten und ihren Blicken. Keiner schien in sich zu ruhen und selbstsicher seiner Umwelt mitzuteilen: Mir geht es gut! Wenn mir überhaupt in die Augen geschaut wurde, dann meinte ich eine Art Angst oder vielleicht schon beginnenden Wahnsinn zu entdecken. In meinem bisherigen Leben als uneheliches Kind und später als Knecht, somit eigentlich immer ganz unten in der Gesellschaft angesiedelt, war ich schon allerlei Nöten begegnet. Manches traf mich selbst, anderes erlebte ich als Zuschauer. Ich hatte die nackte Angst in den Augen eines Anderen schon mal gesehen, doch hier war es nochmal anders. Es war Furcht mit einem irrlichternden Blick, Angst, die es schon aufgegeben hatte, auf eine Erlösung zu hoffen. Und dies nicht nur bei einem Einzigen, sondern eigentlich bei allen! Wie konnte das sein?

Zunächst wollte ich mit diesen Erfahrungen Abstand gewinnen und war ganz froh, einigermaßen gesättigt die Nacht hereinbrechen zu sehen.

Am nächsten Tag wurde ich aufgefordert, wieder zur Baustelle zu gehen, da ein neuer Arbeitstag beginne. Als ich dort ankam, ruhte die Arbeit wegen Mangel an Baumaterial. Dies war schon seit gestern bekannt. Als ich einen Bauleiter oder ähnliches suchte, wurde ich wieder nicht fündig. Ich überschlug meine Möglichkeiten. Nach einem Eintrag im Wanderbuch brauchte ich gar nicht zu fragen, zu tun gab es offensichtlich auch nichts und von einer Lust zu bleiben konnte keine Rede sein. Also weg! Kurzerhand packte ich meine wenigen Sachen und zog davon. Bei der Verabschiedung bekam ich nur Blicke der Umstehenden, nicht mal ein einziges Wort wollte aus deren Mündern kommen.

Als ich Vaduz hinter mir gelassen hatte, blieb ich stehen und schaute zurück. Ich spürte ein Bedürfnis, wegen des dort Erlebten nochmal nachzudenken. Meine Eindrücke verlangten eine gewisse Verarbeitung, zumindest eine Einordnung. Über der Gemeinde Vaduz ragte eine Festung, das Schloss Vaduz, über hundert Meter über dem Tal. In dieser atemberaubenden Lage auf einer kleinen Felsterrasse schaute es, am Ende fast senkrechter Berghänge, hinunter auf das Rheintal. In meiner Vorstellung flog ein mächtiger Adler aus seinem sicheren Adlerhorst regelmäßig hinunter in das Dorf und holte sich was er brauchen konnte. Die Krallen des Adlers pflügten förmlich durch die Siedlung, ohne auf die verursachten Schäden bei den Menschen zu achten. Warum auch? Ein Adler ist ein Adler! Das Land und alles darin gehörte ihm, die ganze Kraft des Landes ist demzufolge sein rechtmäßiges Eigentum! Es ging darum, allen Reichtum an einem einzigen Punkt anzuhäufen, dort wo eh schon viel Reichtum war, sollte noch mehr Reichtum sein. Der Fürst sollte dadurch noch größer und deshalb noch mehr verherrlicht werden. Der hiesige Adler, der Fürst, hatte sich schließlich mit anderen Fürsten zu vergleichen, und nur mit denen. Standesgemäß hatte der über allem Stehende überhaupt keine Berührung mit seinen Untergebenen, ganz zu schweigen von einer persönlichen Bekanntschaft. Dafür gab es beauftragte Vögte, zu deren Aufgaben es auch gehörte gnadenlos zu sein. Was kümmerte ihn also das Wohlergehen der Menschen unter sich? Die Leute in Vaduz waren Christen; genügte das nicht? Ich hätte gerne gewusst, ob derartige Fragen den Fürsten beschäftigten. Dabei stellte ich mir nur vor, wie er gut gesättigt in einem großen, reich geschmückten Ohrensessel saß, ein Buch in der Hand mit dem Titel: „Was mancher gerne wissen möchte."

Auf einem Dach entdeckte ich ein christliches Kreuz, wahrscheinlich über einer eigenen Kapelle. Dort wurden bestimmt Gottesdienste nur für den eng begrenzten familiären Kreis abgehalten. Auch in religiöser Hinsicht durfte der Fürst nicht zu kurz kommen, vielleicht hatte er auf der Burg sogar einen eigenen Pfarrer. Wer weiß? Ich konnte mir nicht vorstellen, dass sich ein Volk, unter einem solch uneingeschränkt Herrschenden, weiterentwickeln konnte. Deshalb wanderte ich nun schnell weiter, mit der Hoffnung in Südtirol bessere Verhältnisse anzutreffen.

Von Nord nach Süd, vom Unterland der Rheintalebene bis zum Oberland bei Balzers war der Höhenunterschied kaum spürbar, die mächtigen Berge der Alpen ragten aber immer deutlicher empor. Nach Balzers, inmitten von Kiefern, hatte ich mich schon weit vom Rheinufer entfernt, da sich der Fluss nah um das mächtige Ellhorn schmiegte. Es gab auch keinen anderen Weg nach Süden, als über den St. Luzisteig. Diese

Passstraße gehörte bereits zum Kanton Graubünden in der Schweiz. Hier hatte ich wieder einen Meilenstein erreicht. Nach Österreich, Schweiz und Liechtenstein mein drittes Land innerhalb weniger Tage.

Am Grenzübergang zur Schweiz schien sich niemand für mich zu interessieren. Keiner hatte mich bislang mit dem brennenden Hof in Verbindung gebracht. Die Leute hier kannten wahrscheinlich weder den Ort Opfenbach noch diesen einen Hof. Es war also richtig, mich räumlich zu entfernen. Zudem verschaffte mir die Zeit, die ohnehin von selbst verging, eine immer größer werdende Distanz. So konnte ich recht zufrieden sein und mich sicher fühlen. Meine Gefühlswelt wollte dies jedoch nicht richtig glauben. Erst als ich meine Erkenntnisse ein paarmal wiederholte, auch laut, spürte ich, wie ich mich besser fühlte. Mein Wille konnte wieder einmal mein von Natur aus eher ängstliches Wesen steuern. Bis zu einem gewissen Grad war dies möglich, das zeigte meine Erfahrung der letzten Jahre. Freilich sah ich mich immer noch vielen Unwägbarkeiten gegenüber, umso dankbarer nahm ich wahr, wie der Wind mich von hinten anblies. Sagte man Rückenwind oder besser Aufwind? Hier in den Alpen fand ich das Wort Aufwind schöner. Ein Aufwind sollte mich am besten über die Alpen tragen!

Der Weg nach St. Luzisteig wurde steiler, mit einigen Kehren musste ein Höhenunterschied von gut 200 Metern überwunden werden. Nach dem Pass folgte nach einem Waldstück ein Südhang. Hier sah ich zum ersten Mal in meinem Leben einen Weinberg. Die Sonne durchflutete die sehr gepflegten Flurstücke. Die Weinstöcke standen in schnurgeraden Reihen, wie die Apfelbäume am Bodensee, nur viel enger. Die Reben waren zu erkennen, die Trauben jahreszeitgemäß noch grün. Es gab so viel zu entdecken, dafür nahm ich mir die Zeit und lehnte mich an eine Steinmauer, die den Weinberg einfasste. Ich beschäftigte mich mit Fragen wie: Wann wird die Ernte sein, was genau geschieht dabei und wie werden die Trauben verarbeitet? Am liebsten wäre ich noch geblieben, um alles miterleben zu können.

An einem Samstag, spät nachmittags, erreichte ich das Weinbaustädtchen Maienfeld. Ich ging auf die Ortsmitte zu und hoffte jemand zu treffen, der mich aufnehmen konnte, zumindest für eine Nacht. Dieses Örtchen unterschied sich deutlich von Vaduz. Alles schien besser gebaut, vielversprechender angelegt und insgesamt wohnlicher.

Die Hauptstraße führte mich bald zu einem länglichen zentralen Platz, das *Städtli*. Die Entstehung dieses Platzes war offensichtlich: Man ließ zu beiden Seiten der Straße einfach etwas mehr Platz bis zur ersten Hausmauer. Enge Gassen zweigten seitlich zu beider Seiten ab. Der Platz gefiel mir. Am Rand eines Brunnens ruhte ich mich etwas aus.

An der Hauswand neben dem Brunnen, in etwa fünf Metern Höhe, gab es eine Sonnenuhr, auf der geschrieben stand: „*1721. Meine Zeit stehet in Deinen Händen. Ps 31.*" Ein Vers aus den Psalmen, den ich auch schon mal gehört hatte. Auf dem Rathaus gegenüber konnte in etwa sieben Metern Höhe gelesen werden: „*Nütze die Zeit.*" Für mich waren diese beiden Sprüche an den Wänden wie ein Zwiegespräch zu einem interessanten Thema, die Zeit. Über die Straße hinweg wurde eine religiöse Betrachtung mit einer eher irdischen Aufforderung besprochen. Das war eine Steilvorlage für meinen Geist, der sich gerne mit Fragen beschäftigte wie: Wohin führt uns die Zeit? Hat die Zeit Anfang und Ende? Wohin geht die vergangene Zeit? Als ich so innerlich angeregt am Brunnen stand, stellte ich nach einiger Zeit fest, dass die beiden Sprüche eigentlich auf derselben Höhe geschrieben standen. Der Platz lag an einem Hang und das Rathaus stand etwas tiefer. Hätte man eine riesige Wasserwaage nehmen können, über den ganzen Platz hinweg, würde wohl bewiesen werden, dass die beiden Sprüche auf derselben Höhe liegen, wohl auch übertragen im geistigen Sinne. Hatten die Erbauer sich das genau so überlegt? Sollte genau diese Botschaft der Gleichheit, auch bei unebenem Gelände, vermittelt werden?

Inzwischen hatte ich gelernt auf meine Kluft zu vertrauen, weil eigentlich alle Menschen mich zuerst als Zimmerer ansahen, erst später, wenn überhaupt, war ich als Schorsch von

Bedeutung. Genauso sollte es auch sein. Ein Zimmerer auf der Walz mit einer persönlichen Geschichte, die überhaupt niemanden interessiert, lehnte hier und jetzt an einem Brunnen in der Mitte eines Ortes und anhand der Kluft wissen die allermeisten Leute Bescheid. Somit war Warten angesagt, bis vielleicht eine Hausfrau nach ihrem Einkauf einen Nachbarn auf mich aufmerksam machte hatte oder ein vorbeigehender Mann wusste, wo Arbeiter gesucht wurden. Wichtig war, nicht wie ein Bettelnder umherzuschleichen, sondern sich nur öffentlich zu zeigen. Je weniger ich tat, umso mehr wirkte ich als richtiger Zimmerer. Mit einem Messer herumzuschnitzen, um auf Holz und die Zimmerei aufmerksam zu machen, wäre ins genaue Gegenteil umgeschlagen. Also lehnte ich nur am Brunnen und achtete darauf, nicht zu lange auf den Boden zu schauen. „Sehen und gesehen werden", machte ich mir klar. Dies galt grundsätzlich und insbesondere hier in der Ortsmitte.

18

Maienfeld, Sonntag, den 26.06.1887

Der Sonntag ist ein Ruhetag und normalerweise geht man vormittags in die Kirche. So war es auch in der Schweiz und wahrscheinlich in der gesamten christlichen Welt, wie weit diese auch reichen mochte.

Wie erwartet dauerte es gestern nicht allzu lange bis ich angesprochen wurde. Ein ortsansässiger Kaufmann erklärte, er sei auch Bauherr und suche nach geeigneten Arbeitskräften. Auf diese Weise kam der passende Deckel auf den Topf, wie man so schön sagte. Mein neuer Arbeitgeber quartierte mich sogar erfreulicherweise in einem Anbau seines ansehnlichen Kaufmannshauses ein.

Auf dem gemeinsamen Weg zu Maienfelds Amanduskirche war die Frau meines Gastgebers sehr auskunftsfreudig. Sie erzählte mir fast die ganze Geschichte dieses evangelisch reformierten Gotteshauses im barocken Baustil. Benannt wurde diese Kirche nach Amandus, einem Heiligen aus dem vierten Jahrhundert, der zudem der erste Bischof von Straßburg gewesen war. Ich zeigte mich als interessierter Zuhörer. Schließlich war mir sehr daran gelegen, nicht den Eindruck zu erwecken, ich sei unhöflich oder gar undankbar. Deswegen verzichtete ich auch auf den Hinweis zur Kirchengeschichte, wonach der Luther erst im sechzehnten Jahrhundert am Werk war. Amandus lebte viel früher, somit war er folgerichtig ein Katholik! Damals gab es noch keine Kirchenspaltungen, weder evangelisch, noch reformiert oder beides.

Trotz der vielen erhaltenen Informationen verwunderte mich die Amanduskirche, als ich sie betreten hatte. Altar und Taufstein befanden sich in der Mitte. Zudem waren die Bänke von zwei Seiten auf die Mitte hin angelegt, so dass sich die Kirchgänger Angesicht zu Angesicht gegenübersaßen. Dies verwirrte mich vollkommen. Die eine Hälfte des Ortes schaute während der Versammlung die andere an und das nannte sich Gottesdienst! Diese sogenannte Querschiffkirche mit ihren äußerlichen Besonderheiten machte mich voreingenommen und beschäftigte mich mehr als alles andere. Den Gottesdienstbesuchern schien es weniger auszumachen, wahrscheinlich waren sie es einfach so gewohnt. Der Pastor sprach in schweizerdeutsch, deshalb verstand ich ein paar Sätze, aber längst nicht alles. Er predigte viel länger als ich es von zuhause her gewohnt war.

Das Ehepaar, das mich eingeladen hatte, saß in einer vorderen Bank, wahrscheinlich auf dessen angestammten Platz. Die Sitzordnung schien nicht zufällig zu sein, das zeigte mir die Art und Weise wie sich die Kirchenbesucher auf ihre Plätze zubewegten. Offensichtlich gab es Sitzreservierungen, dennoch waren Lücken in den Reihen auszumachen. Ich stellte mir vor, wie so ein unbesetzter Platz, sogar zwei bei einem Ehepaar, ganze Geschichten erzählen konnte. In manchen Fällen war es bestimmt viel besser, seinen Platz einfach einzunehmen als seinen leeren Platz der Gemeinschaft zu zeigen und auf diese Weise das Gerede anzuheizen.

Ich saß auf einem der hinteren Plätze neben anderen Männern. Hier gab es keine feste Sitzordnung. Als ich mir einen ausgesucht hatte, kam niemand, der Ansprüche darauf erhob. Der Kircheninnenraum war gerade wegen des bewussten Verzichts auf Bilder und Schmuck etwas ganz Besonderes. Es hätte ja nicht an Geld gefehlt, nein, man wollte diese Schlichtheit, um alle Aufmerksamkeit auf das erhabene Predigerpult zu richten. Das Wort Gottes und die Predigt sollten im Mittelpunkt stehen. Auf der linken Seite vorne war eine gut sichtbare, schmucklose Tafel mit größeren und daneben kleineren Zahlen in fünf Zeilen. Während des Gottesdienstes blieben die Zahlen unverändert, hätten aber leicht ausgetauscht werden können. Damit wusste ich zunächst nichts anzufangen, bis mir nach einigen gesungenen Liedern die Einsicht kam, dass sich die Zahlen nur von Sonntag zu Sonntag änderten. Die Tafel zeigte die Liednummern mit den dazugehörenden, klein geschriebenen Strophen.

Die Äußerlichkeiten des Kirchenraumes beschäftigten mich wohl mehr als von den Erbauern beabsichtigt. Die Orgel auf einer Empore hinter dem Predigerpult war bestimmt nicht billig in der Anschaffung gewesen. Die Gemeinde hatte wohl an Bildern und Statuen gespart, um sich eine teure Orgel zu leisten. Dies reimte ich mir zurecht, ob dies wirklich richtig war, konnte ich natürlich nicht sagen. Alles sah sehr ordentlich aus, die Bänke stabil gebaut und überhaupt waren alle Holzteile kunstfertig verbaut.

Die Predigt dauerte länger als meine Beschäftigung mit dem Kirchenbau. Wegen dem langen Sitzen müssen begann mein Geist mit mir auf Reisen zu gehen. Meine Sitznachbarn und das, was augenscheinlich zu erkennen war, gaben die Vorlage für ganze zusammengedichtete Lebensgeschichten. Schon die Kleidung ließ deren gesellschaftliche Einordnung erkennen, hinzu kamen bestimmte Gesten, sowie die Art, die lange Predigt zu erdulden. Meiner Erfindungsgabe genügten viele kleine Einzelheiten, diesem Nachbarn heimlich ein bedrücktes Leben anzudichten und bei einem anderen ein glückliches Leben zu erzählen. Natürlich wusste ich nichts von meinen Nachbarn. Woher auch? Ich sprach kein einziges Wort mit denen, auch nicht nach dem Gottesdienst. Wenn wir auch nur ein paar Worte gewechselt hätten, dann wäre bestimmt mein inneres Bild von Jemandem, meine ganze erdichtete Person, schlagartig zusammengebrochen.

Nach dem Gottesdienst wurde ich von dem Ehepaar sogar zum Mittagessen eingeladen. Das war mehr als ich erwartet hatte, weil ich als Durchreisender nur ein Gast in diesem Hause war. Am Montag sollte ich als der Zimmerer Xaver zu arbeiten beginnen. Doch zunächst bot mir dieser Mittag einige Besonderheiten. Es gab tatsächlich einen eigenen Raum nur für das Essen. Bislang war ich es gewohnt, an einem Tisch zu sitzen, der direkt in der Küche stand. Das war so bei meiner Mutter, bei den Bauern und auch bei Anton. Doch hier stand einfach mehr Geld zur Verfügung. Ich bekam einen Platz an einem großen Tisch mit teurem, einheitlichem Geschirr. Es war nicht nur ein Tisch, es war eine Tafel! Solch einen Reichtum hatte ich noch nie gesehen. Verhielt ich mich überhaupt angemessen in diesem wohlhabenden bürgerlichen Haus? Unsicher und etwas eingeschüchtert saß ich auf meinem Stuhl, als ein leckerer Braten aufgetischt wurde. Wann hatte ich zuletzt Fleisch gegessen? Die Antwort fiel mir nicht gleich ein, wahrscheinlich einmal zu Ostern, auf alle Fälle war es sehr lange her.

Die Gastgeber verstanden es, mich in eine angeregte Unterhaltung einzubinden. Meine Erlebnisse auf der Walz und die Besonderheiten der jeweiligen Landstriche waren mein Beitrag zum Gespräch. Während ich so redete wunderte ich mich, wie wenig ich mir selbst als Lügner vorkam. Wahrscheinlich lag es an meinen längeren Ausführungen zu Land und Leuten und weniger zum Handwerk. Hinterher wurde mir klar, wie ich aus Selbstschutz, ohne eine bewusste Entscheidung zu treffen, Schwieriges einfach wegließ und auf allgemeine Beredsamkeit vertraute. Jedenfalls gab es zwar interessierte, aber keine zweifelnden Fragen zu meiner Person. Und ich fühlte mich gut, war angenehm gesättigt und genoss den interessanten Austausch.

Mir war nicht entgangen, dass vor allem die Frau gerne von ihrem Glauben sprach. So fragte ich sie:

»Gibt es die evangelisch-reformierte Kirche auch in Liechtenstein oder in Vorarlberg?«

»Die evangelisch-reformierte Kirche hier ist schon eine Schweizer Besonderheit. Sie geht zurück auf die Reformatoren Zwingli in Zürich und Calvin in Genf.«

»Ist nicht Liechtenstein von hier nur ein paar Meter entfernt? Dort sind mir keine Besonderheiten bei den Kirchen aufgefallen.«

»Die katholische Kirche ist dort sogar die Landeskirche. Dafür haben die herrschenden Fürsten über Jahrhunderte gesorgt. Es ging sogar soweit, dass der Fürst Hochzeiten mit Nichtkatholiken grundsätzlich verboten hatte.«

»Immer wieder diese Fürsten! Man muss sich schon fragen was diese denn überhaupt Gutes in die Welt gebracht haben?«

»Es gibt auch gute Beispiele. Als Luther mit Rom gebrochen hatte, sollte er an das Ketzergericht ausgeliefert werden. Doch der herrschende Friedrich der Weise von Sachsen hatte ihn bei sich auf der Wartburg versteckt.«

»Und deswegen haben wir jetzt zwei christliche Kirchen, oder drei, oder wie viele?«

»Diese Entwicklung wäre eh nicht aufzuhalten gewesen. Es geht einfach um die Rückbesinnung auf das Wort Gottes, die Bibel!«

»Die Bibel haben die Katholischen doch auch…«

»Die römische Kirche hat als Quellen der Offenbarung aber auch noch die Tradition, den Papst und das kirchliche Lehramt.« Ich spürte wie der Verlauf des Gespräches in mir Unbehagen auslöste. Die Frau war mir rein wissensmäßig überlegen, das war aber nicht weiter schlimm. Doch sollte ich jetzt den Papst oder den Katholizismus verteidigen? Eher nicht, deshalb versuchte ich das Gespräch auf sachlichere Themen zu lenken:

»Eure Kirche als Bau ist mir heute schon sehr aufgefallen.«

»Wegen dem radikalen Verzicht auf Bilder und einem Altar?«

»Das auch. Noch mehr verwundert hat mich die Anordnung der Bänke. Ich kannte es bislang nur so, dass man nach vorne zum Altar schaut.«

»Ja, ich weiß, traditionell sind die Kirchen geostet, in Richtung Jerusalem, das von hier aus eigentlich im Südosten liegt. Uns geht es darum, unser Glaubensverständnis auch baulich auszudrücken. Die Anordnung der Bänke soll nur den Grundsatz vom „Priestertum aller Gläubigen" ausdrücken. Es soll ja keine Trennung von geistlichem und weltlichem Kirchenraum mehr geben. Das ist eine der Errungenschaften der Reformation.«

Da war es wieder deutlich, dieses besondere Gefühl seit ich heute die Kirche betreten hatte und nun verstärkt durch das Gespräch zu Tisch. Da war zunächst mein Mangel an Wissen bezüglich der Unterschiede zwischen evangelischem und katholischem Glauben. Zudem wurde gemäß meiner Erfahrung im Allgäu, in Wangen und auf dem Land, meist nur schlecht über die Evangelischen gesprochen. Ketzer und Kirchenspalter waren dabei noch die harmloseren Worte. Am eindrücklichsten hierzu war für mich ein Kirchengemälde mit Himmel, Fegefeuer und Hölle in drei Stockwerken übereinander. Das Gemälde brauchte keine erklärenden Worte. Das dargestellte Leiden in der Hölle und die über den Menschen wirkenden teuflischen Kräfte waren so schrecklich, dass dem Betrachter eigentlich gar keine Wahl blieb. Welcher Mensch würde sich freiwillig für diese ewigen Qualen entscheiden? Richtig Angst machte mir aber die Aussage eines Kirchenmannes, indem er mir erklärte: „Dort unten schmort der Luther in der Hölle. Siehst du ihn? Unten rechts ist er." Erst nach einiger Zeit konnte ich darüber etwas sachlicher nachdenken und es wurde mir klar, dass die etwa hundert Personen auf dem Gemälde rein zahlenmäßig gar nicht stimmen konnten, weil ja bestimmt schon viel mehr Leute gestorben waren. Darauf aufbauend festigte sich in mir eine Überzeugung, dass er sehr wahrscheinlich gar nicht in der Hölle schmorte, weil er ja nur eine etwas andere Herangehensweise an den Glauben hatte. Viel eher anzunehmen war doch, dass die katholische Kirche den Luther in die Hölle hineingedichtet oder wie auf dem Gemälde hinein gemalt hatte. War ich damit bereits vom katholischen Glauben abgefallen?

Doch jetzt, wo ich auf einmal unversehens sogar in solch einer Kirche im Gottesdienst gesessen hatte und meine Gastgeber sehr überzeugt wirkten, wollte ich gerne mehr hören. Mir klingelte es richtig in den Ohren bei Worten wie „Priestertum aller Gläubigen", die von beiden so selbstverständlich ausgesprochen wurden. Die Vorstellung, jeder einzelne Christ sei wie ein Pfarrer, mit dieser besonderen Verbindung zu Gott, konnte ich aber nur kurz in mir aufblitzen lassen, weil das Gespräch schnell weiterlief. Einerseits fühlte ich mich also zunächst etwas beschämt wegen meines Wissensmangels, andererseits angelockt von vielversprechendem Gedankengut, dem ich mich gerne öffnete. Mit überraschender Leichtigkeit folgte eine Erkenntnis zum christlichen Glauben auf die nächste. Und das ansehnliche Bürgerhaus, in das ich eingeladen wurde, das viel mehr Reichtum ausdrückte als alle anderen Häuser in denen ich bislang war, unterstrich in gewisser Weise die Worte meiner Gastgeber. Vielleicht war es die christliche Tugend der Bescheidenheit, weswegen das Ehepaar nicht über das eigene Vermögen gesprochen hatte. Mich beeindruckten jedenfalls die hohen und geräumigen Räume, die geschmackvolle Einrichtung und überhaupt die Abwesenheit von Flickschusterei, die ich bislang so häufig an und in Häusern gesehen hatte. Unausgesprochen erahnte ich eine Art Verheißung, nämlich den direkten Zusammenhang von neuem Glauben und weltlichem Reichtum. Ich zügelte aber meine allzu schnelle Begeisterung und besann mich auf mein noch nicht erreichtes Ziel Südtirol. Und morgen musste ich meinen Mann stehen. Als Zimmerer!

Als mein Gastgeber das Gespräch auf den Bau lenkte, weshalb ich ja überhaupt in diesem Haus war, kam der nächste Schwung an Neuigkeiten auf mich zu. Zuerst war ich überrascht, wie schnell der Mann das Thema wechseln konnte. Da ich aber eh schon an seinen Lippen hing, wie ein Schüler vor dem allwissenden Lehrer, saugte ich auch diese Erläuterungen auf. Meine Gastgeber hatten offensichtlich keine Mühe damit, tiefschürfende religiöse Betrachtungen innerhalb weniger Atemzüge zu beenden, um sich dann mit Baumaterialien, wie Steinen und Holz zu befassen. Seine Frau hatte bis dahin mehr Redeanteile als ihr Mann, doch nun stand sie auf und kümmerte sie sich um das Geschirr. Damit überließ sie ihrem Gatten das Wort und gab zu verstehen, dass aus ihrer Sicht ein Männergespräch begonnen hatte.

19

Maienfeld, Montag, den 27.06.1887

Als ich in aller Früh in meiner Kluft angetreten war, stand ich mit sechs weiteren Arbeitern zusammen. Es waren nur Männer, vier davon waren an ihrer Kleidung als Zimmerer zu erkennen. Es wurde kaum gesprochen. Das lag aber nicht an mir, sondern an dieser männlichen Eigenschaft, überhaupt weniger zu sprechen. Mit anwesenden Frauen wären sicherlich mehr Worte gewechselt, sogar Interesse an mir als Person gezeigt worden. So standen wir nur herum bis der Vorarbeiter kam. Er erfragte in aller Kürze die Eckpunkte meiner Anwesenheit: Name? Woher? Wo gearbeitet? Ebenso knapp antwortete ich mit meinem Xaver Schlager aus Bregenz und mit dem letzten Eintrag im Wanderbuch. Genauso gut hätte ich etwas anderes sagen können, niemand interessierte sich wirklich dafür.

Danach ging es gleich los, die Anderen wussten offensichtlich was zu tun war und widmeten sich gleich ihrer Arbeit, immer noch schweigsam. Nachdem mir die ersten Aufgaben zugewiesen wurden, machte auch ich mich an die Arbeit. Wie erwartet wurde ich dabei beobachtet. Man begnügte sich, mir beim Arbeiten zuzusehen und dann aufgrund der gewonnenen Eindrücke ein erstes Urteil zu fällen. In den wortlosen Gesichtern der Mitarbeitenden meinte ich folgende Botschaft herauszulesen: „Du kannst mir viel erzählen. Das will ich aber, wenn überhaupt, erst später hören. Jetzt zeige erst mal was du kannst. Die Art und Weise wie du anpackst sagt alles über dich. Halt einfach den Mund und lass deine Taten sprechen." Es schien mir gelungen zu sein, die ersten prüfenden Blicke zu überstehen und nicht gleich als Schwindler erkannt zu werden. Wie es Anton mir schon ans Herz gelegt hatte, galt es auch zu schauspielern. Wenn ich schon einen ausgelernten Zimmerer spielen musste, dann machte ich das so gut wie möglich. Das Verhalten der Anderen abzuschauen war dabei sehr hilfreich. Zudem hatte ich in den letzten Tagen genügend

Zeit, mich mit meiner Rolle gedanklich zu beschäftigen und mir bekannte Abläufe in meiner Vorstellung durchzuspielen. Also machte ich genau das, was mir angeschafft wurde und hielt mich an die männliche wortlose Übereinkunft, nicht zu sprechen. Ich widmete mich ganz der Arbeit, die glücklicherweise zunächst keine besonderen Fachkenntnisse erforderte und war überrascht, wie schnell ich eins wurde mit meinem Tun.

Zunächst musste man die sehr schweren Balken an den Bau heran *schloipfe*, schleppen. Anschließend galt es, diese irgendwie nach oben in den Dachstuhl zu befördern. Da es zu anstrengend gewesen wäre, die Hölzer über den Kopf zu heben, wurde es mit einer Art Wippe bewerkstelligt. Dafür waren mindestens drei Arbeiter erforderlich. Zwei Mann nahmen einen Balken hoch, der Dritte ging in die Mitte und schulterte das Holz. Der vordere Mann hob nach oben und der hintere senkte ab. In dem Augenblick, wenn bei dem Vorderen die Arme zu kurz wurden, hatte der Mittlere als Drehpunkt das gesamte Gewicht zu übernehmen. Der Vordere streckte seine Arme weiterhin, ging dann gleich zur Mitte bis er das Holz wieder fassen und somit den Mittleren entlasten konnte. Erst wenn die Zimmerer oben im Dachstuhl das obere Ende des Holzes greifen konnten, löste sich der riesengroße Druck auf der Schulter des Mittleren. Als ich das ein paarmal gesehen hatte, wurde ich aufgefordert, diese schwere Arbeit als Bock selbst zu übernehmen. Das war die schwerste Arbeit meines bisherigen Lebens.

Normalerweise steht man mit lockeren Schultern, doch wenn das Holz drückt, dann muss man dagegen drücken. Die ganze Körperseite musste also nach oben heben, ohne dabei das innere Gleichgewicht zu verlieren. Es kostete mich all meine Kraft, die Schwere aufzunehmen und dabei selbst stabil zu bleiben. Auch galt es unbedingt darauf zu achten, sich nicht zu verletzen! Deshalb beugte ich mich etwas zur Seite und stemmte meine Arme in die Hüfte, um den Balken möglichst mittig über beiden Beinen zu haben. Der Kopf sollte dabei auch nicht zu sehr auf den Boden schauen. Ganz aufrecht war aber auch nicht möglich, also suchte ich mir eine geeignete Stelle in der richtigen Höhe, an diesem Tag das obere Ende einer etwas entfernt stehenden Bockleiter, an der ich meinen Blick ausrichten und festhalten konnte.

Glücklicherweise waren es nicht mehr allzu viele Balken, die bis über den ersten Stock hinaus nach oben befördert werden mussten. Nachdem ich die Tätigkeit als Bock beenden durfte, spürte ich jedoch meinen gesamten Rücken und die Schultern wie noch nie zuvor. Arbeiten war ich gewohnt, nur nicht auf diese Weise. Ein Mitarbeiter kam auf mich zu, als er meinen von Schmerzen durchzogenen Gesichtsausdruck bemerkte und meinte in einem mitfühlenden Tonfall, dass ich mein „Kreuz wieder zurechtrücken solle".

Bislang hatte ich noch nie Probleme mit dem Rücken, jetzt aber spürte ich ihn über allen Maßen und brauchte dringend eine Pause. Ich setzte mich auf den Boden und überprüfte die Bewegungsmöglichkeiten meines Oberkörpers unter Schmerzen aus. Immerhin war wohl nichts gebrochen. Die linke Seite fühlte sich aber anders an als die Rechte. War es tatsächlich so, dass in mir etwas verschoben worden war? Als ich mir sicher sein konnte, dass alle seitlichen Bewegungen weiterhin möglich waren, ließ ich mich erschöpft auf den Boden fallen. Liegend war es noch besser möglich, meine eigene Körperachse wieder zu finden.

Ich stellte mir meine gesamte Wirbelsäule, vom Steißbein bis zum oberen Nacken, als Gerade vor und versuchte alle Körperpartien zu lockern. Immer noch tat mir alles weh. Doch wer hatte jetzt eigentlich die Schmerzen, der Xaver Schlager oder ich? Bei diesem Gedanken musste ich trotz allem sogar ein bisschen schmunzeln.

Im Liegen fiel mir eine Erinnerung aus Kindertagen ein. Nachbarskinder und ich hatten uns selbst eine Wippe gebaut, indem wir einfach ein Brett auf einen großen Stein legten. *„Duern dr gigampfe?"*, tut ihr schaukeln, fragte meine Mutter. Sie erfreute sich an der überaus lebendigen Kinderschar, die begeistert etwas Neues entdeckt hatte.

Jedes einzelne Holzstück, überhaupt alles was zu dem Dachstuhl gehörte, musste von Hand nach oben befördert werden. Wenn die oben Beschäftigten wieder die Hände frei hatten und das nächste Stück entgegennehmen wollten, hörte ich oft nur ein einziges Wort, nämlich *biate*, bieten, also etwas reichen. Je mehr *biate* ich gehört hatte und je müder deshalb meine Arme wurden, desto mehr wünschte ich mir ein Ende dieser anstrengenden Arbeit. Immer wieder zum Boden bücken, nach einem schweren Teil greifen, um es über Kopf weiterzureichen, war ich so nicht gewohnt. Meinen Rücken spürte ich immer wieder, achtete aber nicht darauf bis ich sogar vor lauter Beschäftigtsein meine Schmerzen vergessen hatte. In den kleinen Pausen, wenn ein *Trumm* oben und das nächste noch nicht angefasst war, schnaufte ich durch und erinnerte mich an ein Sprichwort meiner Mutter: „Viel Händ gäbet bald an End." Mit der Zeit wiederholte ich diese Worte beinahe wie ein Gebet, manchmal nur still in mich hinein, manchmal mit einem kurzen Blick nach oben.

Die folgende Woche blieb ich mit diesem Bau beschäftigt. Die Arbeiten als Bock zum Heben schwerer Hölzer wurden zum Glück weniger oder auf andere Arbeiter übertragen. Alle hatten mitbekommen, dass ich mich nicht vor der Knochenarbeit gedrückt hatte. Diese Kraftanstrengung, die ich auch als Mutprobe empfand, wurde mir wohl bewusst gestellt. Als ich diese vollzogen hatte, auch wenn ich anschließend auf dem Boden lag, verschaffte mir den wirklichen Eintritt auf der Baustelle. Von da an wurde ich angenommen und mit Xaver angesprochen. Und erst ab diesem Zeitpunkt begann ich vieles Bauhandwerkliche zu lernen. Wir bauten einen Kehlbalkendachstuhl. Der Wortbestandteil *Stuhl* war mir als einziges bekannt, es bedeutet hier Gestell, insbesondere eines, auf dem etwas anderes ruht. Jeweils zwei Sparren wurden am First zu einem Sparrenpaar verbunden, das somit insgesamt ein Sparrendreieck bildete. Jede Sparre stützte sich am Fußpunkt auf dem Dachbalken ab, der Pfette. Der Kehlbalken wurde ungefähr in der Mitte des Stuhles waagrecht eingefügt, um insgesamt eine bessere Stabilität zu erreichen.

Die Werkzeuge wie Hammer und Sägen kannte ich natürlich, damit wie ein Zimmerer zu arbeiten war jedoch etwas ganz anderes. Ich meinte, mich dabei gar nicht so blöd anzustellen und genau diese Selbstsicherheit wurde von mir ja auch erwartet. Immerhin war ich ein Zimmerer auf der Walz und nicht nur ein Hilfsarbeiter. Auf dem Dach galt es, sich vorsichtig und dennoch sicher zu bewegen. Und da keiner der Zimmerer ängstlich nach unten schaute, machte ich es auch nicht. Ich gewöhnte mich sogar an meinen Rufnamen Xaver. Je öfter ich ihn hörte, desto überraschter wäre ich gewesen, hätte mich jemand mit Schorsch, meinem richtigen Namen, angesprochen.

Der Zimmererhut gehörte für mich zur Tracht aus Gründen, die sich mir bislang nicht erschlossen. Auf der Baustelle wurde er normalerweise nicht abgenommen. Natürlich hatte ich nicht gefragt warum, denn dies hätte mich entlarvt. Als ich selbst im Dachstuhl stand, wurde mir bald klar, welchen Sinn der breitkrempige Hut hatte. Näherte sich der Kopf einem Balken, oder was ja auch sein konnte, ein bewegter Balken dem Kopf, spürte der Mann die Berührung bereits durch den Hut und konnte somit Schlimmeres verhindern. Wenn wirklich ein Aufeinandertreffen nicht mehr zu vermeiden war, bot der Hut immerhin ein bisschen Schutz.

Als ein Mann von einem anderen gewarnt wurde, weil ein Balken über ihm aufgestellt wurde und er davon nichts mitbekam, bedankte er sich auf eine besondere Weise. Das Wort Danke wollte nicht aus seinem Mund kommen, stattdessen dieser Spruch: „Es soll dir am Kindersegen wieder reinkommen." Ich musste augenblicklich schmunzeln, weil mir die Zweideutigkeit des Spruches sofort einleuchtete. Einerseits sollte man ja einen Segen als Dank bekommen, andererseits war die Aufgabe, viele Kinder großziehen zu müssen, ein durchaus fragwürdiges Vergnügen.

Es gehörte wohl auch zum Handwerkerdasein, immer ein bisschen schlecht über die eigene Arbeit zu reden. Vielleicht war das ein Mittel, die zum Teil sehr schwere Arbeit gefühlsmäßig zu verarbeiten. Sehr wahrscheinlich sollte auf diese Art und Weise der Umwelt mitgeteilt werden, dass man sich nun weiß-Gott genügend geplagt hatte. Zwei Sprüche der Zimmerer blieben mir hierzu im Gedächtnis: „Es lohnt sich nicht Werkzeuge zu stehlen, denn dann kannst du damit nur arbeiten. Wer will das schon?" und „Schaffen ist auch eine Arbeit. Wer es gern tut ist ein Narr." Freilich gab es auch eine gewisse Schläue unter den Zimmerern. Während einer Pause an einem Vormittag erzählte mir ein Geselle in einer eher seltenen Redelaune „wie man es machen muss". Demnach müssen die Zimmerer vollzählig in aller Früh auf der Baustelle erscheinen und gleich Betriebsamkeit verbreiten. Wichtig sei das sehr frühe Beginnen, das mache Eindruck. Danach könne man es ruhiger angehen lassen.

Auf dem Dach waren ausnahmslos kräftige Männer am Werk. Alle hatten große schwielige Hände, die es gewohnt waren richtig zuzupacken. Wäre die Arbeit leichter gewesen, wären auch die Muskeln weniger ausgeprägt gewesen. Die Arbeit ergab sich immer aus einer Notwendigkeit heraus, so wie es die raue Natur vorschrieb. Deshalb mussten die verwendeten Balken eine bestimmte Größe und Stabilität haben, um viele Jahrzehnte ihren Dienst zu tun. Die muskelbepackten Körper waren somit ein Abbild dieser Arbeit, die längst nicht jeder verrichten konnte.

All dem hatte ich zu entsprechen! So manches Mal war ich froh, mein Leben lang an Arbeit gewohnt zu sein. Auch die schwere und schweißtreibende Arbeit im Wald im Allgäu hatte mich mit vorbereitet. Mit dem Bauern musste ich oft im *Holz* arbeiten. Bäume mussten umgesägt, zum Teil mit einer Axt abgehackt, dann entastet werden. Am Ende wurde alles in handlichere Teile gesägt und schließlich verladen. Dabei wurde einem gleich „mehrmals warm", beim Umtun, beim Versägen, beim Verladen und nach Hause fahren und letztmalig bei der eigentlichen Bestimmung, im Winter am warmen Ofen sitzend.

Hier auf der Baustelle kamen die Hölzer aus einem Sägewerk. Vor allem die schwersten davon, die Pfetten, die ganz unten im Dachstuhl lagen, nötigten mir Respekt ab. Noch heute sehe ich den kräftigen Zimmerer vor mir, der mit einem Schlegel, dem größten Hammer, seitlich auf die Pfette schlug, um sie in die richtige Lage zu bekommen. Nicht nur mit aller Kraft, auch mit aller Wildheit schlug er seitlich auf das lange und schwere Holz unter ihm. Jedes Mal holte er mit großem Schwung aus, alle Muskeln angespannt, und schlug krachend auf den Vierkant ein, der sich davon jedoch immer nur ein bisschen bewegte.

Insgesamt war gut zu arbeiten, weil dadurch der tägliche Ablauf der Dinge so klar war, wie ein vorgegebener und im besten Fall beschilderter Weg in den Bergen. Man wusste, wohin man zu gehen hatte, um nicht Gefahr zu laufen, abzustürzen. Dies sollte ich auf meiner weiteren Wanderung noch zur Genüge erfahren.

20

Maienfeld, Samstag, den 02.07.1887

Der Samstag war auch ein Arbeitstag, allerdings ließ man es ruhiger angehen. Nachmittags räumte man noch auf der Baustelle auf und beendete das Werk dieser Woche. Der Bauherr war auch zugegen, ließ sich den Baufortschritt erläutern und zeigte sich zufrieden.

Auch ich war zufrieden mit dieser Woche als Zimmerer Xaver. Ich war zwar müde und erledigt, hatte aber meinen Mann gestanden. Außerdem hatte ich offenbar so gekonnt geschauspielert, dass ich von allen Beteiligten als Teil der Arbeiterschaft gesehen wurde. Dabei festigte sich in mir die Einsicht, wie ich auch künftig ankommen und respektiert werden würde, sei es in Südtirol oder woanders, nämlich durch gemeinsame Arbeit. Die Arbeit schweißt zusammen, das Verfolgen gemeinsamer Ziele ist letztendlich wichtiger als die Herkunft oder eine andere Mundart. Wahrscheinlich ist es beim Militär genau das Gleiche. Ohne den gemeinsamen Feind wäre eine Kompanie nur ein sich selbst bekriegender, zerrissener Haufen. Die Unterschiede der zusammengewürfelten Männer gäben Anlass zu unendlichen Konflikten, bis man aufeinander angewiesen war durch eine gemeinsame Aufgabe! Und Arbeit scheute ich nicht, arbeiten war ich gewohnt. Es war sogar viel schöner gemeinsam zu arbeiten als alleine irgendwo auf seiner Scholle oder einsam und verlassen im Wald.

Der Bauherr verließ die Baustelle in betont guter Stimmung. Etwas später folgte auch ich, nachdem ich mich von allen verabschiedet hatte. Es wurde nicht viel geredet, viel mehr als ein *Pfiatdi* und einen kurzen Blickkontakt gab es nicht. Die Anderen schienen wohl stillschweigend davon auszugehen, mich nächste Woche wieder zu sehen, weil der Bau noch nicht fertig war. Dazu äußerte ich mich aber nicht, weil ich mir alle Möglichkeiten offenhalten wollte.

Die ganze Woche durfte ich in dem Anbau des Kaufmannshauses wohnen. Dieses Nebengebäude hatte keine Verbindung zum Haupthaus. Dies war mir ganz recht, weil ich somit meine Kammer ganz für mich alleine hatte. Auch mit Essen wurde ich morgens und abends versorgt. Zwar saß ich nicht am Tisch der Eheleute, dies wäre wohl für beide Seiten zu viel gewesen, aber die freundliche Frau stellte mir immer etwas zur Seite. Ich sollte schwere Arbeit für den Hausherrn leisten, dafür servierte sie mir gutes und nahrhaftes Essen, sogar zweimal Fleisch während der Woche und überhaupt wurde nicht geknausert bei meinen Portionen. Die Frau war immer freundlich, oft unerwartet zuvorkommend zu mir in ihrer stets perfekt gebügelten, unbefleckt weißen Schürze. Ihre besondere Art zu lächeln vermittelte die unausgesprochene, trotzdem eindeutige Botschaft, dass ich hier in einem wohlhabenden Haus mit gutem Ruf wohnen durfte. Selbstverständlich war mir klar, dass ich hier nur vorübergehend bleiben konnte.

Für mich überraschend wurde ich zum Abendessen eingeladen. Zum zweiten Mal saß ich somit an der Tafel und genoss ein leckeres warmes Gericht. Die Unterhaltung war diesmal eher nüchtern, weil die Baustelle das einzige Thema war. Die Türe zum Wohnzimmer, das ich noch nie betreten hatte, stand diesmal offen. Von meinem Platz an der Tafel konnte ich direkt in dieses gemütlich ausgestattete Zimmer schauen. Ich sah einen dicken Teppich auf einem Parkettboden, verzierte Stühle mit Polstern, passend zu einem Tisch mit Blumengesteck auf einer blütenweißen Tischdecke mit kunstvoll gehäkelten Borten. Die Decke lag genau so viel verdreht auf dem Tisch, dass alle vier Tischecken gleich viel nacktes, glattes und dunkel schimmerndes Holz zeigten. Direkt darüber hing sogar ein kleiner Kronleuchter. Mehr als diesen Ausschnitt des Wohnzimmers konnte ich nicht sehen. Dies genügte mir jedoch zu erkennen, dass das Wohnzimmer mit seiner Ausstattung sogar noch das edel möblierte Esszimmer übertraf.

Wie genau Wohlstand aussah blieb bis dahin meiner Vorstellungskraft überlassen. Bislang meinte ich, in der Herrenstraße in Wangen, dort wo die *Herren* wohnen, gab es am meisten Reichtum. Die aufwändigen baulichen Besonderheiten der Häuserfronten sollten ja auch das Vermögen dieser Herren öffentlich zur Schau stellen. Weswegen ich beim Gang durch diese Straße immer schon wissen wollte, wie man in diesen stattlichen Herrenhäusern wohnte. Oft spechtete ich neugierig zwischen die bunten Fensterläden, ob es etwas Besonderes zu erhaschen gab.

Nun saß ich unversehens in einem reichen Haus und bekam durch den Blick in das Wohnzimmer erstmalig ein anschauliches Bild dessen was möglich war. Ich saß artig auf meinem Platz und wollte mein Erstaunen nicht zeigen. Dabei formte sich in mir diese verheißungsvolle Erkenntnis: „Tatsächlich gibt es das. So sieht es aus, wohlhabend zu sein. Und nicht mal genutzt steht all das in diesem Zimmer. Nicht jedermann hat nur genau so viel, wie er zum Überleben braucht."

Wenn der Alltag und all das was einen als Knecht umgibt, vom täglichen Überlebenskampf geprägt war, dann fand man sich am besten damit ab. Wenn die Nachbarn das gleiche Lebensgefühl auf ihre, mangels Möglichkeiten nur wenig veränderte Weise lebten, dann war es halt so. Man kennt es ja nicht anders, sagte man sich selbst als Trost und beließ alles beim Alten. Wohlstand oder Besitztum blieben somit immer nur ein nicht greifbares, unerreichbares Fernziel. Wenn aber ein besseres Leben zwar nicht gleich zu haben, aber zumindest direkt anzuschauen war, dann konnte man nicht mehr sagen: „Man kennt es ja nicht anders". Eigentlich hatte man somit zunächst eine gewohnte und eingeschliffene Rechtfertigung weniger.

In den nächsten Tagen wurde mir klar, dass bis dahin mein inneres Bild von Reichtum und Wohlstand doch nicht so frei von eigenem Erleben war. Ich kannte Kirchen! Aufwändig gebaute, den Erfordernissen des Alltags enthobene, mit Hingabe gepflegte Kirchen, die teils sogar mit barocker Pracht ausgestattet waren. Deren Kirchtürme ragten selbstverständlich über alles andere hinaus. Es gab also in allen Ortschaften diesen Ausdruck an zur Schau gestelltem kirchlichem Reichtum, der zunächst sogar nichts mit dem alltäglichen Überlebenskampf zu tun hatte. Das von mir bewunderte Wohnzimmer war dagegen rein privat! Es gehörte meinen Gastgebern und sonst Niemandem.

Während ich noch angenehm zu Tisch saß und alles auf mich wirken ließ, hatte ich einen Blitzgedanken: Bücher! In diesem Haus gab es doch bestimmt Bücher. In den Häusern, in denen ich bislang wohnte, auch bei Anton, gab es so gut wie keine Bücher, allenfalls eine Bibel, den Katechismus oder ein kirchliches Gesangbuch. Auch die Schulbücher, wie die Fibel, blieben grundsätzlich in der Schule, weil sie deren Eigentum waren. Doch in diesem Haus war es anders, dies war für mich aus den gebildeten Gesprächsbeiträgen meiner Gastgeber direkt herauszulesen. Meine Entdeckerlust wurde angestachelt, eine plumpe Neugierde durfte ich mir aber nicht leisten.

Deswegen fragte ich den Hausherrn nach dem Essen artig und höflich, wie viele Bücher er denn hätte. Zunächst schaute der Hausherr überrascht, dann kam als Antwort mit unüberhörbarem Stolz in der Stimme: „Insgesamt bestimmt zwei Meter an Büchern, nur an Buchbreiten!". Der Gesichtsausdruck der Überraschung, eben noch bei ihm, erschien nun bei mir.

Ob ich mich denn seinem Bücherregal nähern durfte, war dann meine nächste, naheliegende Frage. Eigentlich hätte ich gerne zunächst einleitende Worte gesprochen, erst dann meine doch anmaßende Frage gestellt. Doch meine Worte hatten bereits meinen Mund verlassen. Wie erwartet entstand eine Stille, die ich lächelnd überbrückte. Die Eheleute nahmen kurz Blickkontakt miteinander auf, dabei meinte ich zu erkennen, wie sie ihm wortlos zu verstehen gab: „Das ist deine Angelegenheit." Der Hausherr ließ sich noch ein bisschen mehr Zeit und sagte schließlich nach einer wohl reiflichen Überlegung: „Wir könnten ja mal gemeinsam schauen gehen." Er ging ohne ein weiteres Wort ins Wohnzimmer und ich folgte ihm in gemessenem Abstand.

Das Wohnzimmer in seiner Gesamtheit bestätigte meinen Eindruck, den ich zu Tisch hatte. Eine dunkle, edle Kommode an einer Wandseite, ein Schrank mit gerundeten Fenstern aus Glas an der anderen Seite. Eine künstlerisch ansprechende Tapete, dieses Wort habe ich mir sagen lassen, zierte die Wände und gab dem ganzen Zimmer ein helles Aussehen, ganz anders als die sonst üblichen dunklen Holzwände. Ich nahm viele Einzelheiten interessiert, fast begierig auf. Das was dabei am meisten meine Aufmerksamkeit erregte, war ein ganzes Regal mit Büchern. Wenn es möglich gewesen wäre, hätte ich alle Bücher mit meinem Blick verschlungen. Gleichzeitig fragte eine nüchternere Stimme in mir, warum ein einzelner Mensch so viele Bücher brauchte. Wie viele Seiten wohl in den Büchern steckten? Wahrscheinlich waren es tausende von Seiten, vorne und hinten bedruckt, vielleicht sogar mit Bildern. Was gab es dort zu lesen, was wurde aufgezeigt, welche klugen Gedankengänge warteten wohl nur darauf, sich bereitwillig einem verständigen Leser zu öffnen? Wahrscheinlich steckte auch Vieles darin, was ich schlicht noch nicht kannte und wofür mein Verständnis erst aufgebaut werden musste. Bestimmt gab es Einiges zu erfahren, wenn auch nicht im direkten Sinne. Andere hatten etwas erfahren und dann aufgeschrieben. Als Leser durfte ich daran teilhaben, zunächst wohl nur in meinem Kopfstübchen. Und wer weiß wie sich dies auf mein tatsächliches Erleben auswirken würde?

Die meist bedruckten Buchrücken, teils sogar in ehrwürdiges dunkles Leder gebunden, standen still und doch lockend in Augenhöhe auf einem Regal in Reih und Glied. Wie man in einer übervollen Kirchenbank Schulter an Schulter sitzen konnte, so standen die Bücher nebeneinander, eines kleiner, ein anderes dicker, so unterschiedlich wie Geschwister nun mal sein können. Die Gemeinsamkeit war zunächst dieselbe Frontlinie zum Raum hin. Jedes Buch hatte sich an diese Linie zu halten, keines durfte frech seinen Rücken herausstrecken und die Nachbarn in eine zweitrangige Ebene verweisen. Eine Art übergeordnete Gerechtigkeit war hier am Walten. Jedes Buch mochte in sich bergen was es wollte, sei es Großartiges,

Überdenkenswertes oder nur billige Unterhaltung, hier hatte der Hausherr eine sichtbare und gerechte Ordnung geschaffen. Die Bücher in ihrer Gesamtheit strahlten eine stille, strenge, fast unnahbare Erhabenheit aus, die weder Albernheit noch Leichtsinn duldete. Hier sammelte sich die Welt des Wissens, des überlegenen Geistes und der Wahrheiten über die Alltäglichkeiten hinaus. Ich fragte mich schon, in welcher Haltung man sich diesen Büchern überhaupt nähern durfte. Sicherlich erschien mir eine gewisse Demut angebracht sowie eine vorauseilende Dankbarkeit angemessen. Auf alle Fälle durfte man diese Schätze nur mit bedachten, langsamen Händen berühren und schließlich herausnehmen. Welche Weisheiten, Erkenntnisse oder gar versteckte Absonderlichkeiten warteten hier auf den geneigten Leser, auch wenn der Schriftsteller schon längst verstorben war? Wie sehr würde sich mein Leben verändern, wenn ich erst einmal von den lauteren Quellen der hohen Geister getrunken hatte? Und falls ich es nicht verstehen konnte, wovon auszugehen war, würde dann das Wenige, was sich mir erschloss, wie ein seitliches Rinnsal mein Leben bereichern?

Als wir nebeneinander vor den Büchern standen, breitete er seine Arme aus in einer Geste, die eindeutig bedeutete, alles, wirklich alles gehöre ihm. Was ich denn lesen wolle, war die knappe Frage angesichts der vielen Bücher, wohl zu unterschiedlichen Themen. Darauf antwortete ich demütig, er möge mir das zu lesen geben, was ich verstehen könne und gut für mich sei. Ich hatte mir schon vorgestellt, wie er auf eine weniger bittstellerische Antwort belehrend und erbost reagiert hätte, dies blieb aber aus. Offensichtlich hatte ich den richtigen Ton getroffen. Er ging sichtlich in sich, um eine schwerwiegende Entscheidung zu treffen. Schließlich nahm er ein Buch aus der Mitte, stellte es an den rechten Rand und sonderte dann insgesamt drei der ganz rechtsstehenden Bücher ab und schob diese noch ein bisschen weiter nach rechts. Er gab mir zu verstehen, ich könne mich hier bedienen und gleich nebenan Platz nehmen. Er bezog auf einem Sessel seine Aufsichtsstellung, nahm zur abmildernden Wirkung eine Zeitung zur Hand, war mir aber in seiner Blickrichtung genau zugewandt. Ich griff nach dem ersten Buch von den dreien, die mir erlaubt wurden, dem linken, ohne zu überlegen. Wahrscheinlich hätte nur ein wirklich des Lesens und Schreibens Unkundiger das rechte Buch genommen, denn immerhin wurde ja von links nach rechts geschrieben. Ich setzte mich und betrachtete ein Buch mit dem Titel: „Unsere Heimat, die Schweiz". Pflichtschuldig widmete ich mich diesem Werk, das mich wegen geschichtlicher Abhandlungen eher weniger interessierte, blätterte bewusst langsam und las den einen oder anderen Absatz. Das zweite Buch nannte sich „Der schweizerische Bienenvater". Hier entdeckte ich neben dem engen Text ein paar Zeichnungen, die ich gleich viel besser verstand als die für mich ungewohnt verschnörkelte Schriftweise. Ich ließ mir Zeit bei den gekonnten Zeichnungen der Insekten mit ihrer natürlichen Umgebung und vertiefte mein Wissen zu den drei Bienenwesen Königin, Arbeiterin und Drohne. Als ich zum nächsten Buch griff war mir klar, dass ich nun genau das Buch in der Hand hielt, das der Hausherr für mich vorgesehen hatte. „Schuld und Sühne" stand auf dem Einband, sogar mit für die Fingerspitzen fühlbaren, hervorgehobenen Lettern. Ich nahm dieses Buch fester in die Hände, spürte der Beschaffenheit des Buches nach, mit der festen Absicht, zumindest einigermaßen zu verstehen was dort geschrieben stand. Glücklicherweise bereitete mir das Schriftbild in der deutschen Fraktur Druckschrift keine Probleme. Ich war zunächst überrascht, wie leicht ich Satz um Satz lesen konnte. Ich fühlte mich sogar förmlich in den Text hineingezogen. War das nicht ein Werk einer anderen Kirche, gegen den Katholizismus gerichteten Vereinigung mit schändlicherweise ketzerischem Gedankengut? Wie leicht ich alles verstehen konnte! Das Schuldigwerden des Menschen, die göttliche Vergebung am Kreuz und die Annahme im Glauben war für mich kein neues Gedankengut. Ich wunderte mich beim Lesen nur, wie leicht eingängig der Text für mich war. Hätte es nicht viel schwieriger, auch verzwickter, letztlich unerklärlich sein müssen, immerhin befasste sich der Schriftsteller ja mit göttlichen Offenbarungen, mit ewig gültigen Ratschlägen Gottes?

Als ich nach ungefähr einer Stunde alle drei Bücher zurückstellte, ließ der Hausherr, der bis dahin fast unbewegt in seinem Sessel gesessen hatte, seine Zeitung sinken. Er nahm meine Dankesbekundungen mit Kopfnicken an und stellte die Bücher noch ein bisschen ordentlicher, als ich es schon getan hatte, zurück auf ihren Platz. Mir schien, hinterher sollte nichts mehr darauf hindeuteten, dass jemand anderer als der Hausherr selbst Zugriff auf seine Schätze hatte. Die Gedanken, die mit Händen nicht greifbaren Wirklichkeiten in den Köpfen, ließen sich aber nicht so eindeutig zuordnen nach meins und deins, ordentlich richtig oder doch nur unzulänglich.

Warum überhaupt hatte sich der Hausherr entschieden, mir Zugang zu seinen Büchern zu gewähren, wenn auch nicht zu allen? Erst als ich am folgenden Tag auf der Wanderung genügend Zeit hatte, meinen Eindrücken nachzuhängen, schälte sich nach und nach folgende Einsicht heraus: Es gab überhaupt keine Verpflichtung für ihn, mir etwas dermaßen Privates wie seine Bücher zu zeigen oder sogar mich darin lesen zu lassen. Er hätte mit nur einer knappen ablehnenden Geste reagieren können, sich dafür zu erklären wäre auch nicht nötig gewesen. Eigentlich hatte ich eher eine Zurechtweisung erwartet auf mein freches Begehren; denn wer war ich schon? Doch er verhielt sich anders, er kämpfte mit sich, letztlich gab er meinen Wünschen dann wenigstens teilweise nach.

Warum verhielt er sich so? Zunächst einmal war ich kein gänzlich Fremder. Er hatte mich schon die Woche über kennengelernt auf eine Weise, die wohl zu meinen Gunsten ausschlug. Fast wichtiger waren aber wohl seine eigenen Überzeugungen. Er lehnte als Eigentümer nicht von vorne herein ab, sondern fühlte sich selbst an seine inneren Werte gebunden. Schon dieses Verhalten war es wert, darüber zu sinnieren. War nicht alle Welt normalerweise anders, viel weniger hilfsbereit? Und welche geistigen Werte oder Grundsätze waren es denn genau, die er sich selbst auferlegt hatte? Jetzt konnte ich nur mutmaßen. Bestimmt war ihm Bildung generell wichtig. Ich konnte mir gut vorstellen, wie er zu Tisch mit seiner Frau über den Bildungsstand der Nachbarn gesprochen hatte. So manches Klagelied wäre zu hören gewesen wegen der nachteiligen Folgen der Unwissenheit der Mitmenschen. Und jedes Mal kamen die beiden zu dem Schluss, dass allgemein mehr für die Bildung getan werden müsse, sei es über die Schule, die Gemeinde oder andere Wege. Bei diesen Folgerungen schwang auch bestimmt eine Sorge mit bezüglich des Zusammenlebens vor Ort, im Kanton und sogar in der ganzen Schweiz. In was für einer Gesellschaft wollten sie leben? Mit welchen Nachbarn wollten sie zu noch mehr Reichtum kommen? Wahrscheinlich war ihm schon längst klar, wie ungünstig es wäre, wenn einer immer reicher würde, die Nachbarn dagegen nicht. Unschöne Dinge wie Neid, Missgunst oder sogar Diebstahl wären unweigerlich zu erwarten gewesen. Wenn man also seinen Wohlstand richtig genießen wollte, dann am besten unter Seinesgleichen oder zumindest in einer Nachbarschaft ohne schreckliche Armut. Wenn es nicht Nächstenliebe war, die ihn bewegte, dann war es vielleicht nur kühle Berechnung.

Aber ich war ja kein Nachbar, der bleibt. Ich war nur ein Dahergelaufener, der weiterzieht. Warum also kam er mir dennoch entgegen? Es konnte nach meiner Auffassung nur an deren wirklich ernst genommenem christlichen Glauben liegen. Ich war für sie auch ein Kind des allmächtigen Gottes, zwar noch katholisch, aber einer, der zum wahren Glauben bekehrt werden sollte.

Diese Redeweise hatte ich von den Eheleuten ein paar Mal gehört: der wahre Glauben. Ob es auch einen unwahren Glauben gab? Ob ich sogar in einen solchen hinein geboren wurde? Ich konnte es nicht sagen. Auf alle Fälle unternahmen sie Anstrengungen, mich zu einem Anhänger ihres christlichen Glaubens zu machen. Ich zeigte mich offen, da es mich kitzelte, mehr darüber zu erfahren. Für die beiden war es vielleicht nur eine Erfüllung ihres christlichen Missionsauftrages.

21

Prättigau, Montag, den 04.07.1887

Nach dem gestrigen Ruhetag, dem Sonntag, hatte ich mir eine weitere Übernachtung auserbeten. Diesem Wunsch wurde entsprochen, weil ich ja bis zum Samstag auf der Baustelle gearbeitet hatte.

So hatte ich mich erst heute Morgen von dem gastfreundlichen Ehepaar verabschiedet. Da der Dachstuhl noch nicht vollendet war, brauchte ich eine Erklärung für meine Weiterreise. Ich sagte also:

»Ich möchte nicht länger bleiben, weil ich noch den langen Weg bis nach Südtirol vor mir habe. Zudem sind die Hauptarbeiten beim Dachstuhl erledigt. Ich konnte viel lernen, jetzt zieht es mich weiter.«

Meinen schmerzenden Rücken, der nicht noch eine weitere Woche Schinderei vor sich haben wollte, ließ ich dabei unerwähnt. Zudem wollte ich mich nicht nochmals in ein religiöses Gespräch verwickeln lassen zu den Besonderheiten des evangelischen Glaubens, weil die Reformierten, wie sie sich nannten, letztlich auch nur ganz normale Menschen waren. Was sollte also an ihrem Glauben so weltverändernd Besonders sein?

Gestern begleitete ich die Hausherren beim Kirchgang, weil ich nicht alleine im Haus bleiben sollte. Der Ablauf des Gottesdienstes ähnelte dem vom letzten Sonntag. Auch in der katholischen Kirche wiederholte sich immer wieder alles. So gesehen waren alle wieder gleich. Meinetwegen sollten doch die Bänke in den Gotteshäusern stehen wie sie wollten.

Zum Schluss bekam ich einige Franken als Lohn, die ich natürlich gerne dankend annahm. Vom Wanderbuch war nicht die Rede, ich bestand auch nicht auf einen Eintrag. Somit verlängerte sich die Zeit ohne Nachweis im Leben des Xaver Schlager um eine weitere Woche. Sollte mich das beunruhigen? Nein.

Mit meinem Ziel vor Augen konnte ich meine Kräfte bündeln und weitermarschieren. Ohne Antons vorgegebenem Plan hätte ich mich viel mehr vom Augenblick treiben lassen, vom Wind gerne hierhin oder dorthin wehen lassen. So wie ich mich kannte, wäre mir sogar irgendwann die Einsicht gekommen: „Gott hat es mit mir so gewollt", wenn ich nur alle augenblicklichen, kleinen Hinweise aus den Umständen dankbar aufnahm. Aber nein, ich wollte mein Ziel erreichen! Woher kam eigentlich mein fast ureigenes, stimmiges Gefühl, dass es doch besser wäre, nicht auf meine Willenskraft zu setzen und einfach alles geschehen zu lassen? Dies brachte mich zu der nächsten Frage, was für ein Leben ich leben wollte? Bei einer nüchternen Sicht auf mein bisheriges Leben musste ich feststellen, dass ich von Anfang an geprägt wurde: Von den Eltern, der Schule, der Kirche, den Nachbarn und ganz allgemein vom Umfeld. Nachdem die Kindheit vergangen war begann ich so richtig selbst zu denken, besser gesagt mich mit meinem Umfeld zu reiben. Die Älteren gaben mir dabei zu verstehen, dass sie auch mal jung waren und sich bereits *die Hörner abgestoßen* hatten. Jeder hatte sich am Ende in das Unvermeidliche zu fügen, *dieser Kelch würde auch an mir nicht vorübergehen.* Diese Einsicht ernüchterte mich sehr. Wie verheißungsvoll war dagegen eine persönliche Berufung Gottes. Wir hatten doch alle gelernt, dass Gott ganz bestimmte Menschen berufen hatte. Moses mit den zehn Geboten, Paulus als Apostel, einen anderen als Missionar. Der Pfarrer predigte dies auch von der Kanzel herunter. Wie war das zu verstehen? Beruft Gott auch zum Bäcker, Metzger oder Landwirt? Solch eine Fragerei ging zu weit, schalt ich mich und beendete erst einmal meine Lust, allen möglichen Fragen nachzuhängen. Kümmere dich nicht darum, frag nicht danach!

Der Weg nach Süden war von einer Birkenallee eingerahmt. Bereits nach wenigen Kilometern erreichte ich die Gemeinde Landquart im Schweizer Kanton Graubünden.

Landquart war, wie mir Anton schon gesagt hatte, ein wichtiger Verkehrsknotenpunkt. Hier konnte ich das Rheintal verlassen und gelangte in ein Seitental, ostwärts entlang des

Flusses Landquart ins Prättigau. Das Wasser wies mir also wieder den Weg. Hätte ich die Wasserläufe verlassen, wären gleich große Höhenunterschiede zu überwinden gewesen. Auch wenn es in Richtung der Quelle immer nur aufwärts gehen konnte, war dies die sinnvollste Art des Reisens hier in den Bergen. Das Gebirge ist das Hindernis. Das Wasser, das an jede noch so schroffe und unwegsame Felsklippe regnet, sammelt sich in Läufen und bahnt sich seinen Weg. Das Wasser wird für sich selbst zum Weg, auch zum Wegweiser und Weg für viele andere Geschöpfe. Nicht zuletzt für uns Menschen, die manchmal an den Seiten der Bäche und Flüsse eigene Wege bauen.

Von freundlichen Anwohnern hatte ich die Besonderheiten der örtlichen Umgebung erfahren. Das Prättigau begann mit einem schluchtartigen Eingang, *Klus* genannt. Danach wurde das Tal enger, links und rechts erhoben sich die Berge. Auf einem mächtigen Felsen war eine Burgruine zu erkennen. Der Weg war schon wegen dem Gelände nicht eben, hinzu kamen die teils holperigen Fahrrinnen, die die Menschen mit ihren Gefährten hinterließen. Die Unebenheiten auf der Straße wurden aber auch durch das Regenwasser geformt. Zuerst bildete das Wasser Pfützen, die schließlich überliefen. Dabei entstanden neue Verläufe, die sich immer tiefer eingruben. Trotzdem ging ich mit sicheren Schritten voran. Mochte der Weg erlebt haben was er wollte, mir gefiel es, darüber hinweg zu gehen in meiner eigenen gleichmäßigen Geschwindigkeit.

Auf einmal flog vor mir ein seltsam bunter Vogel vorbei. So einen hatte ich noch nie gesehen, noch bevor ich genauer hinschauen konnte war er schon wieder in den Bäumen verschwunden.

Mit diesen Eindrücken, den freundlichen Leuten im Dorf, der Burg weiter oben und dem bunten Vogel reimte ich mir eine eigene Geschichte zusammen. Mein Geist, der sich mit etwas beschäftigen wollte, hatte ganz einfach Freude daran, alle Gedanken zusammenzubringen und Querverbindungen herzustellen. Gut möglich, dass ich eine ganz ähnliche Erzählung schon mal gehört hatte, auf alle Fälle erzählte ich mir selbst: „Ein Fürst kam in dieses Land, um den höchsten Berg zu besteigen. Da erschraken alle Vögel, als sie ihn erblickten und flohen tief ins Dickicht. Es gab jedoch einen Vogel, der sorglos auf seinem Ast sitzen blieb, sein buntes Gefieder putzte und dem König seine ganze Schönheit zeigte. Daraufhin schoss der Fürst auf den Vogel, dieser wich dem Pfeil aber geschickt aus. Nun befal der Fürst seinem Gefolge auf ihn zu schießen und so wurde der Vogel tödlich getroffen. Am Ende sagte der Fürst: Dieser Vogel prahlte mit seiner Schönheit und verließ sich auf seine Geschicklichkeit, um mich zu verspotten. Dafür wurde er am Ende mit dem Tod bestraft. Das sei jedem eine Warnung. Niemand sei überheblich mir gegenüber und überhaupt gegenüber anderen."

In gewisser Weise glaubten und beherzigten wir doch alle den Sinngehalt dieser Geschichte. Im äußeren Gehabe neigten wir zur Zurückhaltung, die freundlichen Dörfler wie auch ich. Annehmlichkeiten zu entsagen, auch die ständige Bereitschaft zu arbeiten, gehörten wie selbstverständlich zum guten Ton. Und das persönliche Geltungsbedürfnis, jemand ganz Besonderer zu sein, wurde von Haus aus mit Argwohn betrachtet. Also duckten wir uns alle Tag für Tag unter einer Obrigkeit und waren froh, wenn das Überleben nicht allzu anstrengend war. Und wenn jemand starb, der ein Leben lang nie auffiel, der mit Müh und Arbeit sein Leben zubrachte, der wurde beim Leichenschmaus von den Nachbarn gepriesen.

Sollten wir stattdessen alle besser wie bunte Paradiesvögel sein? Sollte ein jeder sein Gefieder nach besonders farbigen Federn durchsuchen, diese besonders pflegen und zur Schau stellen?

Die Straße war stellenweise so verdreckt, dass ich mir oft einen einigermaßen gangbaren Weg suchen musste. Dabei wollte ich trotzdem meine eigene Geschwindigkeit beibehalten. Auf diese Weise entstand eine Art Spiel, bei dem ich augenblicklich und ohne viel Überlegen entscheiden musste wohin ich trat. Manchmal war vorne rechts, ein anders mal sogar ein Seitenschritt besser. Ich hatte also im Gegensatz zum normalen Gehen meine Schritte bewusst zu setzen. Dies gefiel mir. Wie ein Tänzer, der seine Schritte ja auch bewusst setzt, stolzierte ich leichtfüßig mit großen, mal kleinen Schritten, manchmal seitlich versetzt, dann wieder nur geradeaus. Und da ich mich unbeobachtet wähnte, trieb ich es übermütig noch ein bisschen wilder: Mit einem Bein ankommen, dann mit dem anderen Fuß hinten einkreuzen. Mit dem zuerst angekommenen Bein wieder weiter. Auf diese Weise ging immer dasselbe Bein nach vorne. Insgesamt kam ich damit sogar voran, zwar verlangsamt und für einen Beobachter komisch anzuschauen, aber immerhin voran. Ganz anders war die Möglichkeit vorne einzukreuzen: Ein Fuß hatte seinen Platz gefunden. Das hintere Bein schwang vor und kreuzte vorne über das Andere ein. Am Ende standen die beiden Füße eng nebeneinander. Mit einer Gewichtsübergabe musste sich der hintere Fuß nun erst mal lösen, um nach vorne schwingen zu können. Die Beine wechselten sich ab, anders als beim hinten Einkreuzen, aber es ging so gut wie gar nicht mehr voran. So erkundete ich meine Bewegungsmöglichkeiten als Zweibeiner und hatte Spaß daran. Schließlich kam ich wieder auf einen Straßenabschnitt, der ungewohnt eben und aufgeräumt aussah. Jetzt wollte ich mich drehen. Auch diesem Impuls gab ich nach, um schon nach der zweiten Drehung zu spüren, dass dies alleine nicht so befriedigend war. Wie schön, wenn nun eine junge, tanzwillige Frau dagewesen wäre! Vielleicht sogar noch mit Musik, am besten gleich in einem richtigen Tanzsaal. Es wurde im Allgäu im Jahreslauf wenig getanzt, wenn aber, dann war ich auf den Dorffesten, Hochzeiten und im Fasching dabei. Polka wurde getanzt, oftmals nur der *Schieber*, wie es das Wort schon sagt, die Frau vor sich herschiebend. Ich war aber nach wie vor alleine auf der Straße. So blieb mir viel Zeit über Drehschritte nachzudenken. Das flüssig wiederkehrende Einszweidrei erschien mir dabei am geeignetsten. Wenn ich mit rechts vor anfing, dann kam ich auch rechts mit dem dritten Schritt an. Der erste Schritt des nächsten Einszweidrei musste folglich mit links beginnen, also immer im Wechsel. Ich hatte ja von Musik keine Ahnung, mir gefiel es einfach nur, sie zu hören und mich auch mitnehmen zu lassen. So viel meinte ich dabei schon erkannt zu haben, dass ein Zweiertakt in der Musik mit beiden Füssen zu tun hatte, immer wieder im Wechsel, links, rechts und so weiter. Die Dreiertakte waren aus dieser Sicht wirklich eine Besonderheit. Der ständige Wechsel des führenden Beines bei jedem Einszweidrei lud mich ein, das geradlinige Vorwärtsgehen spielerischer zu gestalten, dabei schwankte ich im Takt gerne abwechselnd zu beiden Seiten. Als ich dies mit meinem ganzen Körper genießen wollte, ergaben sich die Drehungen wie von selbst.

Ich setzte meine Wanderung fort und probierte beim Gehen die unterschiedlichen Taktmuster aus. Nach dem Zweier- und Dreiertakt kam die Zahl vier, die Verdoppelung der Zahl zwei. In Viererschritten, also beim fünften wieder mit dem Anfangsschritt weiterzumachen, fühlte sich auch sehr stimmig an. Als ich die Zahl fünf im Kopf hatte, wollte auf einmal nichts mehr passen, zumindest nicht zu einer mir bekannten Musik, trotz meiner fünf Finger an einer Hand.

Bei diesem Thema fiel mir wieder der Bauer ein. Als ich ihn einmal auf das Tanzen angesprochen hatte, meinte er nur, er wolle *it alleweile schwere Wiebr rumlupfe*. Er wollte nicht immer schwere Weiber hin und her heben. Unter Männern sorgte dieser Spruch für ein Schmunzeln, gegenüber Frauen konnte man sich damit alle Aufforderungen zum Tanz dauerhaft vom Leibe halten.

Die Bäche und Flüsse wiesen mir bisher immer den Weg. Nun war es die Landquart in der Talschaft Prättigau. Auf meinem Weg flussaufwärts in östlicher Richtung wanderte ich durch Orte wie Schiers und Luzein. Abends erreichte ich den Ort Saas. Es war diesmal etwas schwieriger, eine Unterkunft zu finden, weil die Leute hier weniger gastfreundlich waren. Vielleicht lag das nur an deren ausgeprägtem Dialekt, den ich kaum verstand. Notgedrungen marschierte ich auf einen etwas abseits gelegenen Hof zu, sagte dem Bauern was ich brauchte und zeigte sogar meine verdienten Geldmünzen, weil dieses Anwesen wohl heute die letzte Chance war, ein Dach über den Kopf zu finden.

»Du kommst mir gerade recht. Du kannst mir im Stall den Balken reparieren.«, meinte der Bauer, den meine Münzen nicht sonderlich zu interessieren schienen.

»Du kannst mir den Balken gerne mal zeigen.«, sagte ich pflichtschuldig, nicht aus ehrlichem Interesse.

»Jetzt ist es schon zu dunkel, aber morgen geht´s los.«

»Jetzt brauche ich aber erst mal eine Unterkunft.«

»Geh in den Stall. Da kannst du dir alles schon mal anschauen.«

In dem engen Stall angekommen, erblickte ich die Hinterteile von drei Kühen. Rechts neben ihnen wurde ein Mäuerchen hochgezogen, dahinter ein Gang. Dort musste ich mir erst einen Platz freiräumen, weil Mistgabeln, andere Gerätschaften und ein Melkhocker herumstanden. Als ich mich schließlich niederließ, wedelte der Schwanz der Kuh direkt nebenan in meine Richtung. Manchmal streifte der Schwanz dabei sogar meine Beine. Ich konnte aber der Kuh nicht böse sein. Da es mich doch störte, drohte ich der Kuh damit, ihren Schwanz hochzubinden wie beim Melken üblich. Überraschenderweise ließ sie sich davon beeindrucken.

Der *Scherrgraben*, eine längliche Vertiefung, in die der Mist unter und zwischen den Kühen *gscherred*, hineingescharrt wurde, begann zu meinen Füßen. Links neben den Kühen endete diese Vertiefung oder dieser Graben an einer Stalltüre. Draußen direkt an der Außenwand befand sich der Misthaufen. Den Stallgeruch kannte ich zur Genüge, somit störte es mich nicht, eher im Gegenteil. Die großen Leiber der wiederkäuenden Kühe wirkten beruhigend auf mich und *Kuhpflåddr*, Kuhfladen kannte ich seit frühester Kindheit. Was sollte auch wirklich schlimm sein an Tieren, die nur Pflanzen, vornehmlich Gras fressen?

22

Als der Bauer morgens zum Melken in den Stall kam, weckte er mich unfreundlich und raunzte mich an:

»Hast du den Balken schon gesehen? Zu übersehen ist er ja nicht, oder?« Erst jetzt schaute ich verschlafen nach oben. Tatsächlich hing ein Deckenbalken in der Mitte bedrohlich nach unten durch. Das Holz hatte sogar schon zu reißen begonnen. Der Riss war schon einen Meter lang und die entlang der Holzfaserung entstandene Spitze des eingerissenen Holzes kam der untenstehenden Kuh ziemlich nah. Die Kuh schien damit weniger Probleme zu haben, ganz im Gegensatz zum Bauern, der weiter auf mich einredete:

»Du bist doch Zimmerer. Also repariere den Balken. Du siehst doch wie gefährlich das Holz nach unten durchhängt!«

»Vielleicht kann man den Balken ja abstützen?« Jetzt wurde der Bauer erst recht missmutig und pfefferte mir postwendend zurück:

»Siehst du denn nicht, dass eine Kuh unten steht? Wie soll das gehen? *Jetzt werd mal richtig wach und kümmer dich endlich darum!*« Rein sachlich gesehen hatte der Bauer natürlich recht. Eine Stütze war keine Lösung, dauerhaft schon gar nicht. Ich erhob mich und wackelte immer noch schlaftrunken zu dem Balken, der mit gestreckten Händen gut zu fassen war. Der Balken, und überhaupt der ganze Stall, war alt und dreckig. Als ich mit einer Hand an dem dunklen Holz entlangfuhr, fasste ich in Spinnweben. Es bröselte sogar ein bisschen und meine Finger meinten alte Kuhscheiße zu betasten. Wie die dort oben hinkam wollte ich gar nicht wissen. Jetzt galt es, einen kühlen, sachlichen Ton anzuschlagen. Also fragte ich möglichst gleichgültig:

»Was ist denn über dem Stall?«

»Was soll schon dort sein? Das Heu natürlich.«

»Das schaue ich mir am besten mal an.«

»Also gut. Geh außen herum. Auf der anderen Seite ist der Eingang.« Mit raschen Schritten stahl ich mich am verdutzten Bauern vorbei und war froh als ich ihn hinter mir gelassen hatte. Draußen begrüßte mich die frische Morgendämmerung, die mir richtig friedlich vorkam. Um das Haus herum war der Boden festgetreten, stellenweise aber auch von den Hufen der Kühe durchlöchert. Das unebene Feld mit den wenigen Bäumen schien von der Nacht her noch ruhen. Es schien der Natur zu gefallen, nur für sich selbst da zu sein. Auch ohne den Menschen kämen die vielen Pflanzen und Tiere alleine zurecht. Ich riss mich von diesem friedlichen Anblick weg und stapfte ums Haus herum einen Hang aufwärts. Das was das natürliche Gefälle der Landschaft nicht schaffte, nämlich einen ebenerdigen Zugang ein Stockwerk höher auf der anderen Seite des Hauses zu ermöglichen, wurde durch eine Aufschüttung erreicht. An der steilen Böschung sah ich Tau auf den Gräsern. Ich bewegte meine Hände darin und reinigte sie mit den vielen Tautropfen, die für mich zu Wasser wurden. Sogar mein Gesicht konnte ich auf diese Weise waschen und den letzten Rest von Schlaf aus den Augenwinkeln abwischen. Mit dem Gang ins Obergeschoss wollte ich mir nur Zeit verschaffen. Dort angekommen wartete ich nur noch bis der Bauer angeschnauft kam. Der fragliche Balken musste am besten ganz ausgewechselt werden, dies war mir auch ohne langjährige Berufserfahrung klar.

»Der Balken ist schon so alt. Eine Schiene zu beiden Seiten bringt nichts, weil das alte Holz schon zu morsch dafür ist.«

»Und dafür musst du nach oben laufen?«

»Ich muss sehen, was sich auf dem Balken befindet.«

»Das hätte ich dir gleich sagen können.«

»Wie auch immer. Du musst den Balken auswechseln.«

»Und woher soll so ein Balken kommen?«

»Das ist nicht mein Problem!«

»Weißt du überhaupt, wie lange es dauert, bis ich einen aus dem Wald rausgeschlagen habe?«

»Freilich weiß ich das!«, betonte ich selbstbewusst. Tatsächlich war ich noch nie direkt beteiligt am Zurechtsägen eines Balkens. Wahrscheinlich war es sinnvoll, ein Sägewerk zu beauftragen, dies sagte ich ihm aber nicht.

»Ich brauche sofort eine Lösung!« Nun fing der Bauer an, von einem streitlustigen in einen eher jämmerlichen Tonfall zu wechseln.

»Vielleicht kann ein Nachbar aushelfen?«

»Ach, was!« Seine Gestik war eindeutig abfällig. Seine Hand schlug nach einer Fliege, die gar nicht vorhanden war und die er nur verscheuchen, nicht ergreifen konnte.

»Und wenn du einen neuen Balken hast, dann kann ich alleine auch wenig ausrichten. Wir müssten mindestens zwei Zimmerer sein, besser sogar drei.«

»So, so. Und warum bist du dann überhaupt hier?« Seine Augen funkelten nun richtig böse.

»Weil ich auf der Walz bin.«

»Scher dich zum Teufel!«

Das prägende Element der Landschaft um Klosters bildete der breite Talkessel, wo sich die Landquart mit zwei Bächen vereinigte, einer floss von der linken, der andere von der rechten Seite in sie hinein.

Als ich nach Davos fragte, wurde mir der Weg in Richtung Süden gewiesen. Es ging bergan, weil sich Davos ein paar hundert Meter über dem Talkessel von Klosters befindet.

Zuerst überquerte ich einen Gebirgsübergang. Am Wolfgangpass angekommen kam ich in ein neues längliches Tal, das Landwassertal. Schon von der Weite erkannte ich, dass auch hier die Viehzucht den Haupterwerbszweig bildete, so wie eigentlich fast überall in den Alpen.

Die Straße nach Süden bis zum Davoser See verlief ziemlich flach. Am See wanderte ich am westlichen Ufer entlang und sah den Ort Davos schon vor mir. Der See links unter mir war die einzig waagrechte Fläche weit und breit. Die *bucklige* Welt, so sagte man redensartlich, war nirgends eben, hier insbesondere mit den umgebenden Bergketten der Alpen und den hügeligen Wiesen. Auch die Straße musste sich durch Kurven an das Gelände anpassen. Auf der glatten, manchmal von den Sonnenstrahlen gleißenden Oberfläche des Sees spiegelte sich die ganze Umgebung. An einer günstigen Stelle stieg ich direkt ans Ufer hinunter, ging in die Hocke und ließ das stille Wasser auf mich wirken. Ich sah mein Spiegelbild auf der Wasseroberfläche. Wann hatte ich mich so zuletzt gesehen? Wie sehr sich das Wasser selbst verändern konnte! Fließend zeigte es sich oft undurchschaubar, überaus lebendig und in so manchen unterschiedlichen Farben. Als stehendes und ruhiges Gewässer zeigte es dem Betrachter nicht sich selbst, sondern den, der selbst zur Ruhe gefunden hatte und auf die Wasseroberfläche schaute. Als ich mich lange genug angeschaut hatte, zerstörte ich mein Ebenbild, indem ich mit der Hand in das Wasser griff und begann, erst meine Hände und dann mein Gesicht zu waschen. Ein vom Wind daher gewehtes Blatt fiel einen Meter neben mir auf das Wasser. Es landete sanft und blieb liegen. Dieser Neuankömmling wurde nicht sofort verschlungen, sondern wie auf Händen getragen. Erst als das Blatt eine gebührende Zeit auf dem Wasser thronen durfte, wurde es hinabgezogen. Mit diesem Bild vor Augen spürte ich eine innere Schwere, die mich rasten lies. Nach einiger Zeit nahm der Wind zu und raute die Oberfläche der Wasseroberfläche auf. Es war ein warmer Wind, ein Sommerwind, der von Süden herwehte. Als er sich wieder legte, beruhigte sich auch das Wasser und die Umgebung war wieder doppelt zu sehen.

Der Bach, der den Davosersee entwässerte, vereinigte sich recht bald mit dem größeren Flüelabach. Hier stand ich nun und konnte in das Seitental Flüela blicken, welches, wie ich wusste, den Übergang zum Engadin ermöglichte.

Das Schweizerdeutsch war sehr eigen, ich begann allmählich, mich daran zu gewöhnen. Es fiel mir nicht schwer, mit Leuten auf der Straße ins Gespräch zu kommen. Eine etwas ältere Frau erzählte mir etwas über diese Gegend hier. So ist *Flüela* die Verkleinerungsform zu Fluh, schweizerdeutsch *Flueh* für felsiges Gebiet. Und der Flüelapass ist ein über 2300 Meter hoher Gebirgspass im Schweizer Kanton Graubünden zwischen Davos im Landwassertal und Susch im Unterengadin. Zudem sei dort auch eine europäische Hauptwasserscheide. Die Namen der Berge, Schwarzhorn und Flüela Wisshorn, zwischen denen der Pass verläuft, interessierten mich eher weniger. Mir war nur wichtig, dieses Haupthindernis für meinen Weg nach Süden hinter mich zu bringen.

»Da werden Sie sich schön anstrengen müssen, um rüberzukommen«, sagte die Frau und lächelte wissend wegen dessen was auf mich zukam. Daraufhin fragte ich etwas beunruhigt:

»Wie schlimm ist es denn?«

»Hauptsächlich kommt es auf das Wetter an, sogar bei gutem schaffen es nicht alle. Aber ich glaube, Sie sind jung und stark genug.«

»Ja, das denke ich auch. Mir ist nur noch nicht klar, wie anstrengend es wird.«

»Wichtig ist früh genug zu beginnen, am besten schon, bevor es zu dämmern anfängt.«

»Hier sehe ich eine Straße, die hochgeht. Ist die Passstraße schon fertiggestellt?«

»Ja, schon seit zwanzig Jahren. Die Postkutsche fährt mehrmals pro Woche. Das würde ich Ihnen aber nicht empfehlen.«

»Warum denn nicht?«

»Die ist sehr teuer! Und das ständige *Gerottel* und Gewackel ist bestimmt nicht jedermanns Sache. Aber Sie schaffen das schon, bis zum Passhospiz zu Fuß zu kommen.«

»Ich muss also in einem Satz rauf und dann übernachten?«

»Das habe ich doch gesagt. Sie müssen sehr früh aufstehen.«

»Also heute wird das auf jeden Fall nichts mehr …«

»Jetzt gehen Sie erst einmal in ein Gasthaus und stärken sich. Dann ruhen Sie sich aus und morgen, da haben Sie wohl Glück, soll das Wetter gut werden.«

»Können Sie mir einen Gasthof empfehlen? Am besten mit einem Bett für die Nacht.«

»Gehen Sie zum Seehof. Der ist gleich dort vorne.«

»Ich bedanke mich sehr herzlich bei Ihnen.«

Das war nicht nur so daher gesagt. Diese Frau hatte mir wirklich geholfen. Ohne sie wäre ich einfach losgegangen, um dann zu merken, dass ich wieder umkehren musste. Bei zunehmender Dunkelheit wär ich wohl wieder ins Tal hinuntergestolpert. Wahrscheinlich wäre es sehr schwierig gewesen, dann noch Hilfe zu bekommen.

Ich folgte den Ratschlägen der Frau und begab mich zum Seehof. Abends gönnte ich mir ein herzhaftes Mahl, ein Gericht mit Rindfleisch und schmackhaften Knödeln. Mit der Bedienung hatte ich gesprochen und ausgehandelt, mehr Knödel zu bekommen. Mehr Fleisch wäre viel teurer gewesen, aber ein paar Knödel mehr waren erschwinglich. Ich achtete darauf, bis zum letzten Knödel noch genügend von der Soße und dem Fleisch zu haben. Wie blöd wäre es gewesen, wenn ich mit einem leeren Teller noch Knödel nachbestellt hätte?

Während ich den letzten Knödel verspeiste, erinnerte ich mich wieder an das Essen der Bäuerin, die mir tagein, tagaus dasselbe vorsetzte. Damit kam sofort wieder die Brandnacht in mir hoch.

Warum das Feuer ausbrach, weshalb nicht einen Hof weiter und wieso in diesem Jahr und nicht schon viel eher, all diese Fragen würde ich wohl nie beantwortet bekommen. Letzten Endes bekam ich von dem Feuer einen Tritt, der mich in ein neues Leben beförderte. Mein Wiederholen von Gewohnheiten, die sich wie bei allen Menschen in sich selber halten, wurde jäh beendet. Das Feuer hatte weder auf meine eigene Trägheit, ja nicht einmal auf die Menschen selbst Rücksicht genommen! Unter normalen Umständen genügte ja oft nur ein einziger Grund oder eine Zurechtlegung, um alles so zu lassen wie es nun mal war, obwohl Vieles für eine Veränderung sprach. In meinem Fall wurde ich überhaupt nicht gefragt, das Feuer schaffte ganz einfach Tatsachen. Dabei hatte ich auch Glück, denn ich hatte es immerhin geschafft, bis hier nach Davos zu kommen. Ohne Glück wäre ich vielleicht schwer verbrannt worden, ohne Glück hätte ich Anton nicht getroffen und wer weiß wo ich dann heute wäre.

Meine Mutter kam mir immer wieder in den Sinn. Was dachte sie wohl von mir? Aus ihrer Sicht war ihr Sohn verschwunden. Der Hof, auf dem ich arbeitete, hatte gebrannt. Eine Leiche ihres Sohnes wurde nicht gefunden, offensichtlich war ich weggelaufen, was ja auch stimmte. Aus diesen Sachverhalten musste sich meine Mutter eine eigene Geschichte erzählen, um selbst damit umgehen zu können. In meiner Vorstellung sah ich sie abends alleine in der Magd-Stube sitzen, ihre Hände im Schoß friedlich geschlossen. Vielleicht hatte sie eben in einem Gebet auf eine Marienstatue geschaut und an mich gedacht. Ich konnte mir gut vorstellen, wie sie argwöhnische, vielleicht sogar anklagende Stimmen zu meinem Verbleib gehört, trotzdem nie daran geglaubt hatte. In ihrem Herzen hielt sie bestimmt an einer tröstenden Gewissheit fest, dass alles ein gutes Ende hatte. So wartete sie eigentlich nur darauf, von mir zu hören.

Wann sollte ich ihr schreiben? Dabei musste ich ja auch bedenken, dass mein Brief an sie in die falschen Hände gelangen könnte. Es musste ja nur ein Postmeister oder ein Zusteller etwas argwöhnisch sein und sich fragen, warum denn nun auf einmal meine Mutter einen Brief bekam. Und bestimmt hatte sich der Brand des Hofes herumgesprochen! Einerseits wollte ich sie nicht länger im Unklaren lassen, andererseits tat ich bestimmt gut daran, Gras über die Sache wachsen zu lassen. So wägte ich ab und entschied mich zu warten. Das Postamt in Davos würde ich also nicht besuchen, eher das Postamt in Meran.

23

Flüelapass, Mittwoch, den 06.07.1887 und
Donnerstag, den 07.07.1887

Ich vertraute darauf, wie immer früh wach zu werden und
als ich meine Augen aufmachte, sah ich einen neuen Tag
beginnen. Durch das kleine Fenster des billigsten Zimmers
des Seehofes schien das erste Licht des neuen Tages herein.
Schlagartig war ich wach, setzte mich hin und war sofort
wieder, wie gestern, innerlich mit der bevorstehenden Berg-
wanderung ausgefüllt.

Bevor ich endgültig aufstand, nahm ich mir einige Augenblicke, um meine nackten Beine anzuschauen. „Mit diesen
Beinen werde ich es schaffen", bestätigte ich mir. Ich massierte meine Schenkel ein wenig und spürte ein bisschen
nach. Recht bald merkte ich ganz deutlich, wie sie keine
weitere bewusste Zuwendung mehr wollten und brauchten.
Also schnellte ich nach oben und bewegte mich. Gehend
kann man sich nicht mehr selbst massieren. Meine Beine
waren ganz einfach gesund und gingen wie von selber!

Auf einem Tischchen stand eine Kanne Wasser mit einer
Schüssel daneben. Vielleicht wollten ja die Gastgeber, dass
sich ihre Gäste waschen. Ich nutzte also das Wasser für eine
Katzenwäsche. Für eine eingehendere Waschung hätte ich ein
Handtuch gebraucht, um mich abzutrocknen. Da ein solches
nicht zur Verfügung stand, zog ich gleich meine Kluft an,
etwas Anderes hatte ich ja nicht. Eigentlich sah sie einigermaßen sauber aus, obwohl ich sie seit über zwei Wochen
trug. Ein paar Flecken konnte ich mit Wasser behandeln und
größtenteils beseitigen. Die schwarze Farbe der Kluft erwies
sich auch hier als vorteilhaft, auf schwarz sieht man den
Dreck einfach weniger. Von Zuhause war ich es gewohnt, das
sich Waschen nicht zu übertreiben. Ein Sonntag wurde
generell als der Tag für eine gründlichere Waschung gesehen,
weil man ja auch den Sonntagsanzug hervorholte. Zudem
hatte ich während meiner bisherigen Wanderschaft nicht den

Eindruck, dass man es woanders anders sieht, mit der Ausnahme des vornehmen Ehepaares in Maienfeld. Die beiden schienen es mit dem Waschen genauer zu nehmen. Hierzu fiel mir ein Witz ein: *Uimoal im Johr wered Pfiaß gwäsche, ob as brucht odr it!* Einmal im Jahr werden die Füße gewaschen, ob es nötig ist oder nicht.

Ich hatte mir gestern noch eine Wegzehrung zugelegt. So packte ich meine Siebensachen und zog los. Draußen war es noch frisch und die Morgendämmerung lud mich ein, mit ihr den Tag zu beginnen. So wie die Sonne auch heute wieder ihren höchsten Punkt erreichen würde, so wollte auch ich bis zur Passhöhe steigen. Ich hatte Glück mit dem Wetter, wie es mir die Frau gestern schon vorausgesagt hatte. Ein Regentag hätte wohl alles vereitelt.

Die Straße mit den beiden Fahrspuren führte ziemlich steil ansteigend durch Wälder. Die zwanzig Jahre seit Errichtung der Straße waren ihr deutlich anzusehen. Immer wieder entdeckte ich nachträglich ausgebesserte und erneut befestigte Stellen, weil der Winter und Starkregen der Straße zugesetzt hatten. Aber auch die Postkutsche trug ihren Teil dazu bei. Ich hörte sie bevor ich sie sehen konnte. Das Gerumpel der eisenbeschlagenen Räder, das Klackern der Hufeisen der Zugtiere und das Quietschen der Kutsche wirkte alarmierend, dagegen waren die Geräusche von den Pferden und dem Kutscher beinahe beruhigend anzuhören. Als die Kutsche auf meine Höhe kam, hatte ich die Straße bereits zur Seite verlassen. Der Kutscher, der sich mit beiden Beinen auf seinem Bock einspreizte, nahm kurz Blickkontakt mit mir auf und ließ seine Peitsche über den zwei mal zwei Pferden genau dann knallen, als er sich wieder dem Weg zuwandte. Im Innenraum der Kutsche konnte ich einen Mann erkennen, der wild hin und her geschaukelt wurde. Die Frau von gestern hatte recht; wer nahm schon freiwillig diese Beschwerlichkeiten auf sich?

Als der Lärm der Kutsche nachließ, beschäftigte ich mich gerne wieder mit der Natur. In einer Waldlichtung begleitete mich ein vom Tal aufsteigender Wind. Der Wind wollte wie ich nach oben, diese Wahrnehmung nahm ich dankbar an. Die Wipfel einiger Bäume über mir bewegten sich sanft hin und her, wie das Schaukeln einer Kinderwiege. Der Wind durchstreifte alles in der Berglandschaft, jeder Baumstamm, jeder aufragende Fels, auch ich selbst wurde berührt, umfasst von dem unablässigen Zug der Luft. Was wollte der Wind? Vielleicht wollte er sich hier im Wald auskämmen von all dem was er im Tal mitgenommen hatte.

Es wurde steiler an den fichtenbestandenen Hängen. Als es sogar den Lärchen zu hoch wurde, gab es ausgedehnte steile Wiesen, die mitunter landwirtschaftlich genutzt wurden. Bäche sprangen förmlich durch die Wiesen hinunter. Noch weiter oben wuchsen Latschenkiefern, schließlich zeigte sich nur noch nacktes Gestein mit Geröll und silbernen Felsen. Die Bäche wurden kleiner, wenn sie keine Wiese mehr vorfanden, durch die sie sich einen Weg bahnen konnten, dann schossen sie eben wild durch eine Gesteinslandschaft. Das Wasser, vom Rinnsal bis zum Sturzbach, nahm dabei unterschiedliche Grautöne an.

Die Kehren der Straße wurden enger. Manchmal kürzte ich den Weg ab und ging beherzt direkt steil nach oben, auch wenn es kurzzeitig anstrengender war. Mich beseelte die Überzeugung, dass es nicht ewig weiter hochgehen könne. Irgendwann musste doch der höchste Punkt erreicht sein.

In sehr kurzer Zeit verdichteten sich die Wolken und der Wind nahm zu. Es begann zu regnen. Jetzt wusste ich auch den zweiten Grund, warum mein Hut so eine breite Krempe hatte. Man wurde ganz einfach weniger nass. Auf der Baustelle schützte der Hut meinen Kopf, nun sollte er möglichst breit wie ein Regenschirm sein. Nach einiger Zeit konnte ich am Ende der breiten Hutkrempe ein unspektakuläres, nicht minder beeindruckendes Naturschauspiel beobachten. Die Regentropfen fielen entweder gleich herunter oder, dies fand ich interessanter, lösten sich als Tropfen auf, durchnässten den Rand der Krempe und bildeten dort einen leicht hängenden Rand. Das Wasser stellte selbst keine Ansprüche, wo genau es sich sammeln wollte, die Form der Krempe, wie sie nun mal war, wurde akzeptiert. Mit der Zeit wurde dieser hängende nasse Rand immer voller und schwerer. Nun bildete sich an einer geeigneten, meistens der tiefsten Stelle eine Beule, die schnell bauchiger wurde. Schließlich gab es kein Halten mehr und aus der Beule wurde wieder ein einziger runder, fallender Tropfen, der sich mit einem Zittern löste. So schnell konnte ich gar nicht schauen, wie sich dieser neue Tropfen seine neue kugelige Form gab. Das Wasser von sich aus wollte immer rund sein, nie eckig.

Wie schwer das Wasser war! Und die Wolken brachten dieses riesengroße Gewicht der Wassermassen über das Land und ließen es gnädig abregnen. Bei diesen Betrachtungen konnte ich mich in eine andächtige Stimmung versetzen, denn wie klein war ich tatsächlich in dieser großartigen Schöpfung. Ich hatte gelernt, alles Wasser fließt ins Meer und von dort steigt es wieder auf zu den Wolken. Insgesamt ist ein Kreislauf zu erkennen in dem das Wasser immer wieder von neuem von oben herunterkommt.

Es regnete unablässig weiter. Dabei fiel nicht nur Wasser zum Boden, es regnete auch diese Inspiration in meinen Kopf: „Ist es nicht so, dass das Wasser schon zweimal die ganze Erde bedecken konnte? Diese Erfahrung trägt das Wasser in sich und möchte wieder dahin. Ich weiß nicht wo genau dieses Gedächtnis des Wassers sein sollte; aber kommt das Wasser nicht regelmäßig immer wieder über das Land? Es regnet herunter, bahnt sich seinen Weg von oben nach unten, gestaltet üppige Landschaften und nimmt auf seinem Weg zurück zum Meer so manches mit. Wie ein Bach nicht glasklares Regenwasser mit sich bringt, wenn er in einen See fließt und somit zu dessen Verlandung beiträgt, so bringen all die Flüsse beachtenswert viel Material mit ins Meer, wo es in dessen Tiefen verschwindet, jeden Tag ein bisschen mehr. Will das Wasser eigentlich alles Land abtragen oder es zumindest bedecken?"

Dass die gesamte Erde zweimal komplett von Wasser bedeckt wurde, wusste ich von meiner religiösen Erziehung. Im Schöpfungsbericht heißt es: „Am Anfang schuf Gott Himmel und Erde. Die Erde war wüst und leer, Finsternis lag über den tiefen Fluten, und über dem Wasser schwebte der Geist Gottes." Wenige Zeilen später steht: „Gott sprach: Das Wasser unterhalb des Himmels soll sich an einem Ort sammeln, damit das Trockene zum Vorschein kommt. So geschah es. Gott nannte das Trockene „Erde" und die gesammelten Wassermassen „Meer".

Beim zweiten Mal zu Zeiten Noahs steht geschrieben: „Und das Wasser stieg immer noch höher über der Erde, so dass alle höchsten Berge überflutet wurden. Erst nach Monaten verlief sich das Wasser allmählich wieder von der Erde und die Gipfel der Berge kamen wieder zum Vorschein." Und am Ende dieser Geschichte steht geschrieben, dass Gott trotz dem Frevel der Menschen keine weitere Sintflut schicken wird, um in einer großen, weltumspannenden Flut alles zu ersäufen.

Die ganze Erde war schon zweimal komplett von Wasser bedeckt! Die Bemerkung von Anton, der Bodensee sei früher doppelt so groß gewesen, verlor damit seine zunächst beeindruckende Aussage. Das Verhältnis zueinander stellte ich mir bildlich vor mit einem Bauern, der ein ganzes Feld gemäht hatte und am Abend noch ein einzelnes Grashälmchen am Feldrand entdeckte. Je mehr ich in diesen Betrachtungen verweilte, desto mehr überkam mich so etwas wie ein heiliges Erschauern. Ich genoss diese Wahrnehmung, selbst gering und unbedeutend zu sein und zugleich einem Gott gegenüberzustehen, der unendlich größer ist. Alles um mich herum, was auch immer sich auftürmen wollte, mir bedrohlich erschien, war auf einmal nicht mehr vordergründig. Ich fühlte mich geborgen, ging meinen Weg weiter und einem anfänglich leisen, bohrenden, alles wegwischenden Zweifel wollte ich nicht nachgeben.

Das Erreichen der Passhöhe bemerkte ich an dem ebener werdenden Gelände. Ich befand mich in einer verregneten, nebligen Suppe, hier auf dem höchsten Punkt meiner gesamten Wanderung mit über 2300 Höhenmetern. Es war mir nicht möglich, diesen Höhepunkt richtig zu genießen, weil ich hauptsächlich damit beschäftigt war, den Widrigkeiten der Natur zu trotzen. Zudem hatte ich seit Beginn des Regens höllisch aufzupassen, wohin ich trat. Ein flacher Stein ermöglichte bei Trockenheit einen sichereren Tritt, mit Regen jedoch konnte derselbe Stein zu einer Rutschfläche werden!

Trotzdem war alles in mir auf ein ständiges Weitergehen ausgerichtet. Mein Körper und Geist hätten es gar nicht zugelassen, einfach nur stehen zu bleiben. Und dies aus gutem Grund, denn die Umgebung war lebensfeindlich! Kälte, Nebel, Wind, kein Nahrungsangebot, Unsicherheit; was wollte ich hier? Freilich war das Hochgebirge auf seine eigene Art auch schön. Eine schreckliche Schönheit.

Doch der Regen nahm keine Rücksicht auf mich und meine Bedürfnisse, sondern prasselte unablässig auf mich herunter. Je nasser ich wurde, desto mehr empfand ich es als ein Herunternageln. Wie unbarmherzig der Regen sein konnte. Er durchnässte und erschwerte mir die Kleidung, um mich dann „bis auf die Knochen" abzukühlen. Von dieser Redensart musste ich mich augenblicklich losreißen. Gleiches galt für eine religiös daherkommende Empfindung, nämlich: „Dort oben ist Jemand, der weiß, ob ich es überlebe oder nicht." Stattdessen überlegte ich, ob es wohl besser wäre eingeschneit zu werden? Schneeflocken würden viel langsamer herunterfallen und sich lautlos und sanft auf mich legen. Die Stille wäre vollkommen. Leichter Regen war auch geräuschlos, doch jetzt hörte ich sein Prasseln ganz deutlich. In beiden Fällen, bei Regen und Schnee, würde meine Sicht verhangen und der Untergrund rutschig sein. Die Kälte würde sich unter meiner Kleidung festsetzen. Wenn das Schneien andauern sollte, würde jeder Schritt zu einem Kraftakt werden bis schließlich ein Vorwärtskommen kaum mehr möglich war. Am Ende wäre ich von allen Seiten, unter, neben und über mir, von Schnee umgeben, zitternd vor Kälte und Verzweiflung.

Ich hielt mich stur an den Straßenverlauf mit der Hoffnung, das Passhospiz zu finden. Als ich eine Abzweigung nach rechts entdeckte, jubelte ich innerlich. Ich hatte es geschafft, mein heutiges Ziel zu erreichen. Als ich dann in der Berghütte meine regennassen und schweren Kleider ausziehen konnte, wickelte ich mich in eine Decke und setzte mich dankbar an den Kachelofen. Dort war es *mugele*, wohlig warm. Bis zum Schlafen wollte ich keinen Schritt mehr als nötig gehen.

Am anderen Tag, am nächsten Tag regnete es nur noch leicht. Mir wurde empfohlen weiterzusteigen, weil das Wetter sich so oft und unvorhersehbar ändere. Als ich einen See hinter mir gelassen hatte, führte mich der Weg hinunter. So wie ich gestern fast nur bergauf kraxeln musste, so stieg ich jetzt wieder bergab. Jeder Höhenmeter, den ich hinter mir lassen konnte, entfernte mich von all den Gefahren der Berge. Erst weiter unten würde wieder ein einigermaßen gesichertes Überleben möglich sein!

Als der Regen nachließ, schaffte es die Sonne hin und wieder, ein paar vereinzelte, siegesgewisse Strahlen bis zum Boden zu senden. Alles strahlte in einem verheißungsvollen Licht. Die vielen kleinen Regentropfen der nassen, leicht nebeligen Luft leuchteten, teilweise sogar in Regenbogen-farben. Die größeren Tropfen auf den triefenden Pflanzen glänzten und zauberten für mich ein Bild einer wie neu geborener, vor Kraft strotzender Natur. Das Licht hatte sogar die Kraft, junge lindgrüne Blätter zu durchscheinen, so dass sich deren innere Strukturen mit Verästelungen überdeutlich zeigten. Beim Blick gegen die Sonne zauberten deren Strahlen für meine Augen an den Blatträndern einen kleinen hell-leuchtenden Feuerring, einen gleißenden Rand, der genau an den Umrissen jedes letzte kleine Härchen betonte. Hatte das Licht bei der Erschaffung der Welt auch so geleuchtet?

Leider verlor sich der Zauber schnell, nachdem der Regen endgültig aufgehört hatte. Ich erinnerte mich wieder an mein heiliges, vielleicht besser gesagt, ergriffenes Erschauern, das ich erst gestern erlebt und genossen hatte. Doch dieses be-sondere Gefühl wollte sich nicht wiedereinstellen. Es half auch nicht, mir den Sinngehalt meiner Inspirationen wieder vor Augen zu führen. Trotzdem brütete ein Gedanke in mir, einer zu den Besonderheiten des Wassers; doch welcher?

Ich vergegenwärtigte mir den Wasserkreislauf, so wie ich ihn bislang verstanden hatte. Dabei stellte ich mir das Meer als den Bodensee vor, nur viel größer. Von dort verdunstet das Wasser auf wundersame Weise. Deutlich unter der Siede-temperatur schafft es das Wasser, in die Luft überzugehen. Ein weiteres Wunder ist das Aufsteigen des Wassers bis es sich in Wolken sammelt, die dann auf Wanderschaft gehen. Wenn die Wolken dann abregnen, lösen sie sich eigentlich selbst auf. Auf dem Boden angekommen, sammelt sich das Wasser schließlich wieder in großen Flüssen, die zurück zum Meer fließen. Meine Gedanken wiederholten diese Abläufe wie ein Kreislauf, der ja auch immer wieder von neuem beginnt – bis sich diese Einsicht herausschälte: Vom Meer aus, an der tiefsten Stelle der Erde, dort wo es sich sammelt, setzt das Wasser seinen Kreislauf in Gang. Nicht vom Himmel her, nein, von ganz unten!

24

Unterengadin, Freitag, den 08.07.1887

Ich war jetzt schon den zweiten Tag im Unterengadin. Am Inn entlang führte der Weg immer leicht bergab.

Gestern konnte ich in Schuls übernachten. Was für ein Glück ich doch hatte, denn beinahe hätte ich das kleine Dorf verfehlt. Als ich in der Abenddämmerung dort ankam, war es sehr schwierig, mich verständlich zu machen, weil *Vallader*, ein rätoromanischer Dialekt hier die Hauptsprache war. Glücklicherweise fand ich jemanden, der *Bündnerdeutsch* gesprochen hatte. „Mit Händen und Füßen", wie man sagte und einzelnen deutschen Worten konnte ich mich glücklicherweise verständigen. Als ich endlich neben einem Kuhstall mein Nachtlager gefunden hatte, schaute ich dankbar auf den Tag zurück. Hier war es immer noch besser als irgendwo im Wald, an einen mächtigen Baum gelehnt die Nacht zu verbringen. Sicher hätte ich dann, wenn überhaupt, kaum geschlafen aus Angst vor wilden Tieren oder etwas Unvorhersehbarem.

Jedes Alpental ist einzigartig. In jedem hatte sich ein Fluss sein Bett immer tiefer gegraben und so entstand insgesamt eine V-Form. Vor vielen Jahren war das V wohl noch nicht so tief, wobei in der augenblicklichen Betrachtung alles wie festgemeißelt aussah. Demzufolge war das Wasser in der Mitte des Tales ständig am Arbeiten. Dies brachte mich auf den inspirierenden Gedanken, dass am Fuße des Flusses die Steine wanderten, immer weiter stetig abwärts. Ich näherte mich dem Fluss, um mir das genauer anschauen. Ich erwartete nicht, sich bewegende Steine beobachten zu können, dennoch wollte ich mit dem was mich innerlich bewegte genauer hinsehen. Wie endlose Schnüre fädelte die Strömung über die Steine. Der Fluss war wohl gestern so wie heute, aber es gab ja auch die Jahreszeiten! Deswegen musste ich mich fragen, ob der Fluss letztes Jahr genauso ausgesehen hatte? Und vor zehn Jahren? Vor hundert Jahren? So große Zeiträume! Und ich sah hier augenblicklich keinen einzigen Stein beim Wandern. Was jedoch konnte ich erkennen?

Weiter vorne entdeckte ich ein ausgefressenes Ufer, dies erkannte ich an den nackten Wurzeln, die ohne Erdreich ins Flussbett hineinragten. Vor einiger Zeit ruhten die Wurzeln noch im Boden und gaben allem einen Halt, jetzt wollten sie sich starrsinnig nicht mit den neuen Geländeverhältnissen abfinden. Das Wasser hatte sich diesen Bereich genommen und das gesamte Erdreich mitgerissen. Weggerissene braune Erde kannte ich aus eigener Erfahrung, wandernde Steine dagegen nicht. Wie witzig war doch diese Vorstellung: Das was dem Wesen nach schwer ist und daher genau dort bleibt wo es ist, fängt an sich zu bewegen, hin zu immer tieferen Lagen. Selbstverständlich wandern Steine nicht von sich aus, sondern durch die Kraft der Strömung. Ist diese stark genug, purzeln die Steine im Flussbett, dabei reiben sie sich oder schlagen aneinander. Eigentlich ist jeder abgerundete Stein ein Beweis für diesen Vorgang.

Das Flusswasser hatte durch die Strömung Kraft, das war eindeutig zu sehen, dazu musste ich nicht hineinsteigen. Ein paar Meter vor mir blieb mein Blick an einem großen Stein hängen. Die Oberseite des etwa zwei auf drei Meter großen Brockens, der etwa einen halben Meter aus dem Wasser herausragte, war trocken und es war sogar so etwas wie Moos auszumachen. Wie schnell bewegte der sich, besser gesagt wurde er bewegt? Das friedliche Wasser, das zu beiden Seiten anschmiegsam um den Stein herum floss, konnte ihm nichts anhaben. Das flüssige Element war aber unablässig und konnte auch „andere Seiten aufziehen", anschwellend, mitreißend und gewalttätig sein. Dann war der Stein ein Fels in der Brandung, diese Redewendung hatte ich schon mal gehört. Letztlich war es nur eine Frage der Zeit, bis er diesen, seinen Platz für immer verlassen musste. Das Kleine bleibt nicht klein und das Große nicht groß. Auf jede Nacht folgt der Morgen und jeder Abend gibt sich unwiderruflich verloren.

Ich kam an einem Hangrutsch vorbei, der meine Aufmerksamkeit fesselte. Etwas Gewalttätiges ging davon aus, sicherlich wegen der gewaltigen Kräfte, die hier am Wirken waren. Warum gab es diesen Hangrutsch oder sollte man besser sagen Bergsturz? Der Inn unten gräbt sich immer tiefer in sein Bett und auch in die seitlichen Richtungen. Irgendwann ist ein Hangbereich direkt am Fluss unterhöhlt und er rutscht nach unten. Der eigentliche Auslöser war wohl langandauernder Regen oder Starkregen. Ich konnte mir zurechtlegen, wie das eindringende Wasser vorher gebundene Bodenschichten löste. Die Schwerkraft lässt dann die Erd- und Gesteinsmassen abgleiten. Diese Massen fallen bis zum tiefsten Punkt, dem Flussbett. Der Fluss macht trotzdem weiter mit dem was er immer macht. Das Wasser sucht sich seinen Weg nach unten. Wenn ein neues Hindernis anzutreffen ist, dann fließt das Wasser unbeirrt darauf zu, umfließt es nach Möglichkeit, staut sich vielleicht bis zum Überfließen, findet kleinste Lücken, ändert seinen Verlauf ohne am Alten stur festzuhalten, nimmt mit was sich leicht löst, schwillt manchmal an, um auch Schwereres mitzureißen und auf lange Sicht gewinnt das Wasser immer!

Das, was der Hangrutsch hinterließ, war der freie Blick in tiefere Schichten der Erde. Hätte man ein Loch graben müssen, um eine ähnliche Ansicht zu bekommen, wäre viel, viel Arbeit nötig gewesen. Ich bekam diesen Einblick in die Tiefen der Erde dagegen umsonst. Ganz oben sah ich die letzten Bäume, die sich gerade noch halten konnten. Deren Wurzeln krallten sich ins Erdreich, so wie ich es kannte: Humus, Lehmanteile sowie kleinere und größere Steine. Nach etwa einem Meter war nur noch Gestein zu sehen. Dieses untere Urgestein war auffallend uneinheitlich mit seinen wechselnden Farben, den Verläufen von Schichten und Gesteinsarten. Aber sonst? Wie tief ich auch schauen konnte, nur urzeitliches Gestein!

Der Durst ließ in mir das Bild eines frischen, lustigen Bergbaches aufleben. In diesem überraschend trockenen Tal fand ich zu meinem Leidwesen längere Zeit keinen. Wie schön wäre es gewesen, damit meinen Durst zu stillen. Sogar das Hungergefühl wäre ich losgeworden, weil der Bauch ja voll wurde, auch wenn es nur Wasser war. Ich stellte mir vor, wie das klare Wasser aus dem Gestein der mächtigen Berge herausquoll. Den Anfang machte das Regenwasser, das man trinken konnte, obwohl davon abgeraten wurde. Vom Boden aufgenommen konnte es in die Gesteinsschichten einsickern. Dort wurde es angereichert, wie genau konnte ich nicht sagen. Nach einer langen Reise durch das Gestein, sicherlich oft ganz langsam durch enge Ritzen gedrückt, kam das Wasser verändert wieder zu Tage. Vom Himmel geregnet, vom Gestein verwandelt, somit Himmel und Erde in sich tragend, lechzte eigentlich die ganze Welt danach.

Und wo stand ich in dieser großartigen Schöpfung? Ich stand wie alle Menschen genau in dem Übergangsbereich, unter mir eine riesengroße, nicht abschätzbare Menge an Gesteinen, über mir der Himmel. Unten dichte schwere Masse und oben eigentlich unbegrenzte Weite! Und mit meinen zwei Beinen bewegte ich mich auf der Erde, genau da wo diese Gegensätze Erde und Luft aufeinandertreffen. Auch genau da, wo ein bisschen Grün entsteht, wirklich nur ein bisschen, wenn man sich die Tiefen der Erde vergegenwärtigt und den wohl unendlichen Himmel über sich weiß. Diesen großen Gegensatz konnte ich auch im kleineren Maßstab betrachten. Jede einzelne Pflanze, ob groß oder klein, verwurzelt sich in der Erde und strebt nach oben. Einerseits wird alles von der Schwerkraft angezogen und sinkt zum Boden. Andererseits wächst aus dem steinigen Dunkel der Erde doch alles und immer wieder dem Lauf der Gestirne entgegen, dem Funkeln der Sterne, dem Licht.

25

Nauders, 09. bis 16.07.1887

Mein Weg führte mich weiter am Inn entlang bis nach Martinsbruck. Hier hatte ich zum ersten Mal die Möglichkeit, die Schweiz zu verlassen und wieder auf österreichisches Gebiet zu kommen. Wäre ich am Inn geblieben, wäre ich in Innsbruck gelandet und anschließend in Bayern. Genau das wollte ich nicht, also schlich ich über die Martinsbruck wie jemand, der am liebsten unsichtbar gewesen wäre. Wenn ich es schaffte diese letzte Landesgrenze zu überschreiten, dann hätte ich es fast geschafft. Am Brückenende befand sich eine schläfrige Zollstation. Dort wurde ich glücklicherweise nur kurz aufgehalten. Die Österreicher waren wohl froh, einen weiteren Handwerker zu bekommen. In Richtung Nauders begrüßte mich gleich eine kräftige Steigung. Bald umgab mich dichter Bergwald mit vielen Fichten. Als ich den höchsten Punkt, Norberthöhe genannt, ziemlich verschwitzt erreicht hatte, war es bereits Nachmittag. Danach war es nur noch ein Katzensprung bis runter in die Streusiedlung Nauders auf etwa 1400 Höhenmetern. Dieser erste Ort auf österreichischer Seite war auch interessant wegen seiner besonderen Lage wie in einer Ecke, man könnte auch sagen abseits im letzten Winkel. Gleichzeitig war und ist Nauders ein Verkehrsknotenpunkt. Drei wichtige Straße trafen sich hier: Nach Süden ging es ins Vinschgau, nach Norden weiter innerhalb Österreichs, und nach Westen gab es die Straße über die Norberthöhe, woher ich gekommen war.

In Nauders war ich erst einmal froh, wieder deutsch zu hören, wenn auch mit einem manchmal kaum verständlichen Dialekt. Die Mundart hier unterschied sich sehr von der in Vorarlberg, wie ich sie bei Anton und Elisabeth kennengelernt hatte. Mit Rücksicht auf mein Wanderbuch erklärte ich, dass ich aus Bregenz sei, Bayern wäre mir bekannt. Daraufhin erklärte mir ein Bauer, in dessen Stadel ich übernachten konnte, dass die Tiroler beinahe so wie die Bayern reden würden.

Dazu sagte ich sicherheitshalber nichts, ich konnte mir dies nicht so recht vorstellen. Die Wahrheit war doch, dass ich als bayerischer Allgäuer nicht wusste, wie sich Bayerisch anhörte. Ich hatte nur gehört, es sei anders; aber wie? Mein bisheriges Leben lang war nie über das Allgäu hinausgekommen, weil es für mich nicht vorgesehen war, durch die Welt zu reisen. Und ganz praktisch gesehen gab es für mich bislang nie eine Gelegenheit, bis nach München zu fahren. Zuhause wurde mir gesagt: „Die einzige Möglichkeit, die Heimat zu verlassen ist der Krieg". Wobei die Fragwürdigkeit und Grausamkeit dessen umso mehr bestätigte, dass jeder Mensch doch besser bleiben sollte wo er hingestellt wurde.

Als ich mitten in der Nacht wach wurde, staunte ich wie dunkel es war. Tonlose Stille in der Nacht, wenn Mensch und Tier Ruhe geben, wenn auch sonst kein Geräusch zu hören war, kannte ich schon mein Leben lang. Hier war es nochmal anders, wahrscheinlich wegen der Lage inmitten der Alpen. Ich tastete mich zur Stadeltüre und schaute nach draußen. Es war schon beängstigend, nichts erkennen zu können. In den Höfen und der gesamten verstreuten Siedlung herrschte tiefes, schweres Schwarz. Ich meinte aber zu spüren, wie die tiefhängenden Wolken die Dächer streiften und die wenigen Bäume streichelten.

Am nächsten Morgen wischte die Sonne wie immer die Nacht ganz einfach weg. Keiner verlor ein Wort über die rabenschwarze Nacht und würde ich sie nicht beschreiben, würde wohl auch ich mich nach einiger Zeit nicht mehr daran erinnern. Wie so viele Sinneseindrücke, die einen Tag für Tag beschäftigen, landet doch das Allermeiste auf dem Friedhof der Vergessenheit. Wie verschwenderisch mein erlebendes Ich war und ist. Eben noch beeindruckt, am nächsten Tag meist bereits weggeschmissen und vergessen.

Wenn in der Nacht noch ein leichter Wind geweht haben sollte, so hatte sich dieser gelegt. Weiterhin lag eine tiefe Stille über der Siedlung. Kein Laut war aus den Häusern zu hören, nicht einmal die Tiere machten sich bemerkbar. Dabei hatte die Sonne die ganze Siedlung doch schon längst wachgerufen und in ihr helles Licht getaucht.

Als ich mich vom Bauern nur kurz verabschieden und meines Weges gehen wollte, hielt er mich mit seinem Blick fest:

»Ich habe da was für dich. Mein Vetter baut gerade seinen Stall um. Er braucht dringend Hilfe. Lass uns gemeinsam dort hingehen.« Wie sollte ich darauf reagieren? Freilich hätte ich mich losreißen und gehen können. Ich fand aber nicht die nötige innere Entschlossenheit, nein zu sagen. So stapfte ich mit ihm zu einem der abgelegenen Höfe. Dort angekommen begrüßte uns, schon von der Weite her hörbar, Kindergeschrei. Eine Schar von herumrennenden, barfußlaufenden Kindern in schmutzigen Kleidungsstücken spielte offensichtlich Verstecken. Der Bauer und ich begannen bei diesem überaus lebendigen Bild zu lächeln. Als wir vor seinem Vetter standen, der aus seinem Stall herauskam, meinte ich kurz einen Allgäuer Milchbauern zu erkennen. Als er den Mund aufmachte, verflüchtigte sich mein erster Eindruck schlagartig. Kaum hatten wir uns begrüßt, gesellte sich auch seine Frau dazu und eine weitere Frau, die er als Tante Agnes vorstellte. Agnes sei die Tante der Kinder, und weil die Kinder sie nun mal Tante nannten, übernahmen alle im Haus diese Anrede. Dabei war sie, so wurde mir später erklärt, die jüngere Schwester des Bauern. Da sie nie heiratete, blieb sie einfach in ihrem Elternhaus, das nun ihrem Bruder gehörte.

Er zeigte mir den Stall, an dem gerade gebaut wurde. Eine tragende Säule wurde errichtet. Die Arbeiten an der Decke mit Holz folgten anschließend. Ich ließ mir das ganze Bauvorhaben erklären und eh ich mich versah, steckte ich schon fast mitten drin in der Arbeit. Die heutige Sonntagsruhe musste aber beachtet werden, was mir nur recht war. Eigentlich wurde ich nie gefragt, ob ich mitarbeiten wollte. Da ich Interesse zeigte und Fragen stellte, war eine förmliche Einwilligung gar nicht mehr nötig. Wenn ich am selben Tag unter einem Vorwand weitergezogen wäre, hätte ich mir eine ganze Woche Arbeit gespart. Dann wäre ich währenddessen auch nicht mit allen in diesem Haus verwoben gewesen. Und ganz nüchtern betrachtet: Wer sonst sollte denn mithelfen, hier am Rand von Nauders, einem der letzten Höfe vor den Wäldern und den steilen Bergen, wo sich allenfalls Räuber, Schmuggler oder vielleicht vereinzelte Wanderer aufhalten mochten?

Hätte ich gleich am ersten Tag auf dem Absatz kehrtgemacht, wäre mir aber auch etwas entgangen. Ich denke mit gemischten Gefühlen an Agnes zurück. Im Haus ihres Bruders war und wird sie wohl nie ganz glücklich, weil sie immer nur die jüngere ledige Schwester blieb. Mit ihrer Schwägerin verstand sie sich mal gut, mal überhaupt nicht. Die Kinder mochten sie, weil sie sie auch als ihre eigenen ansah, obwohl das natürlich nicht stimmte. Mit ihrem Bruder redete sie manchmal tagelang überhaupt nicht. Sie neigte, wie ich es auch mitbekommen hatte, zu überzogenen Äußerungen, zu endlosen Streitereien und überhaupt zu Darstellungen ihres Unglücks, in ihrer Demonstration beinahe wie ein Pfarrer, der in der Monstranz die Hostie für alle sichtbar in die Höhe hält. Was man an ihr mochte, leider viel zu wenig sagte, war ihre weibliche Fähigkeit, ihre Gefühle allen eindeutig zu vermitteln. Mit ihrer lauten Stimme konnte sie die Kinder ermahnen, ihnen damit aber auch nahe sein. Insgesamt hätte sie, bei allen Schwierigkeiten, dennoch zufrieden sein können, wenn nicht dies und das schon vorgefallen wäre. Die schon nicht mehr ausgesprochenen gegenseitigen Vorhaltungen: „Du hast das gemacht! Das gesagt! …" lasteten wie eine drückende schwarze Wolke über dem Haus. Das bereits Vorgefallene! Schon längst konnte sich deshalb in den Herzen ein dunkler Groll entwickeln, der mit seiner Ausweglosigkeit noch viele Jahre andauern konnte. Wenn alle Beteiligten gnädig vergessen könnten, wenn sie Vergebung, wie es im Vaterunser heißt: „Wie auch wir vergeben unseren Schuldigern" umgesetzt hätten, wäre das Leben für alle im Haus erträglicher gewesen. Man fand aber nicht die Einsicht und die nötige Kraft, etwas zu ändern an dem wie es sich nun mal ergeben hatte. War halt so. Das bereits Vorgefallene war eine unverrückbare Größe wie der Berg, an den das Haus gebaut wurde.

Gleich am ersten Tag machte sich Agnes deutlich bemerkbar. Sie schaute öfters an der Baustelle vorbei, stellte oft eine naheliegende Frage und gab sich redselig. Beim Abendbrot saßen alle gemeinsam am Tisch. Agnes hatte wohl immer den Platz, der von dem Ehepaar am weitesten weg war. Die lebhaften Kinder zwischen den beiden schlugen in ihrer Unbekümmertheit eine Brücke. Ich wollte mir gar nicht ausmalen, was passieren würde, wenn nur Agnes und das Ehepaar am Tisch sitzen würden. Dieser alte Tisch, der von Anfang an wohl schon keine vollkommen glatte Oberfläche hatte wie ein stiller See, zeigte deutliche Unebenheiten, sogar ein paar auffällige Ritzen, die die Hausfrau immer aufwändig mit reinigen musste. In gewisser Weise war der Tisch ein Sinnbild für die Beziehungen der Menschen, die an ihm saßen. Was kam zuerst? Bildete der Tisch das Beziehungsgeflecht der Menschen nach oder wurden die Menschen mit der Zeit genauso wie der Tisch an dem sie jeden Tag saßen?

»Lass bloß den Xaver in Ruhe! Wir brauchen den noch zum Schaffen.« Den Bauersleuten war aufgefallen, wie Agnes mich beim Essen anschaute. Auch mir entgingen ihre Blicke nicht, die möglichst viel von mir wissen wollten. Sie sagte nicht so arg viel, sie suchte aber öfters den Blickkontakt zu mir, um diesen dann wieder vielsagend abzubrechen. In all dem vermittelte sie mir die Botschaft: „Schau mich an. Ich habe dir was zu bieten." Nach der Brotzeit verschwand sie aus meinem Blickfeld. Ich hörte sie nur noch manchmal, wie sie mit einem Kind beschäftigt war, das nicht ins Bett gehen wollte.

Mir wurde eine Gesindekammer zugewiesen. Als Knecht hätte ich wohl auch in diesem kleinen Zimmer gehaust. Ich streckte mich auf meinem Bett aus, ein Brettgestell mit Decken und immerhin einem großen Kopfkissen. Ich gab mich der abendlichen Ruhe hin. Der Tag mit den vielen neuen Eindrücken wollte erst mal verarbeitet werden.

Vor dem Einschlafen trottete ich zum Wasserlassen. Auf dem Rückweg fiel mir eine etwas offenstehende Türe auf. War die nicht eben noch zu? Eine Kerze brannte in diesem Zimmer, zu erkennen an der milden Helligkeit, die es gerade noch durch den Türspalt schaffte. Das musste das Zimmer von Agnes sein. Was nun? Einfach wieder in meine Kammer gehen oder dieser offensichtlichen Einladung nachgehen? Wahrscheinlich hatte sie meine Schritte auf dem Gang gehört, mein Stehenbleiben auch bemerkt. Wie lange wollte ich nun Innehalten, das je länger es dauerte, mich als unentschlossenen Zauderer offenbarte? Schließlich öffnete ich die Türe noch ein bisschen mehr.

»Komm doch rein.« Wie erwartet hörte ich Agnes Stimme. Nun gab es kein Zurück mehr.

»Du hast doch keine Angst vor mir?« Sie sprach leise in einem Ton, der alles andere als angsteinflößend war. Da ich weder ja noch nein sagen wollte, antwortete ich:

»Was ist denn das für eine Frage?«

»Also vor mir musst Du nun wirklich keine Angst haben.«

Sie saß in ihrem Bett, ein großes Kissen stützte ihren Rücken. Dies gab mir zu verstehen, dass sie auf mich gewartet hatte. Die Kerze stand neben ihr auf einem Nachtkästchen. Die Flamme flackerte etwas unruhig, schuf immerhin eine dämmrige Lichtpfütze, einen kleinen kreisrunden Bereich, der ungefähr mit ihrem Bett endete. Die Kammer wurde ansonsten nur noch von der Abenddämmerung erhellt, die ohne klare Umrisslinien durch das einzige Fenster kam. Sie trug bereits ihr Nachthemd. Die Enden eines Bändelchen, mit dem es geschlossen wurde, bewegten sich bei jeder kleinen Bewegung mit. Wir schauten uns zunächst nur an, um Zeit für die Einschätzung der für beide etwas peinlichen Lage zu gewinnen. Um die Situation zu entspannen, begann ich zu lächeln. Damit würde ich nichts falsch machen, redete ich mir ein. Sie erwiderte mein Lächeln aber nicht, schaute mich stattdessen eher herausfordernd an. Es war wohl doch an der Zeit, mich zu erklären:

»Die Tür stand offen. Ich dachte ich besuche dich mal. Du hast doch nichts dagegen, oder?«

»Das kommt darauf an. Komm erst mal ein bisschen näher.«

Ihre unfrisierten Haare waren noch leicht feucht, offensichtlich hatte sie sich ausgiebig gewaschen.

»Erzähl mir von dir.« Mit dieser Aufforderung wälzte ich die peinliche Situation auf sie ab.

»Ach, was gibt es schon zu erzählen? Du hast ja gesehen wie ich lebe, hier bei meinem Bruder. Ich hätte in meinem Leben vieles gerne anders gehabt.«

»Wer kann schon behaupten, in seinem Leben läuft alles nach Plan?«

»Ich brauche einfach ein bisschen menschliche Nähe. Komm setz dich her zu mir.«

Mit der gebotenen Zurückhaltung setzte ich mich scheu an die Bettkante, an den Platz, den ihre Hand mir wies. Damit trat ich in den kleinen hellen Bereich des Kerzenscheins. Nun sahen wir uns gegenseitig viel deutlicher. So nah waren wir uns noch nie.

»Wie du siehst bin ich keine junge Frau mehr.«

Was sollte ich darauf sagen? Freilich sah ich ihre nicht mehr glatte, schon leicht faltige Haut. Das harte Leben hier in den Bergen mit schwerer Arbeit und vielen Frost- und wahrscheinlich auch Hungertagen ließ die Menschen sicherlich vorzeitig altern. Ich suchte bei ihr nach Spuren dieser schweren Zeiten, wusste aber nicht woran ich es festmachen konnte. Sie streckte ihren Arm nach mir aus. Dies wertete ich als eine einladende Geste. Dabei war eines unzweideutig klar: Ich saß am Bettrand einer Frau! Einer älteren Frau, aber einer Frau. Früher war sie bestimmt auf ihre Art schön gewesen, aber auch jetzt noch ging ein weiblicher Reiz von ihr aus.

Wie alt mochte sie sein? Fragen wollte ich nicht, deshalb begnügte ich mich mit meiner Schätzung auf Ende Vierzig. Ihren Blick konnte ich nicht ganz einordnen. Es schauten mich vom Leben enttäuschte und erschöpfte Augen an, die es bereits aufgegeben hatten, süßlichen Träumen von romantischer Liebe nachzuhängen. Es war aber auch kein keuscher Blick. Sie legte den Kopf nicht schräg, sie lächelte nicht. Der Blick war voll von unterdrücktem Begehren, gleichzeitig sachlich und nüchtern. Und da war eine Frage. Etwas Suchendes.

Mit diesen Eindrücken erschien es mir ratsam, das Gesprächsthema auf unverfängliches Gebiet zu verlagern. Ich begann also von der Baustelle zu sprechen. Daraufhin entwickelte sich ein lockeres, angenehmes Gespräch. Dabei zeigte ihr linker ausgestreckter Arm immer noch in meine Richtung. Irgendwann legte ich meine Hand auf ihre. Sie zog nicht zurück, sprach aber auch nicht darüber.

Nach ein paar weiteren gewechselten Sätzen fragte sie am Ende unseres Gesprächs:

»Kommst du mich morgen wieder besuchen?«

Daraufhin nahm ich meine Hand von ihrer, stand gleich auf und sagte nur:

»Ja. Gute Nacht.«

Gleich am nächsten Abend kam ich wieder. Sie saß genauso da wie gestern, sie war auch wie gestern gekleidet. Ich setzte mich auch auf ihr Bett wie gestern. Eigentlich fühlte es sich an, als ob nicht eine ganze Nacht und ein ganzer Tag vergangen waren, nur ihre Haare waren längst getrocknet.

»Freust du dich, mich wieder zu sehen?«, fragte sie mich wie ein kleines Kind

»Weißt du, auch ich brauche einfach ein bisschen menschliche Nähe.« Damit wiederholte ich ihre Worte von gestern. Ich erzählte ein bisschen von mir, dabei war ich immer der Xaver. Einen brennenden Hof gab es nicht, ich war ganz einfach der Wandergeselle. Sie erzählte ein bisschen von sich, von ihrem Wünschen und Enttäuschungen. Als wir uns verabschiedeten, streckten wir alle vier Hände aus, die sich suchten, fanden und fassten.

So kam ich am Dienstag und auch am Mittwoch. Mit jedem abendlichen Besuch kamen wir uns auch körperlich näher. Das hatte sich nicht von selbst so ergeben, dies geschah auf mein Bestreben. Angetrieben hatten mich ehrlicherweise eher nüchterne Überlegungen, weniger eine Leidenschaft für sie als Person. Der Altersunterschied war einfach zu groß und dies war uns beiden auch bewusst. Was sollte aus uns beiden schon werden? Sie mit auf die Walz zu nehmen war undenkbar, genauso wie ich nicht dauerhaft auf dem Hof bleiben konnte. Zudem wollte ich hier auch nicht bleiben. Mit diesen vielen Unmöglichkeiten eröffneten sich gleichzeitig auch Gelegenheiten, die ich nutzen wollte. War ich nur selbstsüchtig? Ich war ein Mann und sie ganz einfach eine Frau, die sich auf mich einließ. Besser gesagt war Agnes eine Frau, die mir durch ihr Verhalten zu verstehen gab, dass auch sie diese einmalige Gelegenheit nutzen wollte.

An Donnerstag kamen wir überein, dass ich mich neben sie auf das Bett legen durfte.

»Aber sei still, die Bauersleute dürfen nichts mitbekommen.«, flüsterte sie bestimmt.

Ich zog einfach meine Hose hinunter und legte mich auf den Rücken.

»Ich habe eben meine Hände mit Melkfett eingeschmiert. Das wird dir gefallen.« Es hatte mir gefallen. Manchmal empfand ich ihre Hände als mechanisch massierend, aber am Ende lag ich für den Augenblick vollkommen zufrieden neben ihr. Das Melkfett war auf mich übergegangen, dafür klebte mein Samen an ihrer Hand.

Am Freitag wollte ich einen Schritt weitergehen. Zum einen fühlte ich mich vom gestrigen Abend ermutigt, zum anderen war die Baustelle in den letzten Zügen. Arg lange würde ich somit hier auf dem Hof nicht mehr bleiben können. Es erschien mir als ein Unding, eine sexuelle Beziehung von dem Fortgang auf einer Baustelle abhängig zu machen, aber ich hatte ja schließlich die Umstände nicht gemacht! Gestern Abend war toll, dabei war Agnes wohl schon eine Frau Ende vierzig. Normalerweise würde ich von mir aus nicht auf sie zugehen und mir dabei die Erfüllung meiner Wünsche versprechen. Doch nun war ich schon mal hier und sie war weit und breit die einzige Frau mit der ich mehr als nur reden konnte. Als junge Frau war sie sicher attraktiv, jetzt wollte ich lieber nicht so genau hinschauen. Manchmal quälte mich meine eigene Fragerei, ob es nun richtig war oder nicht, mich mit ihr einzulassen. Meine Unentschlossenheit kippte als mir dieser Spruch einfiel: „Eine Frau ist so alt wie sie sich anfühlt." Von da an stellte ich mir keine weiteren Fragen und überließ mich der Triebhaftigkeit meines Körpers. Ich freute mich auf den Abend.

»Ich will nicht meine Sünden fürchten müssen.«, sagte sie mehr zu sich selbst als zu mir, als ich ihr meine Absichten unterbreitete. Ich lag wieder neben ihr, noch angezogen. Sie zeigte ihre Ablehnung.

»Aber ich weiß schon. Auf den alten Stuten lernt man das Reiten.« Meine Augen blickten fragend. Meine rasenden Gedanken entschlüsselten recht bald was sie meinte. War das ihre Einwilligung?

»Und schwanger werden kann ich nun auch nicht mehr. Da musst du dir keine Sorgen machen.«

Konnte sie noch deutlicher ja sagen? Ich warf ihre Bettdecke zur Seite und zog sie zu mir her.

»Wir dürfen aber nicht zu laut sein. Du weißt schon.« Was sollte ich schon wissen? Das mit dem Argwohn der Bauern war mir schon klar, doch dies kümmerte mich nicht. Ich wurde hierhergeführt, ich hatte Agnes nicht gesucht, und jedenfalls tat ich ihr keinen Zwang an! Welchen Preis hatte ich dafür zu zahlen? Auf den ersten Blick gar keinen. Freilich durfte ich es mir mit ihr nicht verscherzen durch dumme Sprüche oder Gewalt meinerseits. Dies zu unterlassen fiel mir nicht schwer. Mein Problem war doch grundsätzlich eher, Gelegenheiten ungenutzt verstreichen zu lassen und mir anschließend einzugestehen: „Hätte ich doch …" Ich nickte also nur ungeduldig und begann mich auszuziehen. Als ich schließlich nackt auf ihrem Bett saß, stand mein Glied schon in die Höhe. Natürlich sah Agnes dies sofort. Mein Körper hatte sich also bereits entschieden. Bevor mein Verstand mir berechtigte Fragen stellen konnte, was ich nun wollte, was ich bislang sexuell erlebt hatte, ob heute eine ganz neue Erfahrung möglich sei, flüsterte ich Agnes ins Ohr:

»Magst du dich nicht ausziehen?«

»Hilf mir doch dabei.«

Sie lag auf dem Rücken. Das mit einer Schlaufe geschlossene Bändelchen ihres Nachthemdes erschien mir augenblicklich als ein völlig sinnloser Versuch, sie sittlich zu bedecken.

Sollte nur so ein lächerliches Bändelchen zwischen uns stehen? Mein Glied drängte. Ich beherrschte mich. Es konnte nicht angehen, nun zu forsch vorzugehen, also ermahnte ich mich, mir Zeit zu lassen und sie sanft zu berühren. Nach angemessener Zeit nahm ich den unteren Saum des Hemdes und zog es hoch. Sie half mit, hob kurz ihr Becken und schon flog ihr Hemd achtlos auf den Boden. Für mich gab es nur noch nackte Haut, ihre nackte Haut, meine nackte Haut. Doch dann enttäuschten mich ihre schlaffen Brüste. Was sollte daran schön sein? Von Begehren ganz zu schweigen! All die Vorfreude, die mich tagsüber beseelte, die mich bis zu diesem Augenblick getragen hatte, verließ mich schlagartig. Dennoch stand meine Männlichkeit weiterhin ziemlich unbeeindruckt von dem was sich in meinem Kopf abspielte. Ich spürte wie meine kühlen Überlegungen mit dem Begehren in mir kämpften. Es dauerte aber nicht lange bis meine Gedankenwelt bereit war, sich zu ändern und nachzugeben. Ich gab mich wieder meinem Trieb hin und begann ihre Oberschenkel und ihr Becken zu streicheln. Die ausgeprägte Rundung ihres Beckens gefiel mir. Sie blieb zurückhaltend, schaute mich nur eindringlich an. Als ich begann, ihre Beine zu öffnen, sagte sie knapp:

»Warte.« Sie drehte sich zum Nachtkästchen und holte ein Töpfchen hervor. Sie nahm etwas Melkfett heraus und schmierte sich mit einer Hand damit ein, dort wo ihre Schamhaare nur Andeutungen zuließen, an der Stelle wo bei mir der Penis war. Wo sonst?

Als ich mich über sie beugte, griff sie mit ihrer Hand nach meiner Latte. Das kannte ich ja schon, diesmal war es aber ein bisschen anders. Das Melkfett war glitschiger. Ich spürte, wie sie meine zunehmende Verhärtung als ihren persönlichen Erfolg wahrnahm und sich an meiner Lust ergötzte.

Bald führte sie meine Eichel ein paarmal von den Schamhaaren verdeckt rauf und runter und ließ schließlich los. Ich schloss die Augen und tat dies, was wohl alle Männer tun seit Anbeginn der Welt. Die Frage war nur noch wann, nicht ob ich zum Höhepunkt komme. Es fühlte sich körperlich sehr gut an, meine Seele dagegen war weit von ihr entfernt.

Als ich tief entspannt neben ihr lag, sagte sie völlig unvermittelt:

»Du hast mir weh getan.«

»Was?«

»Es hat mir wehgetan Du verstehst das nicht.«

»Tu doch nicht so.«

»Raus mit dir! Raus aus meinem Bett.«

26

Glurns, Sonntag, den 17.07.1887

Der Anton hatte vom Reschenpass als einen Meilenstein auf meiner Reise gesprochen. Dort angekommen erfuhr ich mehr davon: Wie der Brenner Österreich und Südtirol verbindet, so ist der Reschenpass der wichtigste Übergang von der Schweiz nach Südtirol. Hier verlief in der Römerzeit die Via Claudia Augusta, die vor allem im Mittelalter stark genutzt wurde. Zudem ist genau hier eine Wasserscheide. Im Norden der Inn, der weiter in Richtung Bayern fließt. Im Süden beginnt das Stromgebiet der Etsch, die in Reschen entspringt, der Vinschgauer Hauptfluss. Hier nimmt das Etschtal seinen Anfang.

Die Etsch durchfließt nahe ihrer Quelle gleich drei Seen: Reschensee, Grauner See und den Haidersee. Anschließend gelangt der Fluss mit raschem Gefälle auf die Malser Haide und die ebene Talsohle von Glurns. Dieses Tal ist geprägt von Gegensätzen, hier schroff und hochgebirgig, dort zeigt sich die Landschaft sanft und warm. Seltsamerweise ist das Tal sehr trocken, was von den Alpen sonst nicht behaupten kann. Deswegen wurden hier sogenannte Waalwege angelegt. Diese waagrechten, in mühsamer Arbeit gebauten Kanäle waren zumeist mit Steinen gebaut, teils auch baulich in Holz ausgeführt. In diesen Kanälen murmelte das Wasser sanft vor sich hin bis es die trockenen Felder erreichte, die das Wasser so dringend benötigten.

Seit undenklichen Zeiten ist das Vinschgau ein wichtiges Durchzugsland. Während meine Schritte bergabwärts gingen, konnte ich mir gut vorstellen, wie frühere Völker hier durchzogen, nach Rom im Süden oder vielleicht bis nach Köln am Rhein in nördlicher Richtung. Sie hatten ihre Spuren hinterlassen: Die Straßen wurden nicht von Gehöft zu Gehöft angelegt, wie im Allgäu, sondern an ihnen geradlinig vorbei. Man wollte ja nicht von einem Hof zum anderen, sondern ein fernes Ziel erreichen. In den Dörfern und Marktflecken entdeckte ich uralt aussehende Grundmauern. Wann diese wohl gebaut wurden?

Auch hier betrieben viele Höfe Milchwirtschaft, zumindest teilweise. Auf einem Grundstück neben der Straße sah ich einen Bauern seine Wiese mähen. Er hätte diese Arbeit genauso gut im Allgäu machen können. Die Sonntagsruhe galt wohl auch hier, trotzdem waren die Bauern nicht den ganzen Sonntag untätig. Das tägliche Melken und andere Arbeiten mussten einfach gemacht werden, Religion hin oder her. Man mähte am besten morgens, wenn das Gras noch feucht vom Morgentau war. Das *Grasen* war wohl auch hier morgens die erste Arbeit. Die Kühe freuten sich auf das frische Gras und ließen sich besser melken. Mit kräftigen, aber bemessenen Schwüngen schnitt er mit seiner Sense das Gras. Er führte das scharfe Eisen zügig und bogenförmig dicht über dem Boden gleitend. Kein einziges Mal blieb er im Boden stecken. Er war ein guter Mäher. *Bei iis dahuim hoißt se Säegas*, bei uns zuhause im Allgäu wurde die Sense etwas anders ausgesprochen. Beim erneuten Ausholen der Sense setzte er jedesmal seinen Schritt etwas weiter vor auf das soeben Gemähte. Er hatte an alles gedacht: Ein hohles Kuhhorn, mit Wasser darin für den Schleifstein, hing an seinem Gürtel. Er trug einen Strohhut und trotz der Hitze seinen Arbeitsanzug. Es wäre ihm nicht eingefallen, mit nacktem Oberkörper seine Arbeit zu verrichten. Dann hätte man bestimmt seine muskulösen Schultern und seinen kräftigen Rücken sehen können. Doch die Landwirte hatten jahrhundertelange Erfahrung mit der Arbeit im Freien. Besser für die Haut war es, sich vor der Sonne zu schützen. Dies hatte zur Folge, dass die Bauern am Bauch und Rücken käseweiß waren, dagegen tiefbraun an den von der Kleidung ungeschützten Stellen. Man konnte genau sehen welchen Ausschnitt die Arbeitsjacke frei gelassen hatte. An den zweifarbigen Armen konnte man genau feststellen wie lange die Ärmel waren. Dieser Anblick im Hochsommer, zum Beispiel beim Waschen oder Hemd wechseln hatte etwas Urkomisches. Es sah aus, wie wenn sie die Unterarme und den Kopf in braune und rote Farbtöpfe gesteckt hätten, fast wie ein Kasperl, der sich selbst lächerlich macht.

Der Bauer auf dem Feld konzentrierte sich ausschließlich auf das Mähen. Ich kannte diese Arbeit mit der Sense zur Genüge. Dabei hatte ich gelernt, wie wichtig die eigene Körperhaltung ist und diese beginnt bei den Füßen. Das linke Bein steht immer vorne, dabei sollte der linke Fuß ganz leicht nach links zeigen. Der rechte Fuß bleibt immer am Boden, die Ferse hebt sich aber bei jedem Schwung nach links. Nur mit diesem lockeren Anheben des rechten Fußes entsteht eine harmonische Körperverdrehung. Andernfalls müsste zu viel Kraft aufgewendet werden, die nicht beim Gras ankommt, sondern im verspannten Körper bleibt.

In regelmäßigen Abständen unterbrach er das Mähen, um die Sense zu schärfen. Er stellte die Sense vor sich aufrecht auf den Boden, so dass das leicht gebogene, eiserne Sensenblatt vor seinen Augen stand. Danach nahm er seinen länglichen Schleifstein und schärfte die Klinge. Dabei war Übung nötig und vor allem Vorsicht geboten, weil die Hand dabei verdammt nahe, bis auf wenige Zentimeter, an die Schneide kam. Aus einem lockeren Handgelenk heraus musste der Schleifstein mal links, mal rechts, im Wechsel an der Schnittkante entlang gezogen werden. Weil der Stein dabei das Metall nicht nur streicheln sollte, galt es, eine angemessene Kraft auszuüben und möglichst die ganze Länge des Schleifsteins auszunutzen. Und nur ja nicht zu locker! Als der Bauer wieder mal seinen Schleifstein zückte, zuckte ich unwillkürlich zusammen. Meine rechte Hand formte sich zur Faust mit meinem Daumen unter den Fingern. Ja, auch ich hatte Lehrgeld bezahlt. Die Narbe an meiner empfindlichen Daumenkuppe tat auf einmal wieder weh. Der Nagel war nachgewachsen, aber der Daumen hatte es nicht vergessen.

Wenn die Menschen mit ihrem *unbandigen* Willen, hier zu überleben, nicht wären, gäbe es hier keine Wiesen. Hier würde ein uralter Wald stehen. Man konnte sich auch fragen, was passieren würde, wenn von heute auf morgen die Menschen verschwinden würden. Die Natur wäre sofort zur Stelle, um die mühsamen Errungenschaften der Bauern rückgängig zu machen. Bereits im ersten Jahr ohne Menschen würden Samen verholzender Pflanzen, die alle Jahre auf die Wiesen fallen, keimen können ohne umgesäbelt zu werden. Bäume würden wachsen und Wälder bilden, Waldränder würden sich auf ihre Weise langsam nach vorne schieben. Die Schwachstellen der Häuser, die Dächer, würden mit den Jahren erst kleine, bald größere Löcher bekommen und letztendlich zu Boden fallen, wo am Ende alles überwuchert wird. Dann würden die Sonnenstrahlen wieder auf ganze Stockwerke von Blätterwerk treffen. Die Baumwipfel der höchsten Bäume in vielleicht vierzig Metern Höhe wären die ersten, die die Sonnenstrahlen aufnehmen und kleine Schatten werfen, bis schließlich ein mildes, schattiges Licht auf einen meist feuchten Boden trifft. Mit uns Bauern, ich gehörte ja auch dazu, scheint die Sonne dagegen ungebremst auf eine Wiese, eine Pflanzenwelt von nur ungefähr einem halben Meter. Die Pflanzen müssen mit dieser direkt herunterbrennenden Sonne zurechtkommen. Die Böden werden zudem nach Regengüssen schnell wieder trocken. Die Gräser müssen all das aushalten und die Energie der Sonne umsetzen. Am Ende ist Gras und Heu für Milchkühe entstanden, dabei muss natürlich ausreichend Futter für den ganzen Jahreslauf entstehen. Es genügt nicht, fähig zu sein, drei Monate Winter zu überleben, wenn der Winter tatsächlich fünf Monate andauert. Alles muss passen. Am Ende geht es darum, allen, und wirklich allen, Herausforderungen eines Jahreslaufes zu trotzen; zumindest muss man damit umgehen können. Eigentlich haben wir Bauern die Natur bereits bezwungen und ganze Landschaften verwandelt.

Ohne den Menschen mit seinem Erfindungsreichtum gäbe es keine Milchkühe in den Alpen. Im Sommer könnten wahrscheinlich ein paar Kühe auch ohne den Bauern überleben, aber nicht im Winter. Also plant der Mensch sein Verhalten und mögliche Probleme werden bereits im Vorhinein durchdacht. Man lässt sich Lösungen einfallen, sammelt seine ganze Kraft und macht sich an das Umsetzen. Wenn zum Beispiel ein Stall und Heustock erforderlich ist, dann wird dies halt gebaut. Wenn Getreide für das Überleben unerlässlich ist, dann wird die passende Sorte schließlich angebaut und sogar eine Mühle an einem Bach errichtet. Und ich bin auch so einer. Einer, der sein Verhalten plant, auf ein Ziel hin.

Mein letztes Schweizer Geld, die Franken, die ich in Maienfeld verdient hatte, wollte ich eigentlich als Notnagel behalten. Doch jeden Tag entfernte ich mich weiter von der Schweiz. Wie lange noch wurden diese Münzen hier angenommen? Also entschied ich mich, als es zum Abend zuging, *auf'd Nacht*, in dem kleinen Städtchen Glurns eine Wirtschaft zu suchen. Es war nicht nötig, durch die Stadtmauer in die Innenstadt zu gehen. Bereits in der Außerstadt fand ich eine ansprechende Gaststätte. Dort waren meine Franken gern gesehen und man erklärte mir gerne, was das Haus alles zu bieten hatte. Zuerst konnte ich Speck, Kaminwurzen, Käse und Schüttelbrot haben. Das warme Essen wurde in einer riesigen irdenen Schüssel gekocht. Mir wurde erklärt, darin befand sich Sauerkraut, geräucherte und frische Würste, geräuchertes und gepökeltes Schweinefleisch „G'selchtes und G'surtes", Blut- und Leberwürste. Leider sei ich nicht im Herbst gekommen, denn dann hätte ich auch eine Kastaniensuppe oder gebratene Kastanien probieren können. Ich hätte dennoch Glück gehabt, weil heute Musikanten mit Ziehorgel und Hackbrett den Abend begleiteten. Nach dem freundlichen Gespräch mit dem Wirt ließ ich mir auftischen. Das für mich ungewohnte Essen schmeckte sehr lecker. Auch der Rotwein, ein Vernatsch, mundete ausgezeichnet. Als zuletzt noch ein Stamperl vom Selbstgebrannten meinen Magen aufräumte, war ich rundum zufrieden.

27

Ich mochte es, wenn mein Weg durch einen Wald führte. Da ich mich dort aller meistens von anderen Menschen abgeschieden bewegte, hatte ich den Weg und sogar den gesamten Wald für mich alleine. Ich fühlte mich ummantelt und beschützt von den alten Bäumen, die ganz einfach an ihrem Platz blieben.

Manchmal meinte ich sogar, in einer Kirche zu sein, wenn die Stämme wie Pfeiler standen und die Äste sich hoch über mir als Dach verschränkten.

Ich bewegte mich, die Bäume nicht. Als Gegenüber meiner Betrachtungen zeigten sich die Bäume langatmig und ruhig, ganz im Gegensatz zu meinem inneren unablässigen Strom an Wahrnehmungen, Gefühlen, Überlegungen und Bildern.

Manchmal wollte ich sogar bei für mich besonderen Bäumen stehen bleiben und mich weiter austauschen, wie bei einem persönlichen Gesprächspartner. Doch ein Baum war und ist ganz einfach ein Baum, der nicht menschlich sprechen kann. Mein menschliches Ansinnen fand in ihnen kein passendes Gegenüber. Ich konnte aber nicht sagen, dass die Bäume sich mir verweigerten. Eine echte Verweigerung wäre eine Entscheidung gewesen, doch dazu waren die Bäume nicht geschaffen. Gleichwohl standen Bäume in Beziehung zueinander, da war ich mir ziemlich sicher, wahrscheinlich über die Wurzeln. Wenn ein Wind wehte flüsterten sie unzufrieden, wenn aber nicht konnte es still sein wie im Grab.

Ein Baum steht auf seinem Platz, bringt das Wesen seines Samens zu Ende indem er seine eigene Gestalt ausbaut. Auch in ihrer Art zu leben, grundverschieden von uns Menschen, ist eine Lebenskraft, ein Funke verborgen, Leben vom ewigen Leben. Und ist nicht jeder Baum einzigartig, so wie jeder Mensch einem andern ähnelt, doch nie wirklich gleich ist?

Von der eigenwilligen Anordnung der Äste immer kleiner werdend bis zum Geäder eines einzelnen Blattes, bis zur kleinsten Narbe seiner Rinde, wie einmalig sind doch seine Ausprägungen, um dann wieder nur ein kleiner Teil der großen ewigen Natur zu sein. Die Mutter Sonne sendet ihre Strahlen verschwenderisch an jeden einzelnen Baum. Die Bäume bedanken sich auf ihre Art und Weise: Hoch oben in ihren Wipfeln, von Menschen fast nie wahrgenommen, spielen ihre Blätter im Wind, jeder Baum ein bisschen anders, als letzter Gruß an die lebensspendende Sonne.

Wenn ein Baum Glück hatte und sich auf einem guten Fleckchen Erde entfalten durfte, dann muss der keimende Samen sich zuerst in den Boden kämpfen und ihn durchdringen. Ist dieser erste Kampf gewonnen, lauern oberirdisch gleich mehrere Gegenspieler. Nachbarpflanzen können den neuen Trieb in den Schatten stellen oder gar völlig überwuchern. Allerlei Tiere mit ihren Möglichkeiten können zusetzen, zudem gilt es, allen Unbilden der Jahreszeiten zu trotzen. Sind die ersten Jahre glücklicherweise überstanden, wartet die nächste Herausforderung, nämlich sich auch weiter oben zu behaupten. Ist überhaupt ein guter Platz an der Sonne vorhanden? Welche Nachbarn machen Konkurrenz? Alles in allem sieht sich ein Baum an seinem Platz immer in einem Kampf ums Dasein. Ich konnte im Gegensatz zu meinen Freunden andere Orte betreten. Doch der allgegenwärtige Überlebenskampf hielt auch mich gefangen, mit anderen, den Menschen gemäßen Kämpfen, letztlich aber doch mit dem gleichen Lebensgefühl. Ob ich weitergehe oder bleibe wie die Bäume – fühlen wir als Geschöpfe gegenüber Mutter und Vater Natur nicht alle gleich?

Ich ging weiter. Die Bäume bleiben. Hatte ich einen von mir ausgesuchten Baum erreicht und eingeholt, dann standen andere Bäume weiter vorne, wie Geschwister einer ganz großen Familie. Die ewige Mutter gebar verschwenderisch und erwies sich als nicht gleichförmig langweilig. Einmalig und gewagt war jeder Versuch und Wurf, nicht nur einer

Pflanzenart, sondern aller Tiere und Pflanzen insgesamt. Auch der Wind machte auf sich aufmerksam. Oft war zu hören, wie er die Wipfel zum Rauschen brachte. Der Wind spielte vergnügt mit den obersten Ästen und ging weiter. Auch ich spielte in meiner Fantasie mit dem Baum, nahm ihn dann doch als Gegenüber wahr und redete mit ihm, verweilte aber nicht und ging weiter, wie der Wind.

Ich ging weiter. Die Bäume bleiben. Sie wollen nicht fortlaufen vor dem was sie jetzt bedrängt oder künftig bestimmt heimsucht, bis hin zum Tod. Ich dagegen gab mich viel lieber meiner neu entdeckten Wandersehnsucht hin. Und wenn ich am Fuße eines mächtigen Stammes rastete, dann bedankte ich mich für die augenblickliche Sicherheit und Geborgenheit. Manchmal rieselte ein mildes und träumerisches Licht von den hellen Wipfeln herunter, das der Welt die scharfen Trennungen nahm. Für das Auge fließt dann eins zum anderen über und alles gehört zusammen. Alle Menschen sollten wegen dieser besonderen, schwerelosen Stunden ein Dankgefühl empfinden.

Ich ging weiter. Die Bäume bleiben. Die mächtigen Wurzeln ruhen im Erdreich und verzweigen sich unsichtbar immer weiter. Davon getragen wagt sich der Baum nach oben und erstrebt mit aller Kraft seines Lebens sich so zu entfalten, wie es schon in seinem kleinen Samen angelegt war. Jahreszeiten, wechselnde Umstände und Gelegenheiten oder auch Verletzungen nimmt er mit und gestaltet daraus seine Einmaligkeit, die ihn wie einen Menschen persönlich werden lässt. Doch eigentlich ist es das Leben selbst, das ewige Mysterium des Werdens und Vergehens, das sich in jedem Baum gestaltet und zeigt.

Ich ging weiter. Die Bäume bleiben. Ich sollte und wollte ein Ziel erreichen. Die Bäume waren schon längst angekommen, ein jeder auf seinem Platz. Ich wanderte gerne, doch eigentlich sehnte ich mich nach einer Heimat und Glück. Die Bäume blieben meinen Befindlichkeiten gegenüber gleichgültig. Ob meine Gedanken hastig eilten oder nicht, berührte sie nicht. Ihre stoische Ruhe und Duldsamkeit ermahnte mich aber zur Geduld. Sicherlich gab es noch mehr zu lernen von dem langen Leben der Bäume, aber ich sollte und konnte nicht stehen bleiben, bis sich mir wieder ein Stück Erkenntnis erschlossen hatte. Alles würde ich ohnehin nie verstehen. Also ging ich weiter und die Bäume blieben.

Ich ging weiter. Die Bäume bleiben. Mein Blick erhob sich zu den bewaldeten Berghängen. Je höher, immer näher dem nackten Felsen, desto mehr veränderten sich auch meine Kameraden, die Bäume. Das geschützte und dementsprechend beschauliche Leben in einem Tal verlor sich, der Mutterboden wurde weniger, dennoch wollten die Bäume, wo es ihnen möglich war, auch hier stehen. Ein karges Leben hatten diese zu führen, immerwährender Gefahr ausgesetzt. Aber gerade hier hoch in den Bergen wuchsen die fast unzerstörbarsten und in gewisser Weise deshalb vorbildlichsten Bäume. Ich nahm diese harte Welt nur auf mich, um schließlich ein anderes Tal zu erreichen. Freilich war diese Bergwelt auf ihre eigene Art schön und bedrohlich zugleich, doch hier konnte ich nicht auf Dauer bleiben. Meine mutigen Kameraden blieben trotz alledem. Ich bewunderte sie für ihren Durchhaltewillen und ihre Stärke. Ihr härtestes und edelstes Holz mit den engsten Jahresringen sollte ihnen nicht genommen werden, das war für mich eine Frage des Anstandes und der Ehrfurcht vor der Schöpfung!

Ich ging weiter. Die Bäume blieben. So wie es Anton mir geraten hatte: Bleibe nicht an dem Ort wo du *hingeboren* wurdest. Er war in den wenigen Tagen unserer gemeinsamen Zeit wie ein Vater für mich geworden. Einen Vater, den ich nie hatte, dies wurde mir jetzt schmerzlich bewusst. Umso mehr beherzigte ich seinen Rat, denn ich hatte die Gewissheit, ihm vertrauen zu können. Hätte er mir etwas anders geraten, dann hätte ich wohl auch das befolgt. So ging ich meinem vagen Ziel, Meran in Südtirol, entgegen genauso wie es Anton mir beschrieben hatte. Und die Bäume blieben mir trotzdem, andere zwar, wahrscheinlich manche in ihrer Art für mich bislang unbekannt. Ich ging in ein neues Land und dort waren Bäume schon da.

Ich kam an einer Buche vorbei, die eine klaffende Wunde am Stamm hatte. Ein Ast war abgebrochen, sehr wahrscheinlich war es jener, der unweit des Stammes verrottend am Boden lag. Mein Geist fragte nach dem Warum. Ob die Ursache ein Sturm, Schneedruck, ein fallender Nachbarbaum oder doch etwas Anderes war, beschäftigte nur mich selbst. Das auslösende Ereignis dauerte bestimmt nicht lange, wichtig für den Baum war, mit den Folgen zurechtzukommen, Tag für Tag. Der ausgerissene Ast nahm einen Teil des Stammholzes mit und hinterließ eine etwa zwei Meter lange längliche Risswunde. An den Rändern der Öffnung hatte die Buche bereits mit der Heilung begonnen, indem sie vom unverletzten Teil aus weiterwuchs und alles scharf Gerissene mit Rundheit überwucherte. Bei kleineren Verletzungen schafft es der Baum, auf diese Weise die Wunde wieder zu schließen. Bei dieser großen Öffnung jedoch nicht, wegen dem eindringenden Wasser! Regen fällt hinein, Schnee füllt das Loch, Nebel befeuchtet indem er ganz fein nieselt, und mit der Zeit entsteht morsches Holz im Inneren des Stammes. Zunächst entsteht eine Baumhöhle, die die Tierwelt zu nutzen weiß, auf lange Sicht geht der Baum daran aber zu Grunde. Ich ging weiter. Dieser Baum blieb trotz seiner tödlichen Wunde.

Ich beschäftigte mich gerne mit der Natur und in einem lichten Moment kam ich zu folgender Einsicht: Hier ein kleines Blümchen, nur wenige Zentimeter über dem Boden. Und da eine große, alte, blühende Linde mit ihrem betörenden Duft. Das Blümchen hat nur eine oder vielleicht ein Dutzend Blüten, wie viele hat dagegen die Linde! Der Baum verzichtet auf den Bereich direkt am Boden, um seine Blüten der Sonne entgegenstrecken, dafür beansprucht er aber die höheren Bereiche. Der Baum braucht nur wenig Fläche direkt am Boden, wo beengte Verhältnisse herrschen, er kann sich aber weiter oben großartig entfalten! Kubikmeterweise leerer Luftraum steht offen und der Baum kann eigentlich damit machen was er will. Der Baum muss es nur irgendwie schaffen, nach oben zu kommen, dann ist eine riesengroße Menge an Blüten möglich und somit jährlich eine Unmenge an Samen!

Das kleine Blümchen hat seinen Stängel, der die Blüte etwas nach oben heben kann, der aber nur wenige Monate überlebt. Die Linde dagegen hat es geschafft, den Stängel zu verholzen und somit dauerhafter zu machen. Die Menschen nutzen das Holz für ihre Zwecke.

Aus Sicht des Baumes ist der Stamm nur eine Vorrichtung, um in den großen freien Bereich über der Erde zu kommen. Insgesamt gesehen ist zudem im Vergleich vom Blümchen und dem Baum nur der Maßstab anders, mit freilich einigen Besonderheiten. Und speziell bei der Linde kann man auch sehr schön sehen, wie klein zu groß wird und umgekehrt: Der Stamm ist der größere Blattstiel und die Baumkrone sieht der Form nach aus wie die Blattfläche eines kleinen Blättchens, nur vergrößert.

Klein wird zu groß und tief wird zu hoch: Zuerst entstehen die Blüten, die dem Boden näher sind. Erst wenn diese ersten Blüten schon am verwelken sind, kommen die oberen Bereiche, bis sich zuletzt zum Beispiel eine Lindenblüte in dreißig Metern Höhe, ohne jemals einen Schatten fürchten zu müssen, zur Sonne hin öffnet.

Mir war bewusst, dass sich die allermeisten Menschen keine so tiefen Gedanken zu Bäumen machten wie ich. Normalerweise würde man vielleicht sagen, ein Baum sei schön anzuschauen. Einen richtigen Wert hatten sie, abgesehen von den Obstbäumen, aber erst, wenn sie zu Holz wurden. Es musste also gestorben werden, erst dann entstand etwas Wertvolles. Ich hatte diese Auffassung sogar schon mal übertragen gehört auf das Menschenleben. Insbesondere für einen guten Christen galt folgende Lehrfabel:

Ein schöner, gesunder und senkrecht gewachsener Baum an einem Bachlauf erfreute sich an sich selbst, weil er sich so schön entfalten konnte. Alles schien zu gelingen. Er sah dabei nicht nur auf sich selbst, sondern auch auf seine Umgebung. Er sah gerne zu, wie so manche Tiere an heißen Tagen seinen Schatten suchten. Es gefiel ihm sogar wie seine Früchte von Mensch und Tier gegessen wurden, weil er damit Gutes tun konnte. Als sich der Baum in einem Dankgebet an seinen Schöpfer wandte, sprach Gott zu ihm:

»Es ist gut, dass du anderen hilfst. Und heute frage ich dich: Willst du vollkommen sein?« Der Baum antwortet im kindlichen Vertrauen:

»Ja, was muss ich dafür tun?« Daraufhin sprach Gott:

»Du bist jahrelang kräftig und gesund gewachsen und hast dabei viel Holz gebildet. Genau dieses Holz brauche ich jetzt, weil ich eine Wasserleitung bauen möchte für das dürre Land nebendran. Wenn du vollkommen sein willst, dann gib deinen stolzen senkrechten Stamm für eine waagrechte Wasserleitung, die andere dringend brauchen.«

28

Bei dem verwegen aussehenden Mann vor mir fiel mir sein vorstehendes Kinn auf, das sich wie eine Sense krümmte. Er führte mit dem Kinn, indem er mit seinem ausdrucksvollen Unterkiefer voran auf seine Umgebung zuging. Dies wirkte durchaus bedrohlich, weil er damit nicht nur die Luft kraftvoll durchpflügte, er schärfte sogar seinen Kiefer beim Vorangehen wie eine Waffe. Dieser Eindruck verstärkte sich noch als er mich finster anblickte und sein Kinn mit Grübchen in der Mitte noch ein bisschen weiter nach vorne reckte. Einen kurzen Moment hatte ich sogar das Gefühl, er wollte mich damit aufspießen. Ich ermahnte mich zur Ruhe und fand diese Worte in einem beinahe kameradschaftlichen Ton:

»Was bist denn du für ein wilder Geselle?«

»Ich bin ein Zeidler. Siehst du das nicht?« Sein unfreundliches Auftreten verstärkte sich durch seine streitlustige Art zu sprechen.

»Wer sich mit Äxten in Wäldern herumtreibt kann ja alles Mögliche sein.«

»Ha! Jetzt schau mal genauer hin. Kennst du dieses Beil?«

Der Zeidler hielt mir sein Beil direkt vor das Gesicht. Die scharfe Kante blieb mir aber abgewandt, dies sollte wohl so verstanden werden: „Nein, ich will dir nicht ans Leben. Doch ich zeige dir hiermit, dass ich sehr wehrhaft bin. Bleibe also schön friedlich und komm nicht auf dumme Gedanken!" Der angespannte Unterarm und die kräftige Hand, die das Beil fest umfasste, wirkte durchaus einschüchternd auf mich. Dies durfte ich aber nicht zeigen. Meine Lebenserfahrung riet mir, als Reaktion auf diese streitbare Geste eine Doppelbotschaft zu vermitteln, die am besten so in Worte ausgedrückt werden konnte: „Ja, ich habe verstanden. Du bist jetzt der Stärkere. Dennoch lasse ich mich nicht so davon beeindrucken, dass ich ängstlich werde." Diese stehende Spannung zwischen uns hätte durchaus zu einem Kampf führen können, aber das wollte ich nun wirklich nicht. Also galt es weiterzusprechen, ausgewählte Worte wirken zu lassen und einen durchaus möglichen, sinnlosen Kampf zu vermeiden. In dem freundlichsten Ton, der mir in diesem Augenblick möglich war, nahm ich direkt Bezug auf ihn und stellte ihm die naheliegende fachliche Frage:

»Sag mal, ein Zeidler hat doch was mit Bienen zu tun. Was genau machst du da mit deiner Axt?«

»Gegen die Bienen hilft diese Axt nicht, das kannst du dir ja vorstellen, oder?«

Jetzt galt es, eine Reaktion zu wählen, die zeigte, dass ich nicht dumm war. Nach einer kurzen Denkpause reimte ich mir folgendes zusammen:

»Du wirst sie für das Holz brauchen. Hier im Wald ist das ja klar. Mir ist nur nicht klar, was genau so ein Zeidler macht.«

»Ein Zeidler ist ein Waldimker. Und diese Zeidleraxt hier, damit höhlen wir Bäume aus. Für die Bienen, die dann darin hausen.«

»Ich komme vom Bodensee, genauer gesagt aus dem Allgäu. Von da her kenne ich das nicht.«

»Ha, uns Zeidler, uns gibt es schon seit Jahrhunderten. Unsere Zunft war immer schon sehr angesehen. Deshalb durften wir in manchen Gegenden, wie die Jäger, eine Armbrust tragen. Wir ernten den kostbaren Honig, wir bringen auch das Wachs. Ohne uns wäre schon so mancher verhungert, denn die Bienenmaden, das ist wie Eiweiß, das ist fast wie ein Stück Fleisch.«

Der Griff um die Zeidleraxt wurde lockerer. Er schien in Redelaune zu kommen. Mein Ziel, die Streitlust aus der Begegnung herauszunehmen, war erreicht. Ich sollte ihn schon aus diesem Grund weitersprechen lassen. Ich hätte jetzt auch weitergehen können, doch das Thema interessierte mich tatsächlich:

»Wie macht ihr das, um an den Honig zu kommen?«

»Der ursprüngliche Lebensraum der Biene ist der Wald. Die Bienen suchten sich als Behausung hohle Bäume, entweder alte Spechthöhlen, morsche Bäume oder anderweitig beschädigte Stämme. Früher sind wir noch auf die Bäume geklettert, um an die Honigwaben zu kommen. Heute machen wir es besser. Wir Zeidler haben erkannt, dass die Bienen Höhlen brauchen. Also höhlen wir mit dieser Zeidleraxt Bäume aus, in der Höhe wie wir es brauchen. Dann siedeln wir die Bienen darin an.«

»Kann man denn die Bienen dort reinstellen wie eine Kuh in den Stall?«

»Ha, du bist halt ein Milchbauer und verstehst das nicht. Aber gut, jetzt pass mal auf. Wir schlagen neue Höhlen in Bäume und streichen sie dann mit Honig aus, um Schwärme anzulocken. Und während der Schwarmzeit muss man nicht lange warten und schon hast du ein neues Volk im Baum. Dann kommen wir wieder und verschließen die Höhle mit Brettern, bis auf das Flugloch. Bei der Ernte brechen wir die Honigwaben raus und sammeln sie in Beuteln. Die Höhle kann bleiben bis zur nächsten Ernte.«

»Ich kann mir vorstellen, dass die Bienen das nicht so gernhaben, wenn die Honigwaben ausgebrochen werden.«

»Deswegen kann nicht jeder dahergelaufene Schwächling ein Zeidler sein! Hundert Stiche auf einmal muss man schon aushalten können.«

Der Blick des Zeidlers wurde herausfordernder. Deshalb wollte ich ihn weiterhin in ein Gespräch verwickeln und fragte:

»Sag mal, woher kommt das Wort Zeidler?«

»Das Wort Zeidler kommt vom Slawischen „zidaln" und bedeutet so viel wie „Honigwaben ausschneiden.«

»Was für Bäume sind das, in die ihr Höhlen reinschlagt? Bestimmt nur alte, die entsprechend groß sind.«

»Die Eiben eignen sich am besten, weil die sehr alt werden können. Zudem haben die ein hartes Holz, das auch sehr stabil bleibt, wenn das Innere des Stammes entfernt wurde. Eine Fichte würde mit einem großen Loch seine Stabilität verlieren. Deswegen werden diese gekappt, nur ein paar Äste über der Höhle sollen bleiben, damit der Baum insgesamt am Leben bleibt und oben dichthält.«

»Jetzt hast du mich richtig neugierig gemacht. Kannst du mir mal so einen Zeidlerbaum zeigen?«

»Das hättest du wohl gern, he? Das darf ich aber nicht, weil alle Tiere des Waldes Eigentum des Fürsten sind, und dazu zählen auch die Bienen. Dabei geht es auch um das Zeidelrecht, das wie das Jagdrecht vergeben wird. Wir müssen nämlich regelmäßig Honiggeld an den Fürsten zahlen.«

»Ich verstehe. Die Fürsten haben überall ihre Finger im Spiel.«

»Wenn du Bienen sehen willst, dann kann ich dir trotzdem weiterhelfen. Weiter talabwärts stehen Bienenkörbe.«

»Ja die kenne ich. Doch ganz verstanden habe ich das mit den Bienenkörben noch nicht.«

»Man kann sagen, der Bienenkorb ist eine Weiterentwicklung, erst die Zeidlerbäume, später die Bienenkörbe. Diese Körbe oder Stülper werden aus Stroh hergestellt, dabei wird das Stroh zu langen Würsten zusammengebunden, die dann im Kreis aufeinandergelegt und wieder zusammengebunden werden. Am oberen Ende werden die Ringe immer enger, bis schließlich der Korb oben geschlossen ist.«

Während er redete vollführten seine Hände sämtliche Arbeitsschritte. Als er seine Erklärungen beendet hatte, war auch der Korb fertig, in Windeseile gebaut und nun in beiderseitiger Vorstellung förmlich zwischen uns vorhanden. Ich blickte auf den Korb unserer gemeinsamen Fantasie und stellte folgende bauliche Frage:

»Ich kann mir vorstellen, dass die Bienen das annehmen, aber wie ist das bei Regen, bei Schnee im Winter?«

»In dieser Hinsicht sind Zeidlerbäume im Vorteil, weil der gesamte Baumstamm als Schutz dient. Doch die Korbimker haben sich was einfallen lassen. Die nehmen ganz einfach Mist, richtig schönen Kuhmist und reiben damit den ganzen Korb ein, natürlich nur von außen.« Diesmal vollführte der Zeidler diesen Arbeitsschritt nicht mit seinen Händen. Wie von Zauberhand war auch der vorgestellte Korb zwischen uns verschwunden.

»Auf diese Weise wird der Korb abgedichtet. Aber das genügt nicht für den Winterschutz. Deshalb stellt man die Körbe in kleine Hütten, die heißen Bienenzaun. Von der Straße aus siehst du nur diesen Bienenzaun. Und wenn kein Flugwetter ist, dann siehst du nur die Bretter der Hütte, weil die Körbe auf der anderen Seite sind. Die Bienenzäune sollen ja schützen, vor dem Wetter und auch gegen zweibeinige Räuber.«

»Also wegen mir musst du dir da keine Sorgen machen.«

»Das dachte ich mir schon. So einen Bienenkorb kann man einfach mitnehmen, weil er so leicht ist. Aber wie soll denn ein Durchreisender wie du einen ganzen Bienenkorb mitnehmen? Willst du ihn dir unter die Achsel klemmen?«

»Die Bienen würden es mir danken.«

»So ist es. Weißt du eigentlich, dass wir hier einen ganz besonderen Honig haben?«

»Einen Waldhonig?«

»Den haben wir auch. Ich meine jetzt aber den Honig von den *Keschtn*, manche sagen auch Esskastanie. Der schmeckt sogar bitter.«

»Ist der Honig denn nicht immer süß?«

»Der ist bitter und süß.«

»Du machst mich richtig narrisch. Das will ich mal probieren.«

Jetzt lächelte der Zeidler das erste Mal. Die Vorstellung, wie ich genüsslich den Honig lecke, ließ die anfängliche Vorsicht und Zurückhaltung schwinden. Jeder für sich stellte sich gleichzeitig vor, wie ich mit seligem Gesichtsausdruck mit meiner Zunge im Mundraum herumfahre und dann noch die Lippen ablecke. Das brachte auch mich zum Lächeln und das Eis zwischen uns war endgültig gebrochen. Denn zunächst war ich ja ein Fremder, und ein Fremder stellte grundsätzlich erst einmal eine Bedrohung dar, auch wenn es sich anschließend als unbegründet herausstellen sollte. Bestimmt könnte der Zeidler oder seine Familie mir eine üble Geschichte erzählen, die von Fremden ausging. Vorsicht war angebracht!

Umso schöner war es, sich gegenseitig anzulächeln. Ich wollte deswegen bei diesem Thema bleiben und fragte weiter:

»Sag mal, wie kriegen die Imker denn den köstlichen Honig raus aus den Körben? Ich stelle mir das ziemlich schwierig vor.«

»Deshalb muss man ja tricksen.«

Mein Gesichtsausdruck war wohl überrascht und fragend genug, so fuhr der Zeidler fort:

»Die Korbimker haben zwei Möglichkeiten. Eine ist, den Korb auf den Kopf zu stellen. Wenn man dies macht, den Korb mit der Öffnung nach oben aufstellt, mögen die Bienen das gar nicht. Wenn man aber einen weiteren leeren Korb oben drauf stellt, dann fliegen die Bienen dort rein. Das geht nur, wenn die Fluglöcher zu sind und die beiden Körbe sich auch dicht abschließen. Hinzu kommt das Trommeln auf den unteren Korb. Zehn Minuten lang vorsichtig mit den Fingern trommeln. Erst unten, dann langsam bis nach oben zum Beginn des neuen Korbes.«

»Werden die Bienen dabei nicht wild?«

»Das Trommeln macht sich zunutze, dass andauernde Erschütterungen der Bienenwaben das Bienenvolk zum Flüchten bringt. Die Bienen samt Königin verlassen ihre Waben und laufen nach oben in den dunklen leeren Raum, man sagt ja auch stockdunkel. Nachdem die Bienen sich entschlossen haben, das alte Nest aufzugeben, legen sie kein Verteidigungsverhalten mehr an den Tag und sind auch kaum stechlustig.«

»Also ich würde mich hüten, einfach so auf einem Bienenkorb rumzutrommeln.«

»Klar, wenn Bienen keine neue Heimat angeboten bekommen, dann wird es nicht lange dauern, bis sich wütende Wächterbienen auf einen stürzen.«

»Bleiben die Bienen auch wirklich oben im neuen Korb?«

»Der Trommelschwarm, so heißt das, beruhigt sich meist schnell und zieht sich zu einer Schwarmtraube zusammen. Die Königin muss dabei sein, das ist halt wichtig.«

»Und aus dem unteren Korb holt ihr das raus, was ihr brauchen könnt?«

»Du hast es verstanden.«

»Und die andere Möglichkeit?«

»Du willst es wirklich wissen. Also sollst du es bekommen. Man nimmt einen Stab, so lange wie der Korb hoch ist, und befestigt ein kleines Messer quer am Ende des Stabes.« Jetzt waren seine Hände wieder aktiv und veranschaulichten dieses Werkzeug.

»Dann fährt man vorsichtig von unten rein in eine Wabengasse bis nach oben zum Stroh. Oben angekommen dreht man nun den Stab um ein Viertel und schneidet an der Innendecke entlang eine Wabe aus.«

»Und die fällt dann nach unten«

»Das nennt man Ernte.«

»Und der Honig schmeckt dann tatsächlich bitter?«

»Ja, von den *Keschtn*. Wenn man die Esskastanie, manche sagen auch Maroni, als Frucht isst, dann ist sie eigentlich nicht bitter. Zuerst müssen sie über Feuer geröstet werden. Nicht umsonst ist die *Keschtn* für uns in den Tälern ein Hauptnahrungsmittel. Aber der Honig der Blüte ist tatsächlich süß und bitter gleichzeitig.«

»Jetzt habe ich schon drei Worte dafür gehört: *Keschtn*, Esskastanie und Maroni.«

»Da siehst du mal wie wichtig sie sind.«

29

Bereits am Freitag kam ich in Naturns an. Es hatte sich so ergeben und es gefiel mir, dort drei Mal zu übernachten und erst am Montag weiterzuziehen.

Ich kam bei einem freundlichen Bauern unter, der mir in seinem „Kasten" einen Platz zum Schlafen anbot. Auch Lebensmittel wie Käse und Brot bekam ich von ihm. Als Gegenleistung half ich bei Ausbesserungsarbeiten an seinem Haus, genauer an den Balken oder Stützen, die das Haus einrüsteten. Typischerweise hatten die Häuser hier ausladende, möglichst große Vordächer und diese galt es abzustützen. Die stabilen Stützen wurden auf einem Steinfundament oder einem kleinen Mäuerchen aufgesetzt und reichten hoch bis zum Vordach. Manche Häuser stellten die Stützbalken so, dass diese mit der Höhe des Erdgeschosses abschlossen. Darauf konnte vom ersten Stock aus ein Balkon angelegt werden oder sogar ein Rundweg unter dem Dach, um das Haus herum. Die Aufgabe, das Vordach abzustützen übernahmen weitere Stützbalken, die auf dem Balkon aufsetzten.

Unter dem Vordach wurde der Boden oft mit Steinen befestigt, teils sogar mit Brettern ausgelegt. So entstand ein überdachter Bereich um das Haus herum, der als Unterstellbereich für alles Mögliche genutzt wurde. Gerätschaften aller Art, Werkzeuge, Brennholz, sogar Karren und Bienenkörbe habe ich vorgefunden. Im oberen Bereich waren oft auch *Heumanderl* zu sehen, Heinzen, die im Allgäuerischen *Huize* genannt werden. Auch Getreidegarben standen zum Trocknen auf dem Balkon. Die Auskragungen der Dächer waren wichtig als Witterungsschutz der Außenwände, sowohl traufals auch giebelseitig.

Das Fundament und das Untergeschoss der Wohnhäuser war gemauert. Hier wurden geeignete große Steine übereinandergelegt und mit Mörtel verbunden. Da die Häuser meist am Hang lagen, war an der abschüssigen Seite das ganze Mauerwerk zu sehen. An der oberen Seite begnügte man sich oft, die Mauer ebenerdig abzuschließen. Darauf folgte eine Blockhauskonstruktion. Die aufgeblockten Rundhölzer wurden oben und unten etwas abgeflacht, damit sie besser zueinander abschlossen. An den vier Ecken überkreuzten sich die Hölzer und man ließ sie etwas überstehen, um mehr Stabilität zu erreichen. Diese überstehenden Enden wurden von findigen Köpfen gleich wieder genützt, zum Beispiel als Befestigung für Seile oder für eine weitere Konstruktion mit Holzteilen. Den ersten Balken des Obergeschosses ließ man überstehen, um darauf den Balkon zu errichten. Der alleroberste Balken, die Pfette, stand auch über, um das Dach darauf zu setzen.

Eine Küche habe ich nur im Untergeschoß auf einem Steinboden gesehen. Der Herd war gemauert, ähnlich der Außenmauer, nur mit kleineren Steinen. Die Räume innen waren oft noch dunkler als die vom Wetter ausgebleichten Außenwände. Die Küche mit der Feuerstelle und der Kachelofen verursachten Rauch, der alle Räume etwas verbrannt riechen ließ. Hinzu kamen die Gebrauchsspuren in den engen Räumen. Deshalb hielt ich mich nach Möglichkeit lieber draußen auf, wo die Luft immerhin angenehm frisch war.

Die Anordnung der Räume im Wohnbereich war fast immer gleich, so wie ich es auch vom Allgäu her kannte. Man kommt herein und steht gleich in der Küche mit Essbereich. Rechts ist die Türe zur guten Stube, die grundsätzlich Feiertagen und Besuchern vorbehalten war. Wenn noch Platz übrig war, was eher selten der Fall war, dann gab es eine weitere Kammer oder eine *Speis*, der Raum mit den aufbewahrten Lebensmitteln. Der Schlafbereich war meist oben.

Die steilen Treppen im Innenbereich sahen oft aus wie eine bessere, etwas schräge Leiter. Natürlich waren auch diese, wie die Betten und Tische, eigentlich fast alles, aus dem Hauptbaustoff Holz gebaut.

Fensterläden hatte ich keine gesehen. Dies verwunderte mich, weil die Läden die Fenster schützten. Zudem würde mit den farbigen Läden das Landschaftsbild aufgewertet.

Der Türstock wie auch die Türe waren aus Holz gezimmert. Über dem Türstock wurde mit Holz weitergebaut. Der Übergang vom Holz zum Stein der anschließenden seitlichen Mauern war oft sehr mangelhaft. Mich wunderte es nicht, dass über kalte Winter geklagt wurde, wenn es im ganzen Haus durchzog wegen der vielen Ritzen in der Wand. Für den eisigen Winterwind war es auch ein Leichtes, durch die nicht luftdicht eingepassten Fensterstöcke mit seinen Krallen einzudringen. In dieser Hinsicht schienen mir die Allgäuer Häuser besser gebaut. Andererseits waren die Winter daheim wieder länger und kälter. Insgesamt haben wohl alle gleichmäßig gefroren.

Die Dachflächen wurden mit kleinen Brettchen, ähnlich der *Schindele* nur größer, überlappend ausgelegt. Darauf legte man waagrechte Stangen mit Steinen zur Befestigung. Diese Stangen wiederum waren mit der Dachkonstruktion verbunden.

Die Latrine, allgemein nur *Scheißhaus* genannt, war ein gesondertes Häuschen, besser gesagt Brettergestell, das direkt ans Haus gebaut wurde. Wichtig war, es möglichst weit weg von der Küche zu platzieren. Meist war der Misthaufen in unmittelbarer Nähe. Oft genügte es, ein paar Bretter am Hang aufzustellen, um den Misthaufen am weiteren Abrutschen zu hindern.

Die Bauernhäuser scharten sich um eine Kirche oder Kapelle herum. Weitere gesonderte Gebäude waren Wirtschaftsgebäude wie Stall, Kornkasten, Mühle, Lodenwalke, Bienenstand, Schmiede und Backofen. Die eigentümlichsten Gebäude waren die sogenannten Kästen, die sehr vielseitig genutzt wurden. So konnte sich im Untergeschoß ein Kleinviehstall befinden, der Getreidekasten mit Korntruhen im Erdgeschoß und darüber der Schlafkasten für die unverheirateten männlichen Hofbewohner. Andere Kombinationen umfassten auch Bastelkammern, Werkstätten, Mühlen, Backöfen oder Hühnerställe.

Häufiger gesehen habe ich auch kleine gemauerte Bildstöcke mit einem Marienbild oder sogar einer Ikone im geschützten Innenbereich. Diese Stöcke waren oft nur etwas mehr als einen Meter hoch und hatten ein kleines Dach. Diese Dächlein vermittelten den Eindruck, dass hier tatsächlich jemand wohnt. Nur ein Loch in einem Stein wäre unangemessen und unwürdig gewesen, deswegen sollte die Gottesmutter ihr eigenes Haus haben. Sie sollte den Leuten nahe sein, sozusagen richtig wohnen und dafür brauchte sie ein Haus!

Südtirol war eine in sich gekehrte, fromme Welt. Religion bestimmte den Alltag. In Gott und Kaiser sahen viele die einzig gültige Ordnung. In diesem Vertrauen auf Gott und die „gerechte Sache" zeigte man sich treu gegenüber der Monarchie der Habsburger in Wien. Gleichzeitig genoss Tirol unter Österreich eine große Eigenständigkeit. Die Haupterwerbsquellen waren Viehzucht, Milchwirtschaft und Getreideanbau. In den tieferen Lagen kam Obstbau und Weinanbau hinzu. Insgesamt lebten die Tiroler als Selbstversorger, nicht auf großem Fuße, aber auch nicht von anderen abhängig.

Im Stall des Bauern wurde ich auch gebraucht. Oben an der Deckenöffnung, *obadana am Schopploch* nach meiner angestammten Mundart, mussten Balken ausgetauscht werden. Die dafür erforderlichen Hölzer waren bereits vorhanden. Das Zurechtsägen und Einpassen war eine richtig schöne Arbeit mit der ich am Ende sehr zufrieden war. Ich musste überlegen, wie wir am besten vorgehen, fand eine gute Herangehensweise und sagte dem Bauern mit sicherer Stimme wie er mir helfen konnte. Ein launiger Spruch während der Arbeit blieb mir in Erinnerung: „Jetzt habe ich den Balken schon dreimal abgesägt und noch immer ist er zu kurz."

Durch die *Schopplöcher* gelangte das Viehfutter direkt vom Heustock ein Stockwerk tiefer in den Stall. Normalerweise fiel das Heu direkt in die *Paarne*, der Futterkrippe des Stalles. Der gepflasterte Kuhstall im Untergeschoß bot Platz für zwei Kühe und zwei Kälber. Schweine- und Schafstall hatten einen eigenen Zugang. Zweimal am Tag wurde das Vieh ausgelassen. Der *Trännktroug*, der hölzerne Brunnen befand sich im Freien nebenan.

Der Getreideanbau war ebenso bescheiden wie wichtig. Deshalb gab es Getreidemühlen, als Radmühlen gebaut, die von einem oberschlächtigen Wasserrad bewegt wurden. Die Achse des Wasserrades war ein stabiler Eichenstamm, der zu beiden Seiten auf einer Steineinbuchtung auflag. Ein Schmiermittel musste immer wieder erneuert werden. Auch hier wurde von technischen Neuerungen gesprochen. Künftig sollte eine Eisenwelle eingesetzt werden. Es wurde meist Roggen gemahlen, immerhin 6 bis 8 Star (120—160 kg) pro Tag in der Erntezeit. Die Vermahlung von Gerste und Buchweizen war arbeitsintensiver.

Zu jedem Hof oder jeder Höfegruppe gehörte ein freistehender Backofen. Man hatte Respekt vor dem Feuer und backte lieber außerhalb des Wohnhauses. Zweimal im Jahr wurde groß gebacken, die Vorbereitung dauerte mindestens zweieinhalb Tage. In der geheizten Stube des Bauernhauses brachte der trocken konservierte Sauerteig die Teigmasse zum Gehen. Anschließend knetete man den Teig und formte hunderte von Laiben. Der Backofen mit Gewölbe aus weichem Schieferstein fasste etwa 60 Brote, die Backdauer betrug an die 20 Minuten. In der Nachhitze wurden *Zelten* (Früchtebrote) gebacken und Obst gedörrt.

Stampfmühlen nannte man jene Gebäude, in denen gewebtes Tuch aus Schafwolle zu warmen, wetterfesten Lodenstoffen gewalkt wurde. Die Stampfe oder Lodenwalke wurde auch durch ein oberschlächtiges Wasserrad angetrieben: Die Zapfen im Wellbaum hoben die schweren Holzhämmer auf und ließen sie, bei Weiterdrehung des Wellbaums, in den Holztrog fallen. Bei der Gerststampfe wurden die angefeuchteten Gerstenkörner enthülst.

Schmiede waren Grundhandwerker. Oft wurden ihnen übernatürliche Kräfte nachgesagt und die Schmieden außerhalb der Siedlungen galten als unheimliche Orte. Trotzdem waren Bauern und Handwerker auf sie angewiesen.

Das Schnapsbrennen brachte Bargeld, sofern man keine Steuern zahlte und heimlich in Kellern, Scheunen oder Wäldern brannte. Dem Schnaps schrieb man kräftigende Wirkung zu. Männer wie Frauen tranken ihn in entsprechendem Maße oder wandten ihn als volksmedizinisches Mittel äußerlich an.

An jedem Haus gab es einen Nutzgarten mit Holzzaun. Ohne die Zäune hätten die oft freilaufenden Viecher alles weggefressen.

Am Sonntag nach der Kirche und dem Mittagessen gab sich ein Teil der Bevölkerung dem süßen Nichtstun hin. Der andere, zahlenmäßig recht große Teil, fieberte dem Höhepunkt des Tages, sogar der ganzen Woche zu: dem Kegeln auf der eigens dafür gebauten überdachten Kegelbahn. Viele Höfegruppen und Gasthöfe besaßen Kegelbahnen. Hier trafen sich die Bauern sonn- und feiertags und Buben verdienten sich ein Taschengeld mit dem Aufstellen der Kegel. Die frühen Kegelbahnen besaßen Lehmböden, die regelmäßig zu glätten waren. Erst mit der Einführung der Bohlenbahnen zu Beginn des Jahrhunderts rollte die Kugel richtungsgenauer. Die gängigen Spielvarianten waren „Auf die Vollen" (bei jedem Schuss stehen alle neun Kegel bereit) und „Abräumen" (nach dem ersten Wurf auf die Vollen bleiben die nicht getroffenen Kegel stehen). Beim Preiskegeln spielt jeder Teilnehmer gegen Bezahlung eines Preisgeldes. Falls es zum Schluss mehrere Gewinner mit Punktegleichheit gibt, muss zwischen diesen *girittert* werden.

Es gab weitere Spielarten wie *Schanzlin* oder die *Moaser Partie*. Die Figuren hießen: *Alle Naine, s´Kranzl, s´Kreiz, dr Schuaschterstual, die Wurscht*. Besonders anspruchsvoll war auch die Variante *Loch*, dabei musste zwischen den Kegeln durchgeschossen werden, ohne dass ein Kegel umfällt.

Hafer, Gerste, Roggen und Mais waren die Hauptnahrung der überwiegend bäuerlichen Bevölkerung. Zum Frühstück gab es Mus, einen Brei aus Getreide, entweder in Wasser, in Milch oder in Sahne gekocht. Mittags aß man vielleicht eine Knödelsuppe und abends in Milch eingeweichtes Roggenbrot. Zwischendurch, zum *Halbmittag* und zur *Marend*, also zur Vesper, gab es Brot mit Käse oder einem Stück Speck. Fleischgerichte, vornehmlich vom Schwein, Speckknödel, Selch- oder Surfleisch kamen nur sonntags und an Feiertagen auf den Tisch. An Weihnachten, so wurde mir erzählt, wenn die Tafel reichlich gedeckt war, drohten der Volksweisheit zufolge dem Tiroler drei Gefahren: das *Derhungern*, weil bis mittags gefastet wurde, das *Derfrieren* auf dem Weg zur Kirche und letztlich das *Derschnöllen*, also das Zerplatzen nach ungewohnt üppigem Essen und Trinken.

Der Bauernspeck ist eine eigene Wissenschaft für sich. Durch Würzen, Pökeln, leichte Räucherung und Lufttrocknung ganzer Schweinehälften wird die Spezialität ohne Kühlung haltbar gemacht. Grundlage ist zu allererst der gute Rohstoff. Die Schweineschlegel sollen nicht mager sein, um einen Speck zu erzeugen, „wie es sich gehört", mehr weiß als rot! Auf vielen Höfen wird ein- bis zweimal jährlich im Winter ein Schwein, *Fack* genannt, geschlachtet, das durch Rasse und Fütterung schon einen besonderen Geschmack hat. Reichlich Fett soll das Schwein angesetzt haben im Laufe seines Lebens. Dafür durften es sich einen ordentlichen Ranzen anfressen und drinnen oder draußen mit Artgenossen und nach Herzenslust im Matsch suhlen. Die Bauern halten noch an der alten Tradition fest, das tote, ausgenommene Schwein mit einem Efeukranz zu schmücken, aus Ehrfurcht und Dankbarkeit. Nun geht es ans „Suren", also Pökeln. Die Bauchseiten, *Hammen*, und Schultern werden mit Salz, Pfeffer, Knoblauch, Piment und Wacholder eingerieben und flach auf *Surbrettern* in einen Holztrog gelegt. Während der nächsten fünf Tage tritt Fleischsaft, aus, mit dem der Bauer das Fleisch täglich besprenkelt. Wenn das Fleisch seinen eigenen Saft wieder aufgesogen hat, ist es Zeit zum Räuchern. Dazu hängt es der Bauer in der Räucherkammer auf und entfacht ein Feuer aus Wacholderzweigen mit höchstens zwanzig Grad warmem Rauch. Nun wird das Fleisch gut drei Monate mit Unterbrechungen geräuchert. Wichtig ist, dass es Luft hat und nicht nur ständig im Rauch hängt. Anschließend muss es noch über mindestens sechs Monate abhängen.

Dann ist der Speck so wie er sein soll: Der Fleischanteil kräftig dunkelrot, das Weiße eher hellrosa und so fest, *keif*, dass man es mit dem Nagel einritzen kann. „Das Rote ist nur

Verzierung", sagt man in Südtirol und lässt sich den Speck, sorgfältig in hauchdünne Scheibchen geschnitten, auf der Zunge zergehen.

30

Vom Allgäu her kannte ich schon die Holunderbüsche, die man an der Hauswand wachsen ließ. Auch hier war es nicht anders. Eigentlich hatte mich der *Holderboschen*, Holunderbusch, auf meiner ganzen Wanderung begleitet. Hoch auf den Bergen gefiel es ihm nicht, aber in den Tälern bei sonnigen Lagen kam ich öfters an einem dieser frohwüchsigen Büsche vorbei. Der Geruch seiner blühenden weiß-gelblichen Blüten war unverwechselbar. Diese flächigen Blütenstände mit vielen einzelnen Blüten, in Dolden dargeboten, dufteten würzig-fruchtig in betörenden Holunderduftwolken. Bienen hatte ich aber ganz wenige gesehen, eigentlich verwunderlich bei dieser Blütenpracht. Der Lehrer hatte uns Schüler mal erzählt, eine Blüte sei wie ein Wirtshausschild, auffallend und einladend soll es sein. Hatte der Lehrer hier die Rechnung ohne den Wirt gemacht? Diese Redewendung passte hier zumindest einigermaßen. Immerhin wird der Holunder von Bienen beflogen, wenn auch gering. An den Taschen ihrer Beine, den Höschen, kann man erkennen, dass die Bienen blassgelben Pollen gesammelt haben.

Mir gefiel der Busch, der ganz eng an der Hausmauer seinen Platz gefunden hatte. Ich konnte mir auch gut vorstellen, wie ein Holundersame von selbst mithilfe der Vögel seinen Weg dorthin gefunden hatte. Dort konnte er keimen und fühlte sich wohl an dieser geschützten Lage an der Mauer. Der Holunder mochte die Randlagen, an Hecken oder an Waldrändern, in diesem Fall an der Hauswand. Natur um das Haus herum gab es wahrlich genug, der üppige Blütenstand dieses Busches wertete aber jedes Haus auf. Zudem verströmte der Holler einen angenehm würzigen Duft.

Als ich den Bauern fragte, warum er ihn nicht einfach aushackt, riss er die Augen auf und fragte mich, ob ich mit dem Verstümmeln des Holunders Unglück oder Tod bringen wolle. Sonst war der Bauer weniger gesprächig, nun erklärte er mir des Weiteren: Der *Hollerstrauch* schützte vor Feuer und Blitzeinschlag. Das Verdorren zeigte den Tod eines Familienmitglieds an. Er galt als Abwehrmittel gegen schwarze Magie und Hexen. Auch beherbergte er wohlgesinnte Hausgeister, was den Strauch an vielen Hauswänden heimisch werden ließ. Gerne wurde der Holunder auch bei Ahnenräucherungen verwendet. Dafür wurden die Blüten, Beeren und Blätter genommen, allesamt getrocknet. Was ich davon halten sollte wusste ich nicht so recht. Das was mir der Bauer über den Volksglauben erzählt hatte, erschien mir irgendwie aufgesetzt. Was sollte denn so ein kleiner Strauch mit Magie und Hexen oder Hausgeistern zu tun haben? Die Menschen brauchten wohl wahrscheinlich irgendein Wesen, auf das sie Unverständliches oder nicht so recht greifbare Dinge abschieben konnten.

Der Holunder bot sich an, vielleicht wegen seiner durchaus betörend zu nennenden Farben im Jahreslauf von blütenweiß bis pechschwarz, möglicherweise wegen seiner stolz aufgerichteten Blüte und später schwer hängenden Beeren. Es könnte sein, dass die Flöten, die aus Holunderzweigen geschnitzt werden können, dazu beigetragen haben. Sicherlich aber wegen seinen Heilwirkungen bei Husten, Schnupfen, Fieber und Entzündungen. Zudem konnte man aus den Früchten einen würzig-bitteren Saft oder festeren Brotaufstrich kochen. Seine Verwendung als Färbemittel ist zu erwähnen, vielleicht sogar die Frau Holle aus einem bekannten Märchen. Von alters her bekannt sind seine Genügsamkeit und Vorliebe für Randständigkeit, weil er in jungen Jahren zu viel Sonne nicht gut verträgt. Zu erwähnen ist auch das leichte und trotzdem überraschend harte Holz seines Stammes. Alles miteinander macht diesen Busch zu etwas wirklich Besonderem.

31

Töll, Montag, den 25.07.1887

Die abwechslungsreiche Landschaft im Vinschgau lud mich auch ein, über deren Vergangenheit nachzudenken. Wer hatte die Weinstöcke gesetzt? Bestimmt ein Italiener, der diese vom sonnigen Süden bis hier in ein Gebirgstal mitbrachte. Woher kamen die blühenden und infolgedessen früchtetragenden Apfelanlagen? Heimisch waren Äpfel hier bestimmt schon lange, vielleicht kamen aber die neueren Sorten vom Bodensee. Die Wiesen und Wälder sahen uralt aus. Doch wer brachte die Kastanien hierher, die lichte Haine bildeten, und interessanterweise erst da wuchsen wo sich auch der Wein wohlfühlte? Hatte also irgendwann ein kleiner dunkelhäutiger Römer nicht nur Weinstöcke, sondern auch Kastanien im Gepäck? Wie kam ich wie von selbst auf den Römer? Ich ließ diese Frage auf mich wirken und erinnerte mich daran anknüpfend wieder an einen Schultag. Der Lehrer hatte die älteren Schüler zusammengefasst und von Rom erzählt, der ewigen Stadt, wie er sagte. Er konnte auch eine Landkarte des Mittelmeerraumes vorzeigen mit Rom als Zentrum eines riesigen Reiches. Meine Frage, wo denn hier das Allgäu sei, wertete er nicht als freche Unterbrechung seines Redeflusses, vielmehr nahm er meine Anregung auf und zeigte auf einen Bereich nördlich der grau gemalten Alpen. „Da seht ihr den Bodensee, und daneben das Allgäu." Der See war blau, meine Heimat braun gemalt. In diesem Augenblick schaute ich zum ersten Mal „über den Tellerrand hinaus", wie man so sagte. Dieser Schultag hatte sich sehr nachdrücklich in meine Erinnerung gesetzt, denn der Lehrer sprach weiter von der Wichtigkeit Roms. Die heilige römisch-katholische Kirche mit dem Papst sei ja auch in Rom. Zudem lebten wir Deutsche bis 1806 in dem Heiligen römischen Reich deutscher Nation. So viel „heilig" und „Reich" auf einmal. Ich spürte wie die großartigen Worte jetzt noch etwas in mir bewirkten, beinahe Begeisterung auslösen wollten. Auf der anderen

Seite fühlte ich mich gut beraten, innerlich ein gutes Stück Abstand zu halten. Wenn ich das mit der Religion nur besser begreifen würde! Mit einer klaren Einsicht könnte ich entweder hellauf begeistert oder rundum ablehnend sein. Doch so wie ich mich fühlte, ziemlich unschlüssig mitten drin, scheute ich mich vor vorschnellen Entscheidungen. Wichtig war im Hier und Jetzt zurecht zu kommen. Dazu brauchte ich kein „römisch" oder dergleichen. Freilich konnte immer mal etwas passieren, das zeigten die letzten Tage und Wochen. Wem ich begegnete, was auf mich zukam, welcher Zufall zugeschlagen hatte, konnte ich schlicht nicht voraussehen. Glücklicherweise war mir bislang aber auch noch nichts wirklich Schlimmes zugestoßen. Dafür brauchte ich jemand zum Danke sagen, dafür brauchte ich meinen Gott!

Die Etsch floss weiter durch das Vinschgau mit nur geringem Gefälle. Dies änderte sich bei der Talschwelle der Töll. Auf einmal ging es steil nach unten. Hier kam ich zu einer alten Zollstation, die glücklicherweise bereits aufgelöst worden war. An der Südwand der verlassenen Station entdeckte ich eine Bank. Dankbar keinem Zöllner zu begegnen, setze ich mich und gönnte mir eine Pause. Die Sonne war nach kurzer Zeit fast schon wieder zu kräftig und so trottete ich um das Haus herum und setzte mich an einem einladenden, halbschattigen Ort auf eine frisch gemähte Wiese. Der Bauer mähte weiter unten. Er nahm mich alsbald wahr, ordnete mich aber wohl als unwichtig ein. Er arbeitete mit seiner Sense weiter und als ich mich schon fragte, wie lange er es in der prallen Sonne aushalten konnte, wischte er sich den Schweiß von der Stirn und kam in meine Richtung. Seine Tätigkeit zeigte wer er war, ein Bauer. Seine Kleidung sprach die gleiche Sprache und ich meinte sogar an seinem Gang einen Bauern zu erkennen. Als ob er immer noch schwer tragen musste, obwohl er alles abgelegt hatte, genau an dem Ort wo er zu mähen aufgehört hatte. Sein Werk war klar zu erkennen. Hier die Flächen mit dem reglosen Gras auf dem Boden, danebn die noch nicht gemähten Halme und Stängel, die sich bogen so wie es die leichten Windböen gerade wollten. Die Wiese in ihrer Gesamtheit ließ sich vom Wind sanft bewegen, dabei formten die Böen Wellen, ungefähr vergleichbar den entstehenden Kreiswellen auf einer Wasseroberfläche, wenn ein Stein als Auslöser hineinfällt. Mir gefiel dieses Spiel der Natur, dieses ständige sich Biegen und dennoch wieder Aufrichten.

Der Bauer sah wohl alles nüchterner. Er sah bestimmt nur die Arbeit, deswegen hütete ich mich ihn daraufhin anzusprechen. Er bewegte sich zur Zollstation und beabsichtigte mich links liegen zu lassen. Dennoch fühlte ich mich eingeladen, ihn anzusprechen. Warum eigentlich? War es seine Art mich kurz anzublicken und sich wieder abzuwenden? War es dieser müde Gang eines Arbeitenden, der keine Kraft mehr hatte für bösartige Auseinandersetzungen? Oder mein eigenes Bedürfnis, hier in Südtirol Fuß zu fassen und mich an den Dialekt hier zu gewöhnen? Wahrscheinlich alles miteinander, so erhob ich mich und grüßte freundlich:

»*Griaßdi*.«

»*Hoi*«, kam knapp zurück. Das hatte ich schon mal gehört. Ich wendete mich nicht ab und redete weiter mit einem Hinweis auf das Wetter:

»Ganz schön heiß heute.«

Zunächst war nur Schweigen. Er schaute mich aber genauer an, wie wenn er das bisher noch nicht gemacht hätte und sagte endlich:

»Du, Zimmerer, wo kommst denn her?«

»Aus Bayern, genauer gesagt aus dem Allgäu.«

»Kenn ich nicht. Bayern aber schon.«

Ich war froh, ihn verstehen zu können, obwohl seine Mundart etwas maulfaul war. Er schien auch mich verstanden zu haben, das war zunächst die Hauptsache. Ermutigt redete ich weiter:

»Vom Bodensee, über das Rheintal, so bin ich gekommen.«

Wieder Schweigen. Als ob er sich durchringen musste sagte er endlich:

»Soso.«

Immerhin blieb er stehen, auch wenn er sich gänzlich von mir abwendete. Ich verstand, ihn jetzt in Ruhe zu lassen. Dies respektierte ich, wartete mehrere angemessene Sekunden und versuchte erneut, das Gespräch in Schwung zu bringen. Mit was? Naheliegend für mich war folgende Frage:

»Kannst du mir sagen wo ich Wasser trinken kann?«

Jetzt kam die Antwort schneller:

»Das Vinschgau ist ein trockenes Tal. War immer schon so.«

»Die Bauern haben ihre eigenen Brunnen?«

»Ja. Wenn magst, dann geh runter zur Etsch und such dir ein kleines Quellbächlein.«

»Sag mal, warum ist hier eine Zollstation?« Jetzt konnte er seinen Heimvorteil ausspielen. Wie erwartet wurde er gesprächiger und sagte:

»Hier war immer schon die Grenze zwischen Vinschgau und dem Burggrafenamt.« Meine Hand wies zu dem alten verlassenen Haus:

»Wichtig ist das wohl heute nicht mehr?«

»Ja, das Burggrafenamt war früher um Meran herum und bis hier her. Das Gebiet unterstand direkt dem Burggrafen zu Tirol. Heute haben wir andere Herren.«

»Sind die besser?«

»Was heißt schon besser? Es sollte hier sein wie im Passeier mit den *Schildhöfen*. Dort sind elf Gehöfte mit bestimmten Rechten und Freiheiten! Als Gegenleistung für Waffendienste für den Landesfürsten, den sogenannten Schilddienst, haben die Bauern dort Steuerfreiheit, Weide-, Jagd- und Fischereirechte. Vor Gericht und sogar in der Kirche dürfen die Schildhofbauern bewaffnet auftreten.«

»Das hört sich an, als ob diese Schildhofbauern selbst in den Niederadel aufgestiegen sind.«

»So ist es aber nicht. Es sind Bauern! Auch hier im Vinschgau gibt es freie Bauern. Mir wurde erklärt, dies liegt an dem starken Landesfürstentum, der Grafschaft Tirol. Die behalten oft die Gerichtshoheit, das führt zu einer Aufsplitterung von

Grundherrschaft und Gerichtsbarkeit. Unsere Grundherren sind somit in ihrer Macht beschränkt. Gott sei Dank!«

»Adlige Herren habt ihr also trotzdem?«

»Geh mal weiter das Tal runter. Da wirst du viele Burgen entdecken.«

»Warum gibt es denn da so viele Burgen?«

»Das habe ich mich auch gefragt. Mein Vater meinte, es hat damit zu tun, dass es ein reiches Land mit guten Böden ist. Demzufolge wollten auch viele Herren hier sein. Zuerst haben die sich jahrelang dem süßen Nichtstun hingegeben, um sich dann gegenseitig zu bekriegen. Tatsächlich war keiner viel stärker als die anderen. So konnten sich viele kleinere Herrschaften halten.«

Der Bauer trug, wie fast alle hier im Vintschgau, eine blaue Schurze. Diese Arbeitskleidung war überall zu sehen, auf den Höfen, Feldern und in den Weinbergen. Diese Schurze mit Brustlatz wird im Südtiroler Dialekt *Fürtig* oder *Firtig* genannt, was so viel wie Vortuch bedeutet. An den Wochenenden wird die traditionelle Arbeitstracht, die blaue Schurze abgelegt. Besonders reich verziert ist die Festtagstracht, die nur zu großen kirchlichen Feiertagen oder zu Hochzeiten getragen wird. Die „Tracht", das, was „getragen" wird, entsteht in reiner Handarbeit aus ausgesprochen edlen Materialien: Loden, Leder, Leinen und Wolle. Dafür hält sie ein Leben lang und kann dank ausgeklügelter Bestandteile auch länger oder weiter gemacht werden. Gesehen habe ich bislang Farbtöne in grau und grün, auch braun bis rotbraun. Diese Trachten sind wichtig. Letztlich verdankte ich meiner schwarzen, deswegen eindeutigen Zimmerertracht, dass ich überhaupt bis hierhergekommen bin. Als Reisender in einer Alltagskleidung wäre ich nur als ein Landstreicher eingeordnet worden, was mein Fortkommen deutlich erschwert hätte. Das hatte der Anton richtig erkannt. Ich hatte ihm wirklich viel zu verdanken.

Nicht nur Berufsgruppen wie die Zimmerleute hatten ihre eigene Tracht. Ganze Regionen oder Bevölkerungsgruppen kennzeichneten sich durch Eigenarten bei der Kleidung. Von

Tal zu Tal konnte ich bei meiner bisherigen Wanderung verschiedene Trachten oder ein anderes *G'wand* betrachten. Wenn alle gleich aussehen, dann verschwinden persönliche und gesellschaftliche Verschiedenheiten. Jeder wird zunächst nur wahrgenomen als Zugehöriger der Gemeinschaft. So wirkt die Tracht einigend und grenzt auch nach außen ab.

Auch der Dialekt hatte einen ähnlichen Zweck. Wenn man so spricht und angezogen ist wie der Nachbar, dann ist man drin. Wenn nicht, dann ist man draußen. Und dieses Draußensein ist ganz grundsätzlich nachteilig. Die blaue Farbe der Schurze oder die gemeinschaftliche besondere Art, Wörter auszusprechen waren wie eine Eintrittskarte. Mit dieser Karte fällt vieles leichter, deswegen nahm ich es so an, wie es nun mal war. Warum sollte ausgerechnet ich, ein Dahergelaufener all dies in Frage stellen, was sich offensichtlich seit Jahrhunderten bewährt hatte? Es hätte mir nur Nachteile gebracht, öffentlich an den Traditionen zu rütteln. Dennoch erlaubte ich mir, mir ein eigenes Bild zu machen. Als Fremder hat man eine vergleichende, geschärfte Wahrnehmung des Alltags in einem anderen Land.

Nach einiger Zeit hier im Land lernte ich eine Redewendung kennen: „seine Tracht im Gesicht tragen." So mancher Zecher hat von dem guten Wein hier einen knallroten Kopf. Dies nennt man hier fast liebevoll *'s Krankheitl*. Ein drastisches Heilmittel gegen einen gewaltigen Rausch ist der Misthaufen, bei der der *Bsuff* bis zum Hals in den beißenden Gestank gesteckt wurde, der ihn alsbald wieder nüchtern machte.

Nach einem ruhigeren Verlauf stürzt die Etsch die Töll hinunter. Eben noch gemächlich dahinfließend, machte das Gefälle aus dem Fluss ein Wildwasser. Jetzt gebärdete es sich richtig wild mit kleinen, dennoch tosenden Wasserfällen, schnellen Rutschen und Verengungen, die das Wasser zum Spritzen brachten.

Das Wasser mit seiner unbändigen Kraft sieht dabei richtig grau aus, weil es dabei die Farben des Gesteins annimmt. Es berührt, eigentlich umfasst es ständig die Steine, fließt darüber hinweg, umfließt sie und nimmt manchmal sogar welche ein Stück weit mit. Dabei sieht das Gestein zunächst unbeeindruckt aus von dem vielen Wasser. Tatsächlich dringt das Wasser aber in den harten Stein ein. Es schmiegt sich an, es ist ständig in Bewegung, es umtanzt förmlich die Härte der Gesteine und macht damit unbeirrt mit unendlicher Geduld immer weiter. Nach Jahr und Tag löst sich ein kleines Stück des Steines durch das fließende Wasser, vielleicht auch durch das Schlagen der Steine gegeneinander, das wiederum durch die Strömung verursacht wurde.

Nicht zu vernachlässigen ist auch die Bildung von Eis an frostigen Tagen. Das Wasser, das in alle engen Ritzen eindringt, dehnt sich als Eis aus. Auf diese Weise werden sogar Steine mit den Jahren aufgebrochen.

Es mag weitere Ursachen geben, mit der Zeit trägt der Fluss seine Ufer ab. Diesen Vorgang kann man aller meistens nicht beobachten, nur als Ergebnis sehen, wenn das Wasser bereits ein Tal gegraben hat. Es sind starke Kräfte am Werk, die gleichzeitig unglaublich sanft und leise sind. Sanfter als der Nebel, leiser als ein Hauch triumphiert das weiche Wasser, wenn auch sehr langsam, über die harten Steine.

Dritter Teil

1887

1907

Meran (Südtirol)

„Blüht nicht zu früh, ach blüht erst, wenn ich komme,
dann sprüht erst euer Meer und euren Schaum,
Mandel, Forsythien, unzerspaltene Sonne
Dem Tal den Schimmer und dem Ich der Traum."

Gottfried Benn „März. Brief nach Meran"

32

Meran, Dienstag, den 26.07.1887

Bei dem Ort Forst wurde die steil herabfließende Etsch wieder ruhiger. Ich hatte den Meraner Talkessel erreicht. Die Etsch bewegte sich nun in flachen Talgründen in Richtung Bozen. Der Anton hatte mir geraten: „Wenn du Meran erreicht hast, dann hast du es geschafft."

Nun stand ich umgeben von Kastanien-, Apfel- und Weingärten vor dieser Stadt. Das ewige Eis der Berge hinter mir sollte dableiben wo es war und ist. Mich zog die Wärme an, die südlichen Gefilde, die Aussicht auf deutlich weniger kalte Winter. Ganz grundsätzlich ein Leben ohne große Nöte und neu anfangen können. Den brennenden Hof und die damit einhergehenden Schuldzuweisungen vergessen können, weil keiner mehr danach fragte. Es war doch genau richtig, dass gestern der Bauer von Töll schon einmal etwas von Bayern, aber noch nie vom Allgäu gehört hatte. So sollte es sein, so würde auch ich vergessen können, so würde auch meine Wachsamkeit nachlassen, die mich immer wieder beunruhigte. Ob es mir gelingen würde, einen ganzen Tag kein einziges Mal an den Hof bei Opfenbach zu denken? Dann hätte ich es wirklich geschafft.

Vor der Stadt mit ihrer weithin sichtbaren Stadtmauer erreichte ich eine sehr fruchtbare Ebene. Die Natur erwies sich im Kleinen wie im Großen nicht als gleichförmig langweilig. Obstbäume aller Art, vor allem Äpfel, waren häufig zu sehen. Dazu viele Parzellen mit noch unreifem Wein.

Auf jedem Fleckchen Erde wollte etwas Besonderes wachsen, weil das milde Klima hier alles vortrefflich gedeihen ließ. Im Allgäu auf dem Land gab es hauptsächlich nur Grünland oder Waldbewirtschaftung. Diese Nutzungen waren hier auch möglich, hinzu kamen der Acker- sowie Wein- und Obstbau.

Ein reiches Land! Wie verschwenderisch die Natur hier doch sein konnte.

Die hohen Edelkastanienbäume in voller Blüte gefielen mir besonders gut. Bei dem Anblick der zartgelben Blütenrispen, die einen reizvollen Gegensatz zu den grünen Blättern bildeten, dachte ich spontan an ein Hochzeitskleid. Wie kam ich darauf, da ich gewöhnliche Bäuerinnen am Hochzeitstag nur in ihrer dunklen Tracht kannte? Ging meine Vorstellungskraft bereits auf Reisen und verhieß mir eine glänzende Zukunft? Prinzessinnen heirateten bestimmt in wunderbar weißen Kleidern. Auch eine Fee wäre sicherlich bezaubernd anzuschauen; doch heiratet die überhaupt?

Ein milder Luftzug streifte durch das Land, er hätte sogar noch ein bisschen heftiger sein dürfen, um mich in meiner schwarzen, wärmeaufsaugenden Kleidung etwas abzukühlen. Hier gefiel es mir! Alles miteinander, die Berge konnten im Hintergrund bleiben, unten eine fruchtbare Pracht, besondere Pflanzen wie Wein und Edelkastanien, das milde Klima und Menschen, deren Mundart ich grundsätzlich verstehen konnte, waren für mich ein Sinnbild des hier beginnenden, warmen und verheißungsvollen Südens. Hier konnte ich mir vorstellen zu bleiben.

Nach einigen kleineren Weilern erreichte ich die ersten Häuser von Meran, recht bald auch dessen Stadtmauer. Das Vinschgauer Tor stand offen, mir schien für mich offen. Und so schlenderte ich einfach hinein in die Stadt. Direkt an das Tor gebaut war eine Kirche und ein Kloster der Kapuziner. Die Straße bog bald nach rechts ab, nun Rennweg genannt. Nach der Stadtmauer begann eine städtische Welt, in der, wie in Altstädten üblich, direkt Haus an Haus gebaut wurde. Ich war überrascht, so viele Leute zu sehen. In diesem Moment wurde mir bewusst, wie alleine ich bei meiner Wanderung über die Alpen gewesen war. Menschenansammlungen gab es in ländlichen Gebieten nicht und wenn, dann nur zu besonderen Anlässen. Doch hier waren an einem gewöhnlichen Werktag überall Menschen auf den Straßen, in den Gassen oder an den Häusern. Manche saßen nur auf Stühlen an Hauswänden, andere waren am Arbeiten, wieder andere fuhren mit von Pferden gezogenen Gefährten. Ich stellte mir die Frage, ob die Häuser ausreichten, um so viele Menschen aufzunehmen? Hatte sich die Bevölkerung vermehrt, der Wohnraum dagegen nicht? Wie sollte sich auch die Anzahl der Häuser vermehren, hier in der Stadt mit der Stadtmauer außen herum? Weswegen ich vor der Mauer an einigen neu gebauten, nach viel Geld aussehenden Häusern vorbeigekommen bin, konnte ich mir nun selbst erklären. Wahrscheinlich zog ein Teil der Oberschicht in die Vororte, während Unterschichten nachrückten. Ich erreichte einen Platz zu meiner Rechten. Ein eindrucksvolles Gebäude der Polizei bestimmte diesen Platz, daneben befand sich eine Schule.

Am Rennweg waren viele in ihren Werkstätten am Arbeiten, mit allerlei Handwerken beschäftigt. Öfters standen die Türen offen, auf diese Weise vergrößerte sich die Arbeitsfläche hin zum Leben auf der Straße. Man hörte Gehämmer und viele andere Geräusche unterschiedlichster Werkzeuge. Nicht wenige Leute fuhren mit Kutschen oder Fuhrwerken, die mit ihrem Gerumpel und Rattern viel Krach verursachten. Und die Leute selbst blieben ja auch nicht stumm. Es wurde erzählt, Wichtiges mitgeteilt, eine Frage gestellt, auf jemand anderen eindringlich eingeredet, hier gelacht und dort ein Leid geklagt. Mit diesen unterschiedlichsten Eindrücken war ich richtig berauscht von den vielen Leuten. Zudem hatte ich es ja tatsächlich geschafft! Ich stand in der Stadt Meran, die Anton mir als Ziel aufgegeben hatte. So bewegte ich mich gut gelaunt tiefer in die Stadt hinein.

Nach meiner ersten Begeisterung drängte sich etwas in mein Bewusstsein, das ich gar nicht wahrhaben wollte: Die Stadt roch innerhalb der Mauer deutlich anders als davor, aber wieder anders als die Stadt Wangen, die ich am besten kannte. Sehr wahrscheinlich stank jede Stadt mit Stadtmauer. Hatte jede Stadt ihren typischen Geruch? Ich wehrte mich dagegen, das einzig passende Wort dafür, nämlich stinken, überhaupt zu denken. Doch widerwillig musste ich mir eingestehen: Das Ziel meiner Wanderung, der Grund für all die Mühen der letzten Tage, meine träumerisch verklärte Stadt Meran stank! Und zwar richtig unangenehm von einem Gemisch, das ich zunächst gar nicht genauer bestimmen wollte und konnte. Auch die Stadt Wangen hatte eine viel schlechtere Luft als das Land drum herum. Man hatte sich daran gewöhnt. Als Landei, wie man sagte, ging man in die Stadt hinein und wieder hinaus. Daheim war es ja auch nicht viel anders. Der Stallgeruch der Kühe war alltäglich, ein Schweinestall stank etwas strenger. Alles hatte wohl seine eigene Ausdünstung oder Ausstrahlung, wie auch die Menschen, die ja auch sehr unterschiedlich riechen konnten. So galt ein starker Körpergeruch als ein Hinweis auf eine starken Persönlichkeit, bei Männern wie Frauen. Mit dem Waschen nahm man es nicht so genau, weil man allgemein glaubte, dass eine gewisse Schmutzschicht auf der Haut sogar gut war. Zu starke Sonnenstrahlen wurden dadurch abgemildert und irgendwelche krankheitserregenden Bazillen, die überall herumschwirren, aber weder gesehen, gehört oder gerochen werden konnten, wurden durch eine geschützte Haut besser abgehalten. So war es doch am besten, auf die Schutzschicht zu vertrauen, die sich ohne eigenes Zutun auf der Haut von selbst bildete.

Genauer betrachtet hilft die Haut sich selbst indem sie eine Fettschicht bildet. Bei arbeitenden Menschen kommt noch Schweiß hinzu, der in gewisser Weise als Belohnung gesehen werden kann. Nicht zuletzt stehen wir Menschen ja nicht außerhalb der Natur, sondern sind nur ein Teil davon. Der Kontakt mit Mutter Erde, die uns Leben schenkt und ernährt, ist somit etwas vollkommen Natürliches. Das tägliche Brot, eigentlich die ganze Nahrung kommt vom Boden! Wenn man also täglich das, was Mutter Erde hervorbringt und wachsen lässt, isst und trinkt, somit zum inneren Menschen werden lässt, dann ist garantiert ein bisschen Erde am äußeren Menschen nicht schädlich, sondern sogar gesund! Zudem schadet zu viel Waschen der Haut! Das ist doch allgemein bekannt.

Wahrscheinlich, so redete ich mir zunächst ein, war ich wohl verwöhnt von der klaren Gebirgsluft. In den Bergen wehte oft ein kühler, erfrischender Wind, der sich in den vielen Wäldern auskämmen und mit allerlei frischen Düften anreichern konnte. Doch Meran stank. Ich wollte mich nicht damit beschäftigen, doch unwiderruflich formte sich diese

Einsicht in mir: Dieses Luftgemisch, das innerhalb der Ring-
mauer an einem heißen Tag wie heute, kaum ein Luftzug,
drückende Wetterlage, bestand aus Rauch der vielen Feuer in
den Häusern, dem Geruch der Tiere samt deren Kot und dem
Gestank der Menschen!

Ich kannte es ja bereits von der Stadt Wangen innerhalb
der Mauer: Es wurde in den Häusern gekocht, in den Werkstätten teils mit Feuer gearbeitet. Dabei entstand Qualm, der
die Luft vernebelte, sich in den Gebäuden festsetzte und auch
dann, wenn mal kein Feuer brannte, als kalter, ätzender
Rauch zu riechen war. Zudem lebten viele Tiere in der Stadt,
oft sogar mit den Menschen unter einem Dach: Schweine,
Kühe, Federvieh, Hunde, Katzen und sicherlich noch weiteres
Getier, die alle ihren Eigengeruch hatten und natürlich auch
ihren Kot hinterließen. Wenn Tiere geschlachtet wurden entstanden weitere Gerüche, wenn später verschiedene Fleisch-
sorten, Innereinen und all das was sich verkaufen ließ, auf
dem Markt angeboten wurde wieder andere, wenn nebenan
Fisch angeboten wurde, vermischten sich die beiden oft in
unguter Weise und wenn schließlich, dies kam leider oft
genug vor, etwas von dem eben Aufgezählten schlecht wurde,
stank es nach Verwesung, und zwar jedes einzelne auf seine
einzigartige Art und Weise.

Am schlimmsten jedoch, musste ich mir eingestehen, trugen die Menschen selbst zur üblen Stadtluft bei. Die Aus-
dünstungen der Kleider, der Körpergeruch wegen seltenem
Waschen, Schweißfüße, der buttersaure Schweiß und der
manchmal faulige Mundgeruch wären meist nicht der Rede
wert gewesen, aber der Kot und Urin! Es lebten viele Menschen hier und alle aßen, tranken, verdauten und produ-
zieren Exkremente, die häufig auf der Straße landeten, sich
mit den Ausscheidungen der Tiere vermischten, anderen
Dreck mit aufnahmen, weiteres faulig riechendes Abwasser
durchdrangen und als erbärmlich stinkender Brei auf den
nächsten Regen warteten, der dann gnädig alles mitnahm zu
einem fließenden Gewässer, das keine Fragen stellte.

Hier war es nicht ganz so schlimm, aber auch hier landeten Abfälle aller Art auf der Straße. Hätte man die Leute gefragt warum, käme als Antwort bestimmt: Wohin denn sonst? Widerwillig beschäftigte ich mich mit dem Hauptproblem der Entsorgung im städtischen Bereich: Der eigene Kot und Urin. Manche Hauseigentümer konnten ihre Fäkalien in Gruben einleiten, andere lösten das Problem durch Versickerung auf der Hofstätte oder abflusslose Gruben. Die meisten jedoch leiteten alles entlang der Flurgrenzen in Rinnsteine, die im schlechtesten Fall alles der Straße übergaben. Glücklicherweise gab es hier Abwassergräben, die mit Bruchsteinen gemauert und etwa einen Unterarm tief waren. Abgedeckt wurden diese Gräben mit Platten oder Gewölben aus Holz oder Stein. Da man bei Straßenkreuzungen die Anforderungen des Verkehrs zu beachten hatte, wurden große Steinquader als Abdeckungen verlegt. Meistens jedoch schlossen diese Bedeckungen nicht luftdicht ab, wahrscheinlich sogar absichtlich, damit man schnell etwas loswerden konnte. Dies bestätigte mir eine Hausfrau, die mit dem Fuß ein Holzbrett etwas verschob, um eine übelriechende Brühe in den Graben zu gießen. Ein Mann stand an einer Hauswand und pinkelte ungeniert in eine Rinne, die schließlich in denselben Graben führte. Weil man ständig in diesem Schmutz und Unrat lebte, war der Gestank allgegenwärtig. Es hätte nur noch gefehlt, Schweine auf der Straße traben zu lassen. Dann hätte man Reisigbündel oder höhere Trittsteinen über den Fußweg verlegen müssen, wie ich es einmal gehört hatte.

Ich ließ die bevölkerte Laubengasse links liegen und folgte der Straße leicht abwärts. Weiter vorne war schon wieder die Stadtmauer zu erkennen. Ich bewegte mich darauf zu und stellte dabei fest, dass der Gestank eher noch zunahm. Klar, alles floss nach unten und die Anwohner hier unten bekamen den Dreck von weiter oben angeliefert. Die Stadtmauer hatte demzufolge an der passenden Stelle eine untere Aussparung, wo ein Mann mit einer Schaufel den Dreck aus der Stadt hinausbeförderte. Ziemlich lustlos scharrte er mit seiner Schaufel am Boden entlang, wahrscheinlich dachte er, dass ein kräftiger Regenguss die Arbeit viel besser erledigen würde.

Als ich der Mauer immer näherkam, wurde die Luft besser wegen einem Stadttor auf der rechten Seite. Mir war danach, erst einmal wieder hinauszugehen wegen des Gestanks. Zudem erschien es mir ratsam, auch die nähere Umgebung kennenzulernen. Hinter dem Tor bestimmte ein Fluss die Landschaft. Er brachte einen eigenen, frischeren Geruch mit sich. Freilich ging ich keinem soeben entsprungenen, jungfräulichen Gebirgsbach entgegen, aber besser als in der Stadt roch es hier allemal. Direkt an der Uferböschung sah ich einen *Donnerbalken,* einen Rundbalken in Kniehöhe. Auf dieser notdürftigen Sitzgelegenheit saßen bereits zwei gut gelaunte Männer. Ich setzte mich dazu, weil ich mich auch erleichtern musste. Das launige Gespräch mit den beiden drehte sich um die Fragen: Wer kann am besten *donnern*? Wer ist der Lauteste?

Danach kehrte ich in die Stadt zurück. Die Laubengasse zog mich an, weil es die am stärksten belebte Straße war. Auf beiden Seiten der Straße wurden Laubengänge errichtet, um überdacht von Haus zu Haus gehen zu können. Mir gefiel diese Anordnung mit den vielen Säulen und zum Teil Rundbögen zur Straße hin. In den Laubengängen bewegten sich die Menschen und recht bald wurde mir klar warum. Nur hier war es möglich, nicht im Dreck zu gehen. Dieser Bürgersteig wurde nämlich säuberlich von allem Unrat und Dreck freigehalten, indem man alles kurzerhand auf die etwas tiefere Straße kehrte, schüttete oder schob.

Ich erreichte die Stadtmitte, ein Platz an dem eine ziemlich große steinerne Kirche stand. Bürgerhäuser, auch hier eng aneinandergebaut, umschlossen diesen gepflasterten Platz mit Marktgeschehen. Um ein paar fliegende Händler gruppierten sich Leute, wie Fliegen, die etwas Fressbares gefunden hatten.

Die Kirche zog mich an. Davor saß ein Mann, dem ein Bein fehlte, das andere schien gebrochen gewesen zu sein und wuchs wohl falsch zusammen. Sein Beinstumpf war eitrig und offen. Er roch nach Verwesung am lebendigen Leib. Jeder, der einmal eine Verletzung hatte, trug sie mit sich herum. Einen Krüppel zu sehen war also nichts Besonderes.

Als sich die mächtige Kirchtüre hinter mir wieder schloss, war ich wie in einer anderen Welt. In der Stadt herrschte immer ein Gewirr an Geräuschen von Mensch und Tier. In der Kirche war es still. Weihrauch und Kräutergeruch überdeckte die Gerüche der Menschen, die sich zum Gebet versammelt hatten.

Hier war Ruhe und Frieden. So musste es im Paradies sein.

33

Meran, Mittwoch, den 27.07.1887

Meran liegt im Burggrafenamt im Etschtal. Eingerahmt ist der Meraner Talkessel nordseitig von der Texelgruppe, ostseitig von den Sarntaler Alpen und im Südwesten von Ausläufern der Ortler-Alpen. Von Norden wird der Talkessel vor Niederschlägen und kalten Winden gut geschützt. Das nach Süden geöffnete Tal sorgt für die Zufuhr ausgeglichen warmer Luft, wodurch das Wachstum südländischer Pflanzen begünstigt wird.

Etwa anderthalb Kilometer bevor die Passer, aus dem Passeiertal kommend, in die Etsch mündet, macht sie eine Rechtskurve und beschreibt mit ihrem Verlauf ein spiegelverkehrtes großes L. So entstand ein Gebiet, das von drei Seiten durch Flussläufe eingerahmt ist. Die Etsch im Westen und die Passer im Süden und Osten. An der vierten Seite, nach Norden, erhebt sich recht bald der Küchelberg. Die Menschen machten sich diese natürlichen Gegebenheiten zunutze und gründeten die Stadt Meran in diesem Gebiet, das durch die Flüsse geschützt war und zudem durch das leicht ansteigende Gelände zum Küchelberg hin vom Hochwasser verschont wurde. Die Nähe zum Wasser brachte grundsätzlich Vorteile in dem Sinn, dass vieles kam und vieles auch wieder ging. Als die erforderlichen Brücken gebaut waren konnte sich ein kleines Städtchen entwickeln. Wie viele Städte im Mittelalter befestigten die Meraner ihr Städtchen mit einer Stadtmauer, um sie vor Feinden und Plünderern zu schützen. Die vier Tore gaben an wohin die Stadt sich öffnete: Das Bozener Tor nach Süden, das Ultner Tor nach Südwesten, das Passeier Tor in das gleichnamige Tal im Nordosten und das Vinschgauer Tor nach Westen in das Vinschgau.

Aus militärisch-strategischer Sicht war die Nordseite der Schwachpunkt. Vom Küchelberg aus lag die Stadt unten wie auf einem Präsentierteller. Deshalb errichteten die Meraner an einer geeigneten Stelle am Berghang einen Pulverturm, den sie in die Stadtbefestigung miteinbezogen.

Nachdem ich gestern die Kirche wieder verlassen hatte, wurde ich als Zimmerer angesprochen mit einem Angebot, bei einem neuen Dachstuhl mitzuhelfen. Ich ließ mir sogar die an einer Hanglage gelegene Baustelle zeigen, nahe oder unter dem Passeier Tor. Am Ende erbat ich mir Bedenkzeit bis zum nächsten Tag, weil ich mir zuerst einen Überblick verschaffen wollte. Die Stadt erschien mir so groß und vielfältig, dass ich meinte, es nicht nötig zu haben, beim erstbesten Angebot gleich zuzusagen.

Mit meinen letzten paar Franken, die auch hier gerne gesehen wurden, konnte ich in einer Gemeinschaftsunterkunft übernachten. Meine drei Zimmernachbarn waren zwielichtige Gestalten, denen ich nicht so recht trauen konnte. Vorsorglich band ich sogar meine Kraxe mit einem *Kälberstrick* an ein Bein und befahl den Anderen, mich ja in Ruhe zu lassen.

Heute Morgen verließ ich die Unterkunft auf Nimmerwiedersehen und wollte die Stadt noch besser kennenlernen. Ich nahm Meran insgesamt als eine reiche Stadt wahr. Viele Häuser strahlten genau dies aus: Hier ist das Zentrum des Burggrafenamtes, hier sammelt sich der Reichtum des Landes und von hier aus wird regiert. So wie die beiden Flüsse Etsch und Passer aus den Bergen nach unten strömten und sich bei Meran vereinigten, so floss auch die Kraft des Landes in diese Stadt. Hier galt es, ein stattliches Haus, vielleicht sogar Residenz hinzustellen. Damit sollte jedem, auch mir Dahergelaufenem, gezeigt werden wie vermögend und folglich auch wichtig die Bewohner waren. Ich konnte mir gut vorstellen, wie so mancher Hausherr, sei er Adliger, Händler, hoher Beamter oder sonst zu Reichtum Gekommener in seinen Gemächern in der obersten Etage auf das Treiben in der Gasse hinunterschaute. Ich sah ihn bildlich vor mir, diesen älteren Herrn meiner Vorstellung, der genüsslich eine Pfeife rauchte und eine Hand an dem rundlichen Bauch hielt. Er konnte in Hauspantoffeln oder teuren Schuhen stehen, wichtig war nur, dass die Stadt immer unter seinen Füßen blieb. Seine beginnende Glatze war ihm ebenso egal wie der Dreck auf der Straße, den er mit verursacht hatte, den er aber so weit oben ohnehin kaum mehr wahrnahm.

Als Zimmerer sah ich die Stadt mit neuen Augen. Mehrstöckige Häuserfronten mit Fachwerk kannte ich bereits von der Stadt Wangen. Gefallen hatte mir dieser Anblick schon immer. Nun nahm ich mir die Zeit, diese Bauwerke zu studieren. Es wurden waagrechte Balken und senkrechte Stützen ohne Metznägel miteinander verbunden. Schräge, sich kreuzende Streben verliehen dem Ganzen Stabilität. Ich wusste bereits wie die dabei entstehenden Zwischenräume hießen: Gefache oder schlicht Fächer. Ein Fachwerk bezeichnete die Gesamtheit der Fächer. Ausgefüllt wurden sie mit dem Material, das Landschaft und Gelbeutel hergaben: Flechtwerk, teils aus festen, teils aus biegsamen Hölzern wie Weidenruten. Darauf kamen Lehmbewurf oder Lehmwickel mit Kalk- oder Lehmputz. Oder man verwendete Back- Bruch- oder Lehmbausteine, die ebenfalls verputzt werden konnten.

34

Was bewegte mich als ich meine Monika das erste Mal sah? Was habe ich gesehen?

Nach vielen Jahren Ehe mit ihr würde ich sagen, dass ich bei der ersten Begegnung eine junge Frau in ihrer Blüte gesehen hatte. Sie war nicht mehr eine *Gitsch*, ein Mädchen wie man hier sagt, sondern eine junge Frau. Sie war herangewachsen und öffnete sich wie eine Knospe im Frühling. Im hellen Gewand war sie den Blütenblättern vergleichbar. Sie zeigte ihre Schönheit, war einladend und anziehend. In der Blüte war sie offen und formbar, nach der Blüte veränderte sie sich wieder. Entscheidend war dann, wer sie besucht hatte und ob wirklich neues Leben in ihr entstanden war. Frauen können sich an etwas Hartes anschmiegen. Sie können bildhaft auch ein Gefäß restlos ausfüllen wie etwas Flüssiges, das hineingegeben wird und sich dann verfestigt, in der Form ganz so wie es der Innenraum vorgibt. Die äußere Form des Gefäßes ist für außen, die Innenseite ist aber wichtiger, denn dort schmiegt sie sich an. In gewisser Weise war meine Monika ähnlich. Sie konnte sich als junge blühende Frau auf sehr viele denkbare Umstände einlassen, sich schnell daran gewöhnen und allmählich eins werden mit den neuen Gegebenheiten. In unserem Fall an mich.

Doch nochmals die Frage, was habe ich empfunden als ich sie das erste Mal sah? Ich lehnte an einem Brunnen und war frei in meinen Möglichkeiten. Wohin ich schaute, ob ich verweilte oder nicht, blieb allein mir überlassen. Ich hätte auch weiterziehen können. Monika dagegen war mit einem Einkauf auf dem Markt fest im Geschirr ihrer täglichen Arbeitsverrichtungen. Trotzdem löste sie sich davon und blickte auch mal auf ihre Umgebung. Ich war frei und genoss es, nicht gebunden zu sein. Sie dagegen wehrte sich nicht gegen die alltäglichen Pflichten und lotete dabei dennoch alle Möglichkeiten aus. Wer hatte wen zuerst angeschaut? Ich weiß es nicht. Vielleicht hatte ich sie zuerst erblickt und sie spürte es.

Vielleicht war es umgekehrt, sie hatte mich entdeckt, sich von ihren Eindrücken leiten lassen, die Möglichkeiten durchgespielt und sich wohlüberlegt von der besten Seite gezeigt. Auf alle Fälle gefiel sie mir in ihrer Weiblichkeit. Was war nicht weiblich an ihr? Ihr Gesicht, die Wölbung der Brüste und das Dirndl ließen keinen Zweifel an ihrem Geschlecht. War etwa die Hand, der Nacken, der Übergang vom Hals zur Schulter oder irgendetwas an ihr unweiblich, vielleicht nur allgemein menschlich? Nein. Ihre Art sich zu bewegen, zu sprechen obwohl ich davon nichts verstehen konnte, weckten in mir eine Sehnsucht, nicht irgendeine Sehnsucht, sondern das Verlangen schlechthin. Eben noch meine Freiheit genießend war mir diese schlagartig nicht mehr wichtig. Wollte ich mich denn in den leeren Räumen der Möglichkeiten verlieren, wie wenn ich schon zufrieden wäre, die Luft um mich herum anzuschauen? Dafür war ich nicht geboren. Was an ihr war nicht attraktiv weiblich, was in mir war nicht voll Verlangen? Ein Begehren füllte mich aus, das mit seinen wonnigen Versprechungen die kurzen Zuckungen der möglichen Enttäuschungen überspülte. Hätte ich künstlich unterscheiden können zwischen seelischer und körperlicher Erregung? Dennoch meldeten sich nüchterne Überlegungen, die schließlich doch vom Verlangen mitgerissen wurden, nicht abgewiesen, sondern in deren Dienst gestellt. Deshalb forderte ich mich auf, einen möglichst guten Eindruck zu machen an dem Ort, wo ich nun mal war, stehend an den Brunnenrand gelehnt. Nein, nicht die Brust rausdrücken, schön locker bleiben, aber zu ihr schauen. Wer oder was sollte mich hindern sie anzuschauen, um weitere wichtige Einzelheiten aufzunehmen? Sollte ich besser aus irgendwelchen Vernunftgründen in eine andere Richtung schauen? Nein, wenn mir zunächst nur das Schauen blieb, dann schaute ich und wenn sie zurückschaute, dann würde ich lächeln. Sie hatte ein braunes Arbeitsdirndl an mit einer Schürze in einer ähnlichen Farbe. Wahrscheinlich waren darauf sogar Spuren der alltäglichen Arbeit zu erkennen. Dennoch wirkte alles ordentlich. Ich spürte wie es ihr offensichtlich wichtig war, auch im Alltag eine gute Figur zu machen. Die Figur! Das Oberteil presste nicht, war aber so eng geschnitten, dass die Brüste, freilich verdeckt unter einer hoch geschlossenen Bluse, gut zu erkennen waren. Nicht zu flach, jugendlich eher kleiner; oder wie sahen sie tatsächlich aus? In Richtung des Schürzenbandes verjüngte sich das Dirndl, um dann mit dem wallenden Rock nur Andeutungen mitzuteilen. Auch hier war sie für mich gerade richtig. Allzu schlanke Frauen gefielen mir meist nicht, es durfte nach meinem Geschmack gerne rundlich sein. Und die junge Frau mit ihrer insgesamt schlanken Erscheinung, die ich weiterhin ungeniert anschaute, war im Beckenbereich etwas ausladend. Ihr Hinterteil gefiel mir. Wie konnte mir ihr Po gefallen, da alles sittsam bedeckt war? Meiner männlichen Triebhaftigkeit gelang es wieder einmal, mir unmissverständlich zu erklären, warum und wozu ich überhaupt auf der Welt war. Einladende, schön rundliche Weiblichkeit! Hin und her schwankend von einerseits wonnigen Gefühlen und andererseits dem kühlen Ruf hier und jetzt hunderttausende Mal bewährte gesellschaftliche Ordnungen zu beachten, verfing ich mich immer mehr und konnte mich nicht mehr lösen.

Wenn ich erst jetzt dazu komme ihr Gesicht zu beschreiben, dann soll dies nicht im Sinne von vor- oder nachrangig verstanden werden. Man kann im allgemeinen Umgang mit Menschen ein Gesicht ohne Körper wahrnehmen, doch wie sollte das mir, in einer Entfernung von vielleicht zwanzig Metern möglich sein? Einige Besonderheiten wie die Augenfarbe würde ich erst erkennen, wenn ich es geschafft hatte, direkt vor ihr zu stehen und im besten Fall ein angeregtes Gespräch führen würde. So blieben mir zunächst nur ein erster Eindruck des Gesichts und der Haare. Sie redete mit einem Gemüsehändler. Der Mimik nach zu urteilen war sie in einem angenehmen Gespräch. Da ich sie nur von der Seite sah, nahm ich ihren sprechenden Mund wahr, die wachen Augen auf den Gesprächspartner gerichtet. Die Nase sah frech aus, geformt ein bisschen wie eine Schanze. Das Kinn fiel mir nicht ins Auge, sehr wohl aber die schöne Rundung von dort zum Hals. Die braunen Haare waren im Nacken brav zusammengesteckt. Sie hatte keinen Mittelscheitel, stattdessen nahm sie einfach alle Haare nach hinten, aber nicht streng gezogen. Auf diese Art und Weise zeigte sie ihre ganze Stirn und auch die Ohren. Wie würde sie mit frei wallenden, wahrscheinlich leicht gelockten Haaren aussehen? Dann wäre aber weniger nackte Haut sehen, weil diese Frisur, vom Haaransatz an alles nach hinten genommen, wie eine Einladung war, ihre glatte und sanfte Haut zu betrachten. Vielleicht wollte sie heute Morgen vor dem Spiegel ihre Haare ordentlich zusammenfassen und alltagstauglich im Nacken zum Schweigen bringen. Hatte sie dabei auch bedacht, dass einer wie ich kommen würde und möglichst viel Gesicht von ihr sehen wollte? Eigentlich konnte sie sich zeigen wie sie wollte, Haare offen, nur zum Teil oder nach hinten, sie konnte ihr Frausein nicht verstecken. Nur wenn sie wie viele alte Frauen die Haare förmlich nach hinten an den Kopf kleben würde und das was sich am Hinterkopf versammelte, gnadenlos zurrte und möglichst klein zusammensteckte, dann wäre der weibliche Reiz zunächst gebrochen. Doch selbst dann käme es darauf an, wie sie in die Welt hinausschaute.

Wie bewegte sie sich? Anfänglich stand sie ganz einfach vor dem Händler und nahm Gemüse aller Art entgegen und legte es in ihren geflochtenen Korb. Dabei bückte sie sich manchmal ein bisschen und richtete sich wieder auf. Insgesamt blieb sie zwar an ihrem Ort stehen, gleichzeitig bewegte sie sich eigentlich ständig. Hier ein Arm nach vorne, da ein kurzer seitlicher Blick und dann wieder für kurze Zeit beide Hände am Korb. Ich schaute sie weiterhin unverwandt an, ein geeigneteres Wort hierfür wäre wohl starren. Ich setzte mir in den Kopf, genau den Moment mitzubekommen, wenn sie ihren Platz verließ. Wie genau würde sie das machen? Jeder Mensch hat seine ganz eigene Art zu gehen, wie sah das bei ihr aus? Und wohin? Blitzartig stand meine Entscheidung fest, ihr dann zu folgen. Wie genau oder wie offensichtlich ich das machen würde, wusste ich nicht, aber es würde sich dann wahrscheinlich von selbst finden. Plötzlich setzte sie einen Schritt zur Seite, sogar in meine Richtung. Damit hatte ich nicht gerechnet. Umso mehr forschte mein Blick interessiert an dem was als Nächstes passieren würde.

Sie nahm ihren Korb fest in die Hände und verabschiedete sich von dem Händler. Kurz bevor sie den Stand verließ, genau in die Richtung weg von mir, drehte sie ihren Kopf zu mir. Sie schien mich offensichtlich gespürt zu haben und wollte nun wissen, wer sie denn so unaufhörlich anstarrte. Es gelang ihr auf alle Fälle, ihrer Wissbegierde nachzugehen und dabei nicht allzu neugierig zu wirken. Sie hatte sich diesen Blick zu mir bis zuletzt aufgehoben. Vielleicht wollte sie auf diese Weise auch prüfen, ob mein Interesse an ihr lange genug anhielt. Der erste Blickkontakt war nur kurz, weniger als einen Atemzug lang. Sie wollte wissen, wer so offensichtlich Interesse an ihr hatte. Ich wollte einfach nur ihr Gesicht sehen. Sie gab sich in dem kurzen Blickkontakt keine Mühe, sich von ihrer besten Seite zu zeigen. Ich dagegen wollte so gut wie möglich aussehen. Während des kurzen Blickes, so schien mir, bewertete sie mich nicht, etwa durch ein Lächeln oder durch eine abfällige Mimik oder Geste. Dies nährte meine Hoffnung. So mancher Mann wurde durch ein ablehnendes Verhalten einer Frau erst recht angestachelt, sich durchzusetzen und die Frau zu erobern. In diesen Fällen drängte sich mir das Bild eines Schützenkönigs auf, der aller Welt stolz seine runde Schützenscheibe zeigte. Solche selbstsüchtigen Überlegungen lagen mir aber fern, doch das Bestreben sie ganz nah bei mir zu haben, für mich zu haben, füllte mich aus. Mein Verlangen hatte bereits ohne nüchternes Abwägen vollends Besitz von mir ergriffen. Und ich konnte ihr Gesicht von vorne sehen! Sie seitlich zu betrachten genügte mir schon als Einladung, nun konnte ich ihr ganzes Gesicht, mit Augen nur für mich, anschauen und bewundern. Ich konnte schon aus der seitlichen Ansicht viele persönliche Eigenarten erkennen, wie die weit offenen Augen mit schmalen Augenbrauen und dem Übergang zur Nase. Eine Schönheit, ohne Frage, die meisten Leute könnten dies bestätigen. Doch nun schaute sie mich an. Meine Empfindungswelt änderte sich schlagartig, von „Gefallen oder weniger Gefallen" auf Du und ich. Wer bist du? Wer bin ich für dich? Bisher gefiel sie mir in ihrer Weiblichkeit, jetzt bekam ich aber zum ersten Mal einen ganz bestimmten Gedanken von ihr vermittelt. Nur ihr Blick genügte, mir ohne Worte mitzuteilen: „Ich bin nicht nur allgemein schön wie eine Blume am Wegesrand, die man beim Vorbeigehen kurz bewundert oder sogar pflückt. Ich bin eine Frau! Eine ganz bestimmte Person."

Am Ende des Blickkontaktes meinte ich ein Lächeln zu erkennen, auf alle Fälle fühlte ich so etwas wie Zuneigung. Aber nicht jetzt. Nicht heute. Sie drehte ihren Kopf und entfernte sich, als ob nichts geschehen wäre. Ziemlich flink ging sie in die Richtung von der sie gekommen war. Mein Blick begleitete sie, bis sie in einer Seitengasse verschwand.

Ich legte mir zurecht, dass sie nach diesem Erkennungsblick einen Abbruch ohne ein *Auf Wiedersehen* wollte, weil ihr dieses Angestarrtwerden doch unangenehm war. Aber sie hatte mich bemerkt, mich wissbegierig angeschaut und sich abschließend in einer einzigen Bewegung abgewendet und entfernt. In der Art und Weise wie sie ihren Platz endgültig verließ, gab sie mir zu verstehen, dass sie allein gehen wollte. So blieb ich zunächst stehen, um ihr doch noch hinterherzulaufen. In der Gasse rechts um die Ecke, in der sie verschwand, war aber niemand mehr zu sehen. So sollte es wohl auch sein.

35

Nahe dem Bozener Tor entdeckte ich bereits gestern eine Baustelle. Auf den ersten Blick sah es so aus, als ob hier nur der Dachstuhl erneuert wurde. Ich entschied mich, selbst anzufragen, ob es hier Arbeit für mich gäbe. Bislang ließ ich mich zur Arbeit führen, nun wollte ich lieber selbst bestimmen. Warum genau ich das tat, war mir nicht gänzlich klar. Was war denn hier so anders als bei der Baustelle am Passeier Tor? Lag es an der baulichen Ausführung oder doch eher bei den Arbeitern selbst? Auf alle Fälle ging ich selbstbewusst zum Vorarbeiter, stellte mich kurz vor und fragte, ob sie mich brauchen konnten. Anfangs verlief das Gespräch etwas zäh, das lag aber eher an der ausgeprägten Mundart des Vorarbeiters. Schließlich wurden wir uns einig, bereits heute mit der Anstellung zu beginnen. Auf diese Weise kam ich auch zu einem annehmbaren Schlafquartier. Ich beanspruchte keine Extrawürste, bat meinen neuen Arbeitgeber aber gleich um einen Aufschub. Ich fragte ihn, ob es denn möglich sei, erst mittags zu beginnen. Ich hätte vormittags noch etwas Wichtiges zu erledigen. Der Vorarbeiter grunzte daraufhin missmutig vor sich hin, gab dennoch am Ende nach. Ich versprach pünktlich zu erscheinen und hielt dies dann auch ein.

Wie gestern stellte ich mich wieder an den Brunnen, genau an dieselbe Stelle. Als wäre keine Zeit vergangen, wie wenn ich die ganze Nacht über hier gestanden hätte, nahm ich meine Stellung ein und wartete. Zunächst schien es wirklich so, als ob ein Tag wie der andere wäre. Ob Mittwoch oder Donnerstag, an jedem Werktag wurde aufs Neue ver- und gekauft, vielleicht ein Gespräch weitergeführt oder eine Arbeit beendet. Das Wetter wollte sich auch nicht ändern. Wahrscheinlich war es doch so, dass das Wetter den Ton angab und die Menschen spielten dann mit. Hätte es geregnet wäre allerorts ein Regenlied gesungen worden, da sich aber das Wetter nicht änderte, wurde folgerichtig der gestrige Tag wiederholt.

Der Gemüsehändler von gestern war auch der Gemüsehändler von heute, sogar seine Kleidung war unverändert. Er verkaufte nicht auf einmal Fisch, das war klar. Es waren ganz einfach wieder Leute auf der Straße und deren Verhalten erschien mir berechenbar. Besser gesagt klammerte ich mich daran, dass sich heute etwas wiederholen würde, nämlich ein weiterer Einkauf der jungen Frau. Sollte sie heute doch nicht kommen, dann wäre ich genau eine Woche später wieder hierhergekommen. Die Menschen wiederholten ihr Verhalten, darauf beruhte meine Hoffnung auf ein Wiedersehen. So stand ich an meinem Brunnen, den ich in dieser fremden Stadt am besten kannte und wartete. Es war durchaus auch schmerzlich, auf Hoffnung hin etwas zu erwarten, das nur vielleicht kommt. Machte ich mich hier nur selbst zum Narren? Die wonnigen Verheißungen waren aber stärker, also stand ich am gleichen Platz, ungefähr zur gleichen Zeit, alles erschien mir wie gestern. Abgesehen von dem Händler erkannte ich niemand wieder. Es mochten heute andere Leute sein, letzlich war es gleichgültig. Alle kümmerten sich um ihren eigenen Lebensunterhalt. Einer hatte mehr zu kämpfen, ein anderer weniger. „Es wiederholt sich doch immer wieder alles", das woran ich mich klammerte, wollte mir nun sogar als Einsicht kommen. Bis heute Mittag hatte ich Zeit, bis dahin wollte ich hier warten. Das war mein „vormittags noch etwas Wichtiges erledigen."

Plötzlich sah ich sie wieder. Sie kam aus der Gasse, die sie gestern verschluckt hatte. Sie trug heute etwas anders, auch die Haare waren etwas anders frisiert. Aber ich erkannte sie sofort wieder. Schon ihre behende Art des Gehens, ihre Haare und ihr Gesicht, das ich gleich wiedererkannte, versetzten mich augenblicklich innerlich in Aufregung. Sie hatte mich bemerkt, da war ich mir sicher, obwohl sie den Blick nicht auf mich richtete. Sie ging wie gestern zum Händler und war sogleich mit anderen vor und hinter ihr anstehenden Menschen im Gespräch.

Heute trug sie ein Dirndl in einer etwas grünlichen Farbe, das insgesamt etwas weiter geschnitten war. In mir entstand der Eindruck, sie hatte sich entschieden, heute bewusst ein weniger figurbetontes Kleid zu tragen. Ihre Haare wurden heute im Nacken von einer Spange zusammengehalten. Wie gestern hatte sie alle Haare nur ganz locker nach hinten gekämmt, bändigte sie nicht und zeigte somit ihre Haarfülle. Ihre vielen Haare am Hinterkopf unterschieden sie von so manchen anderen Frauen. Wahrscheinlich wurde sie deswegen sogar von Geschlechtsgenossinnen beneidet.

Während sie anstand sah ich nur die Rückseite ihres Dirndls. Es lag nicht zu eng an, war aber auch nicht zu weit. So konnte ich gut die Form sehen, wie sie ihr Kleid ausfüllte. Ihr weiblicher Rücken gefiel mir.

Was ist ein weiblicher Rücken? Letztendlich ist ein solcher nur dann weiblich, wenn man ihn mit einem männlichen vergleicht. So verschieden sind weibliche und männliche Rücken nicht, trotzdem empfand ich den ihren als unverkennbar weiblich. Es wirkte wie wenn sie es nicht nötig hatte, an ihre gute Haltung zu denken, dennoch war sie wunderbar aufgerichtet.

Sie strahlte zudem eine beneidenswerte Leichtigkeit aus. Dabei wollte mir gleich als Einsicht kommen, warum das so war: Wegen ihrer Beweglichkeit, die nicht festhielt, sondern freigab. Freilich war ihr Rückgrat nicht geschaffen schwere Lasten zu tragen; doch war das überhaupt wichtig? Und natürlich war ihre Rückenpartie nicht gerade wie ein Stock, vielmehr leitete der natürliche Schwung der Wirbelsäule über auf andere Rundungen ihres Körpers. So war aus meiner Sicht die hintere Seite ihres Oberkörpers eine anmutige Linie, die auf mich wie eine Einladung wirkte, mich mehr mit ihr zu beschäftigen. Obwohl es mir nicht bewusst war, hatte wahrscheinlich der uralte Fortpflanzungstrieb in mir aufgrund meiner Beobachtungen erkannt, dass diese junge Frau gesund und gebärfähig war. So war ich in einer Stimmung, die weitergehen und gerne weitere Reize aufnehmen wollte.

Ich sah wie sie sich von dem Händler verabschiedete. Sie packte ihren Korb und entfernte sich mit schnellen Schritten.

Diesmal wollte ich aber nicht passiv bleiben, sondern diese Chance nutzen! Wer wusste schon was morgen sein würde? Zudem wollte ich nicht als gehemmter Gucker in beider Erinnerungen bleiben. Also schnellte ich von dem Brunnen weg und rannte ihr hinterher. Diesmal wollte ich zumindest einen Satz mit ihr wechseln. Mit großen und schnellen Schritten gelang es mir sie einzuholen. Ich spürte wie eine ältere Frau, seitlich von mir, ihr Missfallen ausdrückte. „Hier wird nicht gerannt!", drückte ihre ihr ärgerlicher Gesichtsausdruck aus. Als ich auf Höhe der jungen Frau war, verlangsamte ich meinen Schritt und beruhigte bewusst meine Atmung. Ich stellte mich vor sie, um ihre Aufmerksamkeit zu erhaschen, dabei wollte ich aber nicht ihren Weg blockieren. Mit einem Lächeln *fiel ich gleich mit der Tür ins Haus*:

»Haben wir uns nicht gestern schon gesehen?«

»Wir kennen uns doch gar nicht.« Erwiderte sie und wirkte dabei nicht sonderlich überrascht.

»Kein Wunder. Ich bin ja auch neu in der Stadt.«

»Woher kommst du?«

»Aus Bayern.« Die Region Allgäu war hier wohl kaum bekannt. Deswegen war ich auf einmal ein stolzer Bayer.

»Und was machst du hier?«

»Ich bin Zimmerer und habe hier Arbeit gefunden.« Ich erklärte ihr die genaue Lage der Baustelle.

»Und warum bist du jetzt nicht dort und arbeitest?« Ihre schlagfertige Art überraschte mich.

»Weil ich erst heute Mittag anfange.« Wir brauchten nun jeder für sich etwas Zeit, um unsere Gedanken zu ordnen. Glaubte sie mir diese Geschichte? Ihr Sinn für praktische Überlegungen setzte sich durch:

»Dann musst du ja bald dort sein.«

»Genau. Und deswegen kann ich dich erst heute Abend wieder treffen.«

»Was sagst du da?« Sie schaute mich nun verwundert an, als hätte ich unerhörte Behauptungen aufgestellt.

»Wie gesagt, die Arbeit ruft und ...« Wieder entstand eine kurze Redepause.

»Heute Nachmittag habe ich an der Brücke zu tun. Ich werde dann mal an der Baustelle vorbeischauen.«

»Das kannst du gerne machen.«

Ohne ein weiteres Wort oder eine Geste drehte sie sich von mir weg und eilte davon. Wieder stand ich wie angewurzelt, wie eben noch am Brunnen, und schaute ihr hinterher. Sie verschwand wie gestern in derselben Gasse. Zunächst konnte ich nur stehenbleiben, zu beschäftigt mit all dem was ich eben erlebt hatte. Erst als ich bemerkte, dass ich manche Eindrücke ein zweites Mal durchdachte, schlenderte ich zu ihrer Gasse. Wie erwartet war sie dort wieder nicht mehr zu sehen.

Ich verließ den Platz sehr langsam, weil ich viel zu verarbeiten hatte. Die mich umgebenden Leute nahm ich dabei überhaupt nicht mehr wahr. In meinem Leben schien sich alles zuzuspitzen. Als schauspielender Zimmerer hatte ich es geschafft, bis hierher zu kommen. Nun hatte ich eine Frau getroffen, die mir besser gefiel als alle anderen bislang. Und nun sollte ich ausgerechnet genau als dieser Zimmerer-Schauspieler die junge Frau überzeugen, dass ich auch wirklich ein ehrenhafter Geselle war, der brav seiner Arbeit nachging. Sollte ich ihr nicht besser gleich sagen, dass ich nur ein Bauernknecht, einer der mit falscher Identität seit Wochen auf der Flucht war?

Ich hatte zuhause ein paar Techtelmechtel, die mir ewig weit weg erschienen. An Agnes wollte ich jetzt überhaupt nicht zurückdenken. Letztendlich krankten meine Erfahrungen mit Frauen daran, dass es von *vonnewäeg*, vorneherein, aussichtslos war, eine dauerhafte Beziehung zu gestalten wegen meiner *Unvermöglichkeit.* Diese wurde mir nicht nur unterstellt, sondern zugeschrieben, weil jeder wusste: Ein Knecht bleibt ein Knecht, es sei denn alle hundert Jahre kommt mal eine besondere Fügung. Jeder in meiner Heimat wusste es, die jungen Frauen erst recht. Das persönliche Vermögen hinsichtlich Begabungen und Fähigkeiten war immer nur zweitrangig. Wegen dieser Ungerechtigkeit hatte ich mich lange genug aufgeregt. Doch jetzt konnte ich all diesen Statuten und Zuschreibungen hinter mir lassen und auf meine

Kräfte setzen, mir etwas aufzubauen. Hatte ich nicht genau dies immer schon gewollt?

In mir versunken überdachte ich meine Möglichkeiten. Bis Hier und Jetzt lief doch alles gut für mich. Gab es wirklich einen Grund, auf einmal mein Verhalten in Frage zu stellen? Waren die Menschen um mich herum denn auch alle so grundehrlich und entschuldigten sich ständig schon vorsorglich? Mit diesen Grübeleien erhob ich nun bewusst meinen Blick und blickte mich um. Ich schaute die Leute so bewusst an, dass es schon wieder zu viel war. Eine ältere Frau und ein junger Mann fühlten sich wohl angestarrt und zeigten ihre Missbilligung. Waren genau diese beiden etwa grundehrlich? Sehr wahrscheinlich nicht. Hatten die beiden in ihrem Leben schon einmal geschummelt, betrogen oder noch Schlimmeres? Sicherlich ja, trotzdem behauptete sich jeder erst einmal. Man zeigte sich in der Öffentlichkeit gerne mit dem Anschein der Untadeligkeit und nicht zuletzt wehrhaft. Jeder schaute wie er irgendwie durchkam. Hilfreich waren dabei auch eine gute Kleidung und grundsätzlich das Verbergen eigener Schwächen. Das war nun wirklich keine neue Erkenntnis. Wie schnell wurde doch jemand gehänselt, das kannte ich ja aus eigener Erfahrung. Die Leute hatten Freude daran, eine Schwäche beim Nachbarn ausfindig zu machen und dann darauf förmlich herumzutrampeln. In der Schule nannte man das Hänseln, später entwickelte man weniger direkte, aber nicht weniger verletzende Verhaltensweisen.

In Wangen gab es einen Mann mit einer Gehbehinderung. Jeder wusste, dass er deswegen bereits jahrelang gehänselt, belächelt und sogar absichtlich angerempelt wurde. Ich kannte ihn als Mann von etwa fünfzig Jahren, der am Stock oft durch die Herrenstraße humpelte. Nach wie vor machten sich Schüler einen Spaß daraus, ihn zu ärgern indem sie ihn stichelten. Anschließend rannten sie gleich wieder weg in der Gewissheit, viel wendiger und schneller als der Behinderte zu sein. Er wehrte sich dann immer lauthals, manchmal sogar mit seinem drohend nach oben geschwungenem Stock. Je wilder diese ungleichen kleinen Kämpfe ausarteten, desto mehr werteten die Bengel dies als persönlichen Erfolg. Dabei war auch die Öffentlichkeit der Wangener Herrenstraße wichtig, weil man hier am meisten Aufsehen erregen konnte. Dieser Mann hatte eine Schwäche, die er nicht verbergen konnte. Die Allermeisten hatten gelernt, in der Gesellschaft ihre Schwächen zu verstecken. Wie gut oder mangelhaft dies gelang möchte ich hier nicht weiter erörtern. Auf alle Fälle war es gang und gäbe, sich zu behaupten. Sollte ich die große Ausnahme sein?

36

Meran, Donnerstag, den 28.07.1887

„Da bist du ja endlich. Wo hast du dich denn so lange herumgetrieben?" Mit diesen vorwurfsvollen Worten begrüßte mich der Zimmerermeister auf der Baustelle in der Postgasse am Bozener Tor. Er sah verschwitzt aus, sein hochroter Kopf bewies seine anstrengende Arbeit in der prallen Sonne. Mir schien, er hatte bereits alle Höflichkeitsformen als unnötigen Ballast über Bord geschmissen wegen der Arbeit, die ihm heute Morgen schon sichtlich alles abverlangt hatte. Sogar das Hemd über seinen kräftigen Schultern war nass vom Schweiß. Ich war noch vor dem Mittagsläuten auf der Baustelle erschienen und wollte auf diese Weise meinen guten Willen zeigen. Der Meister nahm dies aber gar nicht wahr, er sah nur die Arbeit und wie viel noch geschafft werden musste. In seinem weiterhin maulenden Tonfall forderte er mich dann auf, ihn zu den Sparren zu begleiten. Er hatte einen leicht wankenden Gang und bei jedem Schritt zeichneten sich die Schultermuskeln unter seinem nassen Hemd ab. Ich vergab ihm augenblicklich seine rüde Art mit mir umzugehen, weil er mir zwischen den Zeilen folgendes mitteilte: „Wir warten hier auf dich. Du wirst hier gebraucht. Es gibt viel zu tun." Und ich dichtete mir selbst hinzu: „Hier ist ein sehr guter Ort für mich, weil ich hier lange arbeiten kann. Die Arbeit hier wird mir helfen, in Meran Wurzeln zu schlagen. Und hier kann ich der jungen Frau zeigen, dass ich tatsächlich als Geselle meinen Mann stehe."

Der Meister schickte mich gleich hinauf in den Dachstuhl, der in seiner künftigen Form ansatzweise schon zu erkennen war. Glücklicherweise wurde ich nicht zum Hochtragen der Sparrenbalken eingesetzt, weil diese Plackerei größtenteils bereits erledigt war. Wie gut es doch war, hier erst später zu erscheinen. *Schaffe Schaffe Häusle baue und net nach de Mädle schaue*, dieser schwäbische Spruch ging mir durch den Kopf, als ich die Leiter hinaufstieg. Aber genau das Gegenteil hatte ich getan: Erst nach dem *Mädle* geschaut und dann zum Schaffen gegangen.

Es lief gut in meinem Leben. Ein angenehmes Gefühl der Genugtuung machte sich in mir breit, weil ich etwas bekam, das mir meiner Meinung nach auch zustand. Denn wo stand schon geschrieben, dass die Dinge in meinem Leben immer unglücklich zu verlaufen hatten?

Mit dieser inneren Befriedigung stieg ich die Leiter nach oben. Als ich mit der Leiter das Obergeschoß erreicht hatte wurde mir jäh bewusst, was ich genau jetzt im Begriff war zu tun. Ich wusste nicht was mich dort oben erwartete. Wer war dort oben? Wie würde ich empfangen werden? Flog am Ende meine ganze Vortäuschung auf? Eben noch wonnig ausgefüllt mit der Gewissheit, dass sich nun endlich meine Wünsche erfüllen und sogar bereits erfüllt hatten, machte sich Angst in mir breit. Ich blieb auf der Stufe stehen, weil sich ein Druck in meiner Brust breitmachte. Meine Hände umgriffen weiterhin fest die Leiter, aber eine bedrückende und zunächst nicht benennbare Empfindung im Brustbereich lähmte mich. Als ob sich etwas Schweres auf mich gelegt hätte; doch wie war das möglich in meiner aufrechten Haltung? Wenn ich jetzt meine Brust herausdrücken, mich wie ein Hahn stolz präsentieren würde, hätte das wohl nur kurz geholfen. So konnte ich in diesem Augenblick nicht anders als mich hängenzulassen, auch mein Kopf wollte nicht mehr oben sein. Dabei verließ ich mich auf meine kräftigen und entschlossenen Hände, auf die weiterhin Verlass war. So konnte ich aber nicht bleiben! Allenfalls eine kurze Verzögerung konnte ich mir leisten, denn sehr wahrscheinlich beobachtete mich jemand. Auch ohne genau zu wissen, wessen Blick mir folgte, sei es der Meister oder alle Zimmerer von oben herunter, musste ich mich zusammenreißen. Wer konnte schon einen Zimmerer brauchen, der es nicht mal schaffte, eine längere Holzleiter hochzusteigen? Ich atmete ein, hob meinen Kopf wieder an und stieg weiter nach oben. „Es kommt etwas auf mich zu. Ich werde es schaffen!" Diese Worte, die ich mir selbst zurechtgelegt hatte, gaben mir seit Jahren Kraft, auch jetzt wiederholte ich diese still in mir. Als ich den werdenden Dachstuhl erreicht hatte und mich nach meiner Kletterei wieder auf-richtete, kam mir sofort ein Geselle entgegen. Er trug eine Kluft wie ich.

»Wer bist denn du?« Der etwas ältere Mann mit wetterge-gerbtem Gesicht vor mir war vermutlich ein Vorarbeiter hier oben. Auch er bemühte sich nicht um eine höflichere Ge-sprächsführung. Er wollte auf seine Frage auch nicht irgend-einen Namen hören, sondern wollte sofort wissen, warum ich hier stehe.

»Der Meister hat mich geschickt.« Bei allen anderen Ant-worten wäre er wohl über mich hergefallen.

»Warum kommst du erst jetzt?«, fragte er mich mit ärger-lichem Tonfall.

»Das ist mit dem Meister so abgesprochen.« Weiterhin musterte er mich kritisch.

»Mit den Sparren kennst du dich aus?«

»Freilich.«

»Dann komm mit.« Sein Ton blieb ruppig.

Ich war in einer männlichen Arbeitswelt. Wären Frauen dabei gewesen, wäre wahrscheinlich vieles anders. Die ins-gesamt sechs Zimmerer, die bereits hier arbeiteten, redeten nicht viel. Warum auch? Die Arbeit war doch wichtig. Ob ich nun Xaver oder Schorsch hieß war zunächst ebenso unwichtig wie meine Herkunft. Ich folgte wortlos dem Vorarbeiter, des-sen Gang und Verhalten auf mich kantig wirkten, bis wir bei den übereinandergelegten Sparren ankamen.

»Der da hilft euch mit den Sparrendreiecken.«, sagte der Vorarbeiter knapp zu zwei Gesellen, die gebückt mit den Höl-zern beschäftigt waren. Die beiden hatten mich schon länger bemerkt, hoben nun die Köpfe und schauten mich neugierig direkt an.

»Die werden dir sagen was du machen musst.«

Damit wandte er sich ab. Er hatte sich aber eindeutig mitgeteilt. Hier galt Befehl und Gehorsam. Schon der Meister und nun der Vorarbeiter ließen keinen Zweifel daran, dass der Ober den Unter sticht, eine Redensart vom Kartenspielen. Ich konnte mich wohl sehr glücklich schätzen, überhaupt den

Vormittag freibekommen zu haben. Einer der beiden Gesellen wandte sich an mich und sagte:

»Pack hier mit an.« Es wurde nicht erklärt, warum und wieso. Es wurde ganz einfach davon ausgegangen, dass die zu erledigende Arbeit selbsterklärend war. Das Stichwort Sparrendreieck hatte ich ja schon gehört. Was war also naheliegender, als den obersten Sparren zu packen, zu heben und wie bereits andere in seine endgültige Position zu bewegen? Erst als ich den Balken bereits geschultert hatte, erklärte mir der andere Geselle, dass ich noch zu früh dran sei. Erst musste noch etwas gesägt werden. Ich legte den Balken also zurück und schaute die beiden an. Sie schienen zu warten, ob ich nun etwas sagen würde. Wenn ich mein Maul verrissen hätte mit einem Spruch wie „Das hättest du ja gleich sagen können", wären sie über mich hergefallen, also sagte ich nichts. Ihre wortlosen Gesichter deutete ich augenblicklich ungefähr wie folgt: „Du bist doch ein Zimmerer. So einer hat Spaß daran, die Balken anzufassen und zu heben. Und wir wollten nur mal sehen, wie du das machst. Zudem hast du bestimmt schon gemerkt, dass hier Befehl und Gehorsam angesagt sind. Wenn dir das nicht gefällt, dann hast du hier sofort *ausgeschissen*."

Kaum war ich da, wurde mir also schon die erste Falle gestellt, die ich gottseidank als solche erkannt hatte und nicht unbedacht hineingefallen war. Den beiden wollte hierzu kein Sterbenswörtchen über die Lippen kommen. Wortlos widmeten sie sich den Sägearbeiten. Erst als die Arbeit Mitteilungen erforderte, es sich also nicht mehr vermeiden ließ, wurde ich angesprochen: „Balken her heben. Hier halten. Balken umschichten." Mit diesen klaren Anweisungen in Zweiwortsätzen war ich ganz zufrieden, weil ich dadurch wusste was von mir verlangt wurde. Zudem fühlte ich nun wirklich nicht eingeladen, mit den beiden ein persönliches Gespräch zu führen. Auch die beiden standen unumstößlich unter der Fuchtel ihrer Vorgesetzten, wenn sie ihre Arbeit behalten wollten. Ihre wortlose Arbeitsweise drückte auch folgendes aus: „Für das Quatschen werden wir hier nicht bezahlt."

Nach der ersten Stunde Arbeit, die glücklicherweise ohne aufsehenerregende Vorfälle verlief, meinte ich zu spüren, wie man sich langsam an mich gewöhnte. Die prüfenden Blicke wurden weniger. Weiterhin war es für sie offensichtlich unnötig, meinen Namen zu kennen, dies störte mich aber nicht. Hauptsache ich konnte hierbleiben und arbeiten, nicht mehr und nicht weniger war mein Ziel. Nach Möglichkeit schaute ich nach unten auf die Postgasse. Ein ständiger Strom von Leuten bewegte sich in beide Richtungen. Kaum einer blieb in der Gasse stehen. Jeder schien die Gasse nur deshalb zu betreten, um sie möglichst schnell wieder zu verlassen. Als es zum Feierabend zuging, entdeckte ich tatsächlich eine Person, die stehen blieb und locker nach oben schaute. Diese Person trug ein Dirndl in einer etwas grünlichen Farbe.

37

Meran, Freitag, den 29.07.1887

Schaffe Schaffe Häusle baue und net nach de Mädle schaue, dieser schwäbische Spruch hatte sich als Ohrwurm in mir festgesetzt. Als ich diese Worte immer wieder in meiner angestammten Mundart, *so wie mir der Schnabel gewachsen war*, wiederholte, bemerkte ich irgendwann, dass ich dabei das *net* nur manchmal mit dem allgäuerischen *it* ersetzte. Allgäuerisch war als direkter Nachbar des Schwäbischen doch sehr ähnlich, das „nicht" hatte aber jeweils ein eigenes Wort. Ich wechselte also von *net* zu *it* und wieder anders herum bis ich spielerisch aus *net* ein *nett* machte. *Schaffe Schaffe Häusle baue und nett nach de Mädle schaue*, so gefiel mir der Spruch gleich noch viel besser. Wortspielerisch wurde daraus sogar: *Schaffe Schaffe Häusle baue und nach dem nette Mädle schaue.*

Wegen der Arbeit konnte ich mir es nicht oft erlauben, hinunter auf die Gasse zu blicken. Dennoch hatte ich sie gestern kurz wiedergesehen. Vom Dachstuhl aus schaute ich *nett* hinunter, so wie mich der Ohrwurm immer wieder aufforderte. Es konnte nur ein kurzer Blick sein, das war uns beiden klar. Zudem war es ihr wohl nicht recht, so schien es mir zumindest, sich etwas zuzurufen. Aber sie kam extra wegen mir! Es wäre ihr ohne weiteres möglich gewesen, das Gespräch von gestern einfach so zu belassen. Ihre Ankündigung, mal an der Baustelle vorbeizuschauen, hätte man auch nur als eine Möglichkeit verstehen können. Und die gängigste aller Erklärungen, nämlich: „Keine Zeit wegen der Arbeit", wäre unanfechtbar gewesen. Aber sie kam und ich meinte aus der Entfernung ein Lächeln zu erkennen. Nach dem kurzen Blickkontakt drehte sie sich unvermittelt ab und war gleich verschwunden. Ich konnte es mir auch nicht leisten, länger versonnen hinunter zu schauen. Ich wollte mir nichts vorwerfen lassen, also wendete ich mich schnell wieder der Arbeit zu.

Heute wurden die letzten Sparrendreiecke errichtet. Das Dach war in seiner neuen Form gut zu erkennen. Ohne die Gauben wären wir viel schneller vorangekommen. Das genaue Einpassen der Gauben in den Dachstuhl bereitete viel Arbeit. Jetzt wurde mit viel kürzeren, deswegen leichteren Hölzern gearbeitet, die wir sorgfältig abmessen und absägen mussten. Dabei galt es, die Winkel des Daches zu berücksichtigen. Die Berechnung eines Winkels war dabei eine Sache, die tatsächlichen Winkelverhältnisse aber eine andere. Überhaupt ging es darum, mit den tatsächlichen Verhältnissen umzugehen. Jeder Zimmerer wusste, dass keine Wand exakt senkrecht und oben auf der gesamten Länge auch nicht gleichbleibend hoch war. Demzufolge konnte auch keine Pfette genau „im Wasser liegen", wie wir mit Hilfe der Wasserwaage feststellen konnten. Man musste immer mit dem zurechtkommen wie man es angetroffen hatte. Deshalb war auch kein Dach wie das andere, obwohl es auf den ersten Blick so aussah. Es galt also „auf krummen Linien gerade zu schreiben", dieses Sprichwort drückte es am besten aus. So gesehen war dieser Beruf sehr anspruchsvoll.

Die Zimmerer mochten die Arbeiten mit den Gauben, weil sie nicht so schweißtreibend waren. Wenn etwas nicht passte, wurde gerne mal geflucht. Bei den schwereren Arbeiten dagegen hörte man weniger Flüche, wahrscheinlich, weil man keine Kraft mehr übrighatte, sich aufzuregen.

Nach getaner Arbeit ging ich wie gestern wieder runter auf die Gasse. Gestern hatte ich sie nicht mehr angetroffen, heute wollte ich es erneut versuchen. Ich lehnte an der Hauswand und war froh, den Feierabend vor mir zu haben. Ich spürte meine wegen der Arbeit sehr beanspruchten Hände. Sie taten jetzt sogar noch mehr weh als während dem *Schaffen*. Und da war ein *Spreißel,* der nicht so einfach zu entfernen war. Der fest in der Haut sitzende Holzsplitter verursachte zwar keine Blutung, dafür aber unangenehme Schmerzen. Den Ausdruck „sich einen Schiefer einziehen" hatte ich in diesem Zusammenhang auch schon mal gehört. Wenn ich es nicht bald schaffen sollte, den *Spreißel* heraus zu bekommen, würde die Stelle zu eitern anfangen. Die einzige

Möglichkeit war wohl nur ein spitzes Messer, das in die Haut schneidet bis zum Holz. Ein Messer besaß ich, dieses war aber in der Kraxe, die wiederum in der Unterkunft lag. Als ich zu überlegen anfing, wie lange ich es hier noch aushalten sollte, wandte ich mich ab und eilte mit schnellen Schritten zur Unterkunft. Mit meinem Messer kam ich zurück an den Platz, wo ich die junge Frau zuletzt gesehen hatte. Hier wollte ich warten. Das Schneidewerkzeug diente mir in vielen Lebenslagen. Zum Schneiden von Schnüren, Wegkratzen von Dreck oder Schnitzen von Holz war es mir sehr hilfreich. Beim Essen benutzte ich es selbstverständlich auch. Nun brauchte ich mein Messer, das mir ja Anton mitgegeben hatte, für meinen *Spreißel*. Ich befühlte es genauer, ob es noch ausreichend scharf war. Weil es möglichst sauber sein sollte, rieb ich es an meinem Hemd ab. Dazu legte ich das Messer an meine Seite und drückte mit dem Ellenbogen dagegen. Eine bessere Stelle wollte mir nicht einfallen. Es musste sein! Ich leckte die wehe Stelle schnell noch ab und schnitt mir selbst in die Haut. Schließlich erreichte die Messerspitze den Spreißel. Als ich das Holzstück etwas seitlich bewegen konnte, gelang es mir auch es etwas anzuheben. Am Ende hatte der Spreißel „ausgespielt". Es floss nun Blut, doch das war nicht weiter schlimm. Ich hob die Hand zum Mund und schleckte alles Blut ab. Da die Blutung trotzdem zunächst nicht aufhören wollte, streckte ich die Hand noch höher mit dem inneren Bild eines Schlauches, der aus dem Brunnen hängt. Wenn das Schlauchende höher als der Wasserspiegel geführt wird, dann fließt auch das Wasser nicht mehr. Und mein Finger war ja auch so eine Art Schlauchende.

Plötzlich kam sie mir entgegen. Sie gab mir durch ihre ganze Erscheinung zu verstehen, dass sie es eilig hatte. Als sie fast vor mir stand sagte sie:

»Ich habe es sehr eilig.« Diese Aussage war eigentlich überflüssig. Das sah ich ja.

»Wohin denn? Oder wann kommst du wieder?« Ihre Unruhe hatte mich angesteckt.

»Heute habe ich wirklich keine Zeit mehr.«

»Sehen wir uns wieder?«

»Morgen Nachmittag auf der Postbrücke?« Ihr Blick war einladend, sogar ein bisschen verheißungsvoll. Ein Lächeln war nicht zu erkennen, vielleicht nur ein geheimes Versprechen auf ein Lächeln. Damit gab ich mich zufrieden. Sie schien meine Einwilligung gespürt zu haben. Ohne ein weiteres Wort wandte sie sich ab und eilte weiter. Ich schaute ihr hinterher bis sie in einer Seitengasse verschwand. Erst jetzt bemerkte ich, dass ich die ganze Zeit mit meinem Daumen auf meine kleine Wunde gedrückt hatte.

38

Wir trafen uns wie verabredet nach der Arbeit auf der Postbrücke. Ich musste nicht lange an das Geländer gelehnt auf sie warten bis sie kam. Ihre behenden Schritte sind mir wieder aufgefallen. Offensichtlich mochte sie Trödelei nicht so gern. Sie trug wieder ein anderes Dirndl. Besaß sie so viele Kleider, um jeden Tag ein neues anzuziehen?

Nach den ersten scheuen Begrüßungsworten stellte sich nicht die Frage, ob wir überhaupt ein gemeinsames Gesprächsthema hatten, weil sie über Meran zu reden begann:

»Um die Stadt zu verstehen muss man wissen: Zu Beginn dieses Jahrhunderts war Meran verschuldet: Der Franzosenkrieg, Missernten und Hochwasser hatten tiefe Narben hinterlassen. Ein wirtschaftlicher Aufschwung war dringend nötig. Und zum Glück hatten wir hier unseren Bürgermeister Josef Haller. Er besann sich auf unsere von Gott gegebenen Vorzüge, die Lage in einem Talkessel, in den das Passeiertal, der Vinschgau und das Etschtal einmünden. Dann das Klima! Hier wärmt die Sonne früh im Jahr, hier scheint sie bis tief in den Herbst. Sogar der Winter verliert seinen Schrecken, denn der Himmel ist meist blau. Die Dreitausender der Texelgruppe sind bis in den Frühling schneebedeckt, hier unten wachsen aber Palmen und andere südländischen Pflanzen. Ein reizvolles Gesamtbild. All dies inspirierte Haller, aus Meran einen Kurort zu machen. Der besondere Reiz Merans soll nun Besucher aus aller Welt anziehen. Und er hatte Erfolg. Es kommen immer mehr zu uns: Bergsteiger, Maler und Reiseschriftsteller auf dem Weg nach Italien, und andere Fremde, die hier bleiben um zu kuren.«

Sie hatte mich als Ortsfremden erkannt und empfand es offenbar als naheliegend, mir die örtlichen Gegebenheiten zu erklären. All diese Erläuterungen kamen für mich etwas unerwartet. Trotzdem nahm ich Bezug auf ihren ersten Redeschwall und fragte:

»Was kann ich mir unter dem Begriff kuren vorstellen?«

»Es soll so manchem Zipperlein den Garaus gemacht werden. Vorbild ist das Karlsbad in Böhmen, wo es schon lange ein öffentliches Badehaus gibt. Als Kurort ist man in gewisser Weise ein Treffpunkt der betuchten Gesellschaft. Weißt du, bei den feinen Damen gehört es zum guten Ton, vorzugeben etwas zu kränkeln. Aber auch so manch feiner Herr nutzt die kurende Gesellschaft zur Anbahnung privater und geschäftlicher Verbindungen.«

»Wie macht man eigentlich so einen Kurort?«

»Das ist eine gute Frage. Da hättest du mal den Haller selber fragen sollen. Man braucht ein klares Ziel, fast eine Vision, wie man in der Kirche hören kann.«

Sie wollte keine Redepause entstehen lassen, dies spürte ich deutlich. Das Gespräch sollte immer weitergehen, also bestärkte ich sie darin:

»Das ist sehr interessant. Erzähl weiter davon.«

»Weißt du, das eine ist, eine Vision zu haben. Das andere ist, diese umzusetzen. Man braucht aber auch Glück. 1870 kam Kaiserin Elisabeth zum ersten Mal nach Meran. Zusammen mit ihren Töchtern Gisela und der damals zweijährigen Valerie. Die kränkliche Valerie sollte auf Schloss Trauttmansdorff oberhalb von Meran wieder zu Kräften kommen. Dafür wurden die Räume des Schlosses eigens für sie prunkvoll eingerichtet und renoviert. Als sich der gesundheitliche Zustand des Mädchens bereits wenige Wochen später besserte, berichteten die Wiener Zeitungen vom milden, gesunden Klima Merans. Auf diese Weise wurden die nicht nur die Wiener, sondern auch Adelige und das gehobene Bürgerturm auf uns aufmerksam.«

»Und was braucht man noch?«

»Wir haben bereits eine Kaltwasser-Heilanstalt und eine Wandelhalle. 1874 konnte die Einweihung des prachtvollen Kurhauses gefeiert werden. Es gibt aber noch viel zu tun! Die die Verwaltung muss Schritt halten, denn wir wollen nicht länger ein verschlafenes Städtchen sein.«

»Ich kann mir sehr gut vorstellen, dass manche sich auf uralte Rechte berufen und dafür eintreten, dass alles so zu sein hat wie es nun mal ist.«

»Mag sein. Man muss es ihnen vielleicht nur schmackhaft machen.«

»Wie soll das gehen?«

»Naja, die Sprache, die alle verstehen, ist nun mal Geld.«

»Das kann ich bestätigen.«

»Das neue Geschäft mit den Fremden bringt ganz einfach Geld. Überall bleibt etwas davon hängen, sogar bei den Bauern, besser gesagt bei deren adeligen Herren.«

»Hier in der Stadt sind mir nur wenige Bauern aufgefallen.«

»Das war vor der Entstehung des Kurortes noch ganz anders. Das hat mir meine Oma erzählt. Früher patschen mittags oder abends zur Zeit der Tränke die Ochsen und Kühe langsam und schwerfällig aus den Torwegen und Seitengängen heraus. In der Laubengasse konnte man in einem Kuhfladen stehen oder voller Schreck einen gehörnten Hintermann entdecken.«

»Ich kann mir vorstellen, dass sich die Fremden, wie du sagst, dabei nicht wohlfühlten.«

»Manches ist besser geworden. Trotzdem gibt es weiterhin Widerstände.«

»Trotz des Geldes?«

»Einer davon ist der Brixner Bischof, der das sittliche Verderben des ganzen Landes durch den Fremdenverkehr prophezeite.«

»Wie siehst du das?«

»Mein Vater sagt, es sollen ruhig noch mehr Fremde kommen. Umso mehr gewinnt die ganze Stadt, umso mehr steigen unsere Mieteinnahmen.«

»Muss dein Vater deswegen sein Haus umbauen?«

»Genauso ist es.«

»Mit einer beschaulichen Ruhe ist es dann aber vorbei, oder?«

»Was heißt schon Ruhe? Aber ja, wir müssen uns öffnen. Das ist wohl der Preis.«

»Könnt ihr euch eigentlich raussuchen, wer kommen darf?«

»Nein, das ist es ja was so Manchem Unbehagen bereitet. Es kommen Leute aus aller Herren Länder, aus dem Deutschen Reich, aus Russland, Frankreich oder Italien. Natürlich auch aus den Ländern der Österreichisch-Ungarischen Doppelmonarchie.«

»Kommen auch Juden zu euch?«

»Schon in den dreißiger Jahren haben sich jüdische Kaufleute in Meran dauerhaft niedergelassen. Angeblich waren es vor allem jüdische Ärzte, die das Meraner Wasser und seine heilenden Kräfte entdeckten. Sie waren auch dabei, als die Traubenkur zum ersten Mal den Gästen angeboten wurde.«

»Bislang habe ich eigentlich nur Schlechtes über die Juden gehört. Wobei ich noch nie einen kennengelernt habe.«

»Es verändert sich eben alles.«

»Die grundlegende Regel ist wohl: Veränderung mit der Zeit.«

»Ja, stimmt. Man muss sich nur mal das Warenangebot unter den Lauben anschauen. Alle paar Schritte wechseln die Gerüche, alle paar Häuser gibt's einen Ausschank, ein Gasthaus, eine Weinstube. Und alle Berufe sind vertreten: Drechsler, Fischhändler, Hemdennäherinnen, Schnapsbrenner, Schuster, Advokaten, Ärzte.«

»Lässt sich das alles rückgängig machen?«

»Nein, wahrscheinlich nicht. Das müsste schon ein Krieg oder sonst was Schreckliches kommen.«

»Das wollen wir nicht hoffen.«

»Die mangelnde Reinlichkeit hier ist ein Riesenproblem. Der Dreck und Müll auf den Straßen ist nicht nur wegen dem Gestank eigentlich unzumutbar, diese Lebensbedingungen in der Stadt verursachen ja auch verheerende Krankheiten. Dies wird teils immer noch in Frage gestellt, aber wie viele andere bin ich mir sicher, dass viele Seuchen hausgemacht sind! Es mangelt einfach an der Entsorgung all dessen, was die Menschen täglich selbst an Unrat und eigenem Dreck hinterlassen. Gott sei Dank gibt es Verbesserungen, *Ritschen*, die frisches Wasser bringen. Hast du diese mit Steinplatten abgedeckten Steinkanäle bereits gesehen? Von da kommt unser Nutzwasser für das Waschen und vieles andere, nicht zuletzt auch für das Löschen von Bränden.«

Wieso redete sie auf einmal über Müll und Dreck? Verdutzt brauchte ich ein paar Augenblicke, um mich zu sammeln. Ich besann mich wieder auf ihre Frage:

»Ja, das habe ich schon gesehen. Kann man sagen, dass die Waalwege für die Bewässerung in der Landwirtschaft so was Ähnliches sind wie die Ritschen hier in der Stadt?«

»Ja genau. Die Ritschen wurden sogar erneuert, damit der wachsende Wasserbedarf gedeckt werden kann. Glücklicherweise haben wir seit diesem Jahr eine neue Wasserleitung, die uns frisches Hochquellwasser aus den Bergen bringt. Mit dem Ausbau der Wasserversorgung verflüssigen sich die Abwässer. Das ist schon mal gut.«

Ich wollte lieber über etwas anders mit ihr sprechen. Welcher junge Mann redete schon mit einer jungen Frau über Probleme mit den häuslichen Abwässern? Als ich dies ausdrückte, widersprach sie mir sofort:

»Es geht hier um mein Leben, meine Gesundheit und meine Kinder, die ich so Gott will, mal haben werde. Ich möchte meine Kinder nicht in diesem furchtbaren, krankheitserregenden Dreck großziehen müssen. Mir ist das sehr wichtig! Wenn du diese Sorge nicht teilst, dann zieh besser weiter.«

Wie sollte ich damit umgehen? So hatte ich noch nie eine Frau sprechen gehört. Offensichtlich war ihr dieses Thema sehr wichtig. Wenn ich jetzt beschwichtigend oder sogar belehrend darauf reagieren würde, dann hätte ich ein Streitgespräch geführt, aber ihre Zuneigung verloren. Diese immer noch zarten Bande zu ihr wollte ich doch nicht zerstören! Ich verglich sie mit einem Pflänzchen, das gerade erst zu sprießen begonnen hatte. Und was lag mir schon an Rechthaberei vor allem zu diesem Thema, das mich am liebsten gar nicht beschäftigen sollte.

Ohne meine Antwort abzuwarten sprach sie weiter.

»Es leben ganz einfach mehr Menschen in der Stadt als noch vor fünfzig Jahren. Das hat mir meine Oma erzählt. Früher hat es in der Stadt auch schon gestunken. Jetzt aber quillt die Stadt über. Das Wasser wird deshalb oft mehrfach genutzt, bevor es als Abwasser ausgeschüttet wird.

»Man kann den Leuten nicht verbieten, ihre Notdurft zu verrichten«, erwiderte ich gereizt.

»Natürlich nicht, aber man könnte die Abwässer besser entsorgen.«

»Und warum wird das nicht gemacht?«

»Ja, es gibt Widerstände gegen die Modernisierung der Abwasserentsorgung. Hauseigentümer scheuen die Kosten und die Bürger wollen ihre Auswürfe, welche sie selber als Dünger brauchen oder verkaufen, nicht an die Stadtverwaltungen abtreten.«

»Und wie geht es jetzt weiter?«

»Es wird dauern, aber eine Verbesserung wird kommen. Meran ist bereits eine Kurstadt. Es geht gar nicht anders.« Jetzt schaute sie mir direkt in die Augen und ließ zum ersten Mal eine Gesprächspause entstehen. Sie sammelte sich ein paar Atemzüge, um mit veränderter, leiserer Stimme fortzufahren:

»Lass mich ganz ehrlich sein. Dieses Thema ist mir wichtig, das hast du gemerkt. Und wenn ich mit dir darüber spreche, dann ...«, ihr Zögern zeigte mir, dass es jetzt besser war nur zuzuhören, »... dann möchte ich, dass du mich verstehst und ernst nimmst.«

»Ich denke, alles was du gesagt hast ist doch richtig. Ich würde nur gerne über etwas Anderes mit dir sprechen.«

»Das tun wir doch gerade. Wir lernen uns gerade näher kennen.«

»Darf ich auch ganz ehrlich sein? Ich möchte mich weiter mit dir treffen.«

»Das können wir gerne machen, unter einer Voraussetzung.«

Was konnte das sein? War ich ihr nicht gut genug? Ich lächelte sie selbstsicher an und fragte:

»Ja, was denn?«

»Wasch dich.«

Damit hatte ich nicht gerechnet. Verblüfft nahm ich mir erst mal ein paar Augenblicke, um meine Eindrücke zu sortieren. Ich schaute aber nicht an mir hinunter, um festzustellen wie ich nach der Arbeitswoche daherkam. Mich ärgerte nur eines: Sie hatte an mir etwas auszusetzen! Offensichtlich war ich ihr nicht gut genug. Ich sah mich schon aufspringen, meine Stimme erheben, Sätze zu sagen wie: „Du bist die Erste, die mir so etwas sagt. Bislang war ich so wie ich bin immer gut genug. Was fällt dir eigentlich ein?" Doch ich sagte nichts. Meine Hände wollten sich aber mit irgendwas beschäftigten, so wurde mein Hut auf einmal wichtig. Verunsichert nahm ich ihn, starrte ihn an und knetete ihn beinahe. Gleiches geschah in meiner Gedankenwelt: Ich starrte auf das von ihr Gesagte und knetete mir nun passende Worte zurecht. Etwas darauf sagen wollte ich auf jeden Fall. So wie ich mich selbst eben in meiner Vorstellung gesehen hatte, mochte ich aber nicht sein. Nein, das mochte ich wirklich nicht. Gleichzeitig wollte ich mich behaupten. Konnte sie mich nicht riechen? Damit war ich wieder bei ihrem Thema. Ich lockerte meinen Griff um den Hut, schaute ihr direkt in die Augen und sagte mit einer Stimme, die überraschenderweise nur ganz wenig Ärger und Kampfeslust enthielt:

»Wenn ich dir nicht gut genug bin, dann hat es keinen Sinn.«

»Das habe ich so nicht gemeint. Ich habe nur gesagt, dass du dich waschen sollst.«

»Nur das?«

»Ja, nur das.«

39

Meran, Sonntag, den 31.07.1887

Die Arbeit am Dach war für mich ungewohnt und kräftezehrend, jedoch hatte ich es geschafft, fast allem gerecht zu werden. Da morgen bereits der nächste Arbeitstag anstand, wollte ich mich am Sonntag ausruhen. Ich hatte sehr gut geschlafen. Das lag auch daran, weil ich nach dem Gespräch gestern auf der Brücke an der Passer entlang stromaufwärts gegangen war. Nach der Flussbiegung veränderte sich das Gelände. Die Flussufer, die eben noch flach waren, wurden zu beiden Seiten zu steil für eine Bebauung. Als ich das Passeier Tor hinter mir gelassen hatte, wurde der Fluss sauberer, weil hier noch keine Abwässer eingeleitet wurden. Hier badete ich und wusch meine Kleidung. Monika hatte ja Recht, es war an der Zeit für eine gründliche Reinigung. Der dicke Stoff der Hose saugte dabei sehr viel Wasser auf. Erst als ich sie wieder mit viel Kraft ausgewrungen hatte, wurde sie wieder leichter und ich konnte sie mit der anderen Kleidung an einer sonnigen Stelle zum Trocknen an einem geeigneten Ast aufhängen. In der Unterhose saß ich längere Zeit am Ufer und schaute meist versonnen auf das Wasser. Die Stelle mit dem Spreißel an der Hand hatte das viele Wasser nicht so gut vertragen. Die aufgeritzte Haut konnte so nicht heilen und tat mir wieder weh. Es dauerte ein bisschen, wie so vieles. Ich hatte viel Zeit, das erste längere Gespräch mit Monika nochmals durchzugehen. Wir hatten uns gestern auch vorgestellt und den Vornamen gesagt. Sie hieß Monika, ein gut klingender Name, wie ich fand. Ich stellte mich mit Schorsch vor. Erst als ich den Namen schon gesagt hatte, fragte ich mich, warum ich nicht den Xaver genannt hatte. Aber gesagt war gesagt und damit war ich fürs Erste auch nicht unzufrieden.

Für ein Treffen heute konnte sie mir keine feste Zusage geben, wenn überhaupt dann wieder am späteren Nachmittag auf der Postbrücke. Wenn sie aus irgendeinem Grund mich nicht mehr sehen wollte, und denkbare Gründe gab es viele, dann würde sie heute einfach nicht kommen. In diesem Fall würde sie mich im Unklaren bleiben, ob dies nur für heute oder grundsätzlich galt. Darüber grübeln war sinnlos. Es gab nur einen Weg für mich, nämlich wieder auf der Brücke zu warten. Also hatschte ich ausgeruht wieder zur Brücke, diesmal sogar in meiner Kluft, die sich frisch gewaschen gut, aber etwas starr anfühlte.

Sie kam tatsächlich wieder. Mein Herz machte einen Sprung, als sie mit ihren flotten Schritten wieder auf mich zukommen sah. Sie trug wieder das Kleid von gestern. Sie lächelte mich an. Es war ein Lächeln über das ganze Gesicht. Auch ohne die Mimik ihres Mundes hätte ich schon an den Augen gesehen wie sie sich freute. Meine vorsorglichen Überlegungen, was ich denn gemacht hatte, wenn das heute nichts geworden wäre, behielt ich etwas beschämt für mich. Ich ließ mich nun gerne mitreißen vom Augenblick, von meinem Glücksgefühl meine Wünsche erfüllt zu sehen, von ihrer tatsächlichen Anwesenheit hier bei mir, von dem unvorhersehbaren und deswegen umso bedeutungsvolleren Spiel der Blicke und Worte. Im Gegensatz zu gestern sprach sie anfänglich weniger. Es gab sogar kleinere Redepausen, die sich aber gut anfühlten. Wir unterhielten uns mit oberflächlichen Themen, auch mit lockeren Scherzen über meine selbst gewaschene Kluft. Es gefiel mir zu plaudern. Ernstere Themen, die es gewiss gegeben hätte, konnten warten. Warum schwierige Fragen stellen, wenn man doch auch in einem normalen Gespräch den Gesprächspartner immer besser kennenlernt? Als ich von meiner schweren Arbeit berichtete, meinte sie:

»Vielleicht findest du Arbeit im Sägewerk. Die Stämme aus dem Passeier werden durch die Passer nach unten befördert. Hier in Meran angekommen bedarf es nur noch eines Rechens, um die Stämme einzusammeln. Schau mal, die Auffangstelle ist hier bei der Postbrücke. Von da an geht es weiter zum Sägewerk.«

»Das sollte man sich mal genauer anschauen.«

»Willst du denn weiter als Zimmerer arbeiten?«

Auf diese Frage war ich nicht vorbereitet. Was sollte ich nun sagen? Ich ließ mir Zeit und gab zu verstehen, dass ich überlegen wollte. Abschließend legte ich mir folgende Worte zurecht, die viele Fragen offenließen:

»Mein Leben lang möchte ich jedenfalls nicht Zimmerer sein.«

»Was möchtest du denn lieber tun?«

Sollte ich jetzt schon offen und ehrlich meine Geschichte erzählen? Was gewann ich dadurch, was würde ich verlieren? Nach kurzem Abwägen entschied ich mich für diese Antwort:

»Mehr direkt mit der Natur arbeiten würde mir schon gefallen. Ich kann mir aber auch anderes vorstellen. Was machst du eigentlich?«

»Ich helfe meinem Vater bei dem Geschäft mit den Fremden. Die ganze Familie, Vater, Mutter, meine zwei Schwestern und ich helfen zusammen.«

»Das ist ja schön, wenn eine ganze Familie etwas Neues macht und dabei an einem Strang zieht.«

»Ja, das stimmt. Ich denke schon, dass sich mein Vater richtig entschieden hat. Und du kommst aus Bayern?«

»Ja genau, aus dem schönen Allgäu.«

»Erzähl mir ein bisschen mehr von deiner Heimat.«

Nun sollte ich mich etwas ausführlicher vorstellen. So erzählte ich erst etwas von der Lage des Allgäus, dann von den Bergen und dem Bodensee. Da sie mich nicht unterbrach, berichtete ich von den Wetterverhältnissen und der Landwirtschaft. Weil ich so Einiges von den Kühen erzählte, fragte sie mich:

»Bist du denn auf einem Bauernhof aufgewachsen?«, diese Frage konnte ich bejahen ohne zu viel zu offenbaren.

»Dann hast du dich entschieden, Zimmerer zu werden?«

Es freute mich richtig, auch hier nur einfach ja sagen zu können. Mit ihren Fragen brachte sie mich nicht in Verlegenheit, dies wollte ich ihr jetzt aber noch nicht sagen. Stattdessen lächelte ich sie noch ein bisschen mehr an. Ich erzählte von meiner Walz und wohin diese mich bislang geführt hatte.

»Wo wird denn deine nächste Station sein?«

»Das weiß ich noch nicht. Ich kann mir durchaus vorstellen etwas länger in Meran zu bleiben.« Das war ein Wink mit dem Zaunpfahl, wie man redensartlich sagte. Tatsächlich war ich froh, das Ziel meiner von Anton vorgegebenen Reise erreicht zu haben. Ich hatte bislang keinen Schaden erlitten, hatte hier sogar Arbeit gefunden und lehnte nun an einem Brückengeländer mit einer jungen Frau, die mir sehr gut gefiel.

»Ich denke hier wird es Arbeit genug geben. Wenn das Geschäft mit den Fremden noch mehr in Schwung kommt, dann muss noch viel gebaut werden. Die adligen, oft lungenkranken Besucher logieren meist nur in ihren eigenen Villen.«

»Und was soll denn gebaut werden?«

»Gasthäuser, Hotels, Kurbäder, Krankenhäuser und Sanatorien.«

»Sanatorien?«

»Sanatorium kommt von lateinisch *sanare*, heilen oder gesund machen. Gemeint ist eine der Heilanstalt, die auf eine bestimmte Erkrankung ausgerichtet ist, also ein Fachkrankenhaus.«

»Wenn die lungenkranken Adligen hier kuriert werden sollen, dann darf es aber nicht so erbärmlich stinken.« Damit sprach ich dieses Thema von mir aus an, obwohl ich dies eigentlich nicht wollte.

»Du sagst es. Es gibt also wirklich genug Arbeit hier. Denk nur an die neu zu bauenden Abwasserkanäle. Ich hatte doch gestern von Kaiserin Elisabeth und ihren Töchtern erzählt. Die kränkliche Valerie hatte sich auf Schloss Trauttmansdorff erholt. Dieses Schloss liegt luftig oberhalb von Meran. Manchmal frage ich mich, ob das Kind auch hier unten in der Stadt gesund geworden wäre.«

Nun wollte ich das Gesprächsthema schnell wieder ändern und fragte:

»Habt ihr denn jetzt schon viele Gäste?«

»Ja wir sind gut beschäftigt. Deshalb gehe ich ja auch jeden Tag zum Markt und kaufe frisch ein.«

»Ach, deswegen habe ich dich schon zweimal auf dem Markt gesehen.«

»Du wirst mich dort jeden Tag sehen können.« War es nur so daher gesagt oder vermittelte sie mir gerade eine versteckte Botschaft? Spontan fasste ich Mut und sagte:

»Es wäre schön, dich jeden Tag sehen zu können.«

Nun entstand eine Stille zwischen uns. Wie wenn ein Gedanke, der bislang nur im Kopf war, nach unten in den Bauch fällt. Es war mir und wohl auch ihr nicht möglich, jetzt irgendwas zu sagen, weil das soeben Gesagte zu wichtig war. In mir breitete sich eine tiefe, erdige Schwingung aus, wie wenn eine große Bassglocke angeschlagen wurde. Auf einmal spürte ich meine eigene Schwerkraft und ließ mich angenehm entspannt tiefer in den Boden sinken. Ich wollte ja auch nicht weg, ich wollte ja hierbleiben und weiter nachspüren wie wir gemeinsam dasselbe fühlten. Das einzig Richtige war wohl das, was Monika nun machte. Sie legte ihren Kopf sanft an meine Schulter, gerade so viel, um sie zu spüren, ohne Gewicht abzugeben. Mein Kopf fiel auch in ihre Richtung. Da ich größer war als sie, wurde mein Nacken seitlich ganz lang. In dieser doch sehr ungewohnten Haltung wollte ich sie zumindest einmal kurz berühren. Als ich meinen Kopf sanft an den ihren gelegt hatte und ihre duftenden Haare wahrnahm, blieb ich nur einen Augenblick und richtete mich wieder auf. Dafür legte ich sanft meinen Arm um ihre Schultern ohne Zuzugreifen. Es verbot sich für mich ganz einfach, jetzt schon Besitz zu ergreifen. Jede Geste des Nehmens passte nicht zu dem Zauber, der zwischen uns entstanden war. Mit der heutigen Begegnung durfte ich aber fortan nochmal anders, nochmal schöner an sie denken als in den vergangenen Tagen.

Als wir beide so nah beieinanderstanden und gemeinsam so etwas wie Bestimmung füreinander spürten, war es doch so, dass ein scheuer, nicht alltäglicher und deshalb ganz besonderer Vogel uns besuchte, seine unsichtbaren Flügel um uns legte und uns Geborgenheit schenkte. Oder war es eine Fee, die mit ihrem Zauberstab über uns ein stilles, nur ganz wenig funkelndes Zelt errichtete, in dem die Zeit viel langsamer als sonst verstrich. Wir spürten diesen Zauber in uns und um uns; alle Anderen sehr wahrscheinlich nicht. Es kam aber auch niemand, der sich in unsere Innigkeit hinein drängelte, sei es auch nur durch einen unverschämten Blick.

40

Meran, Sonntag, den 07.08.1887

Es war eine ganze Woche vergangen seit dem Treffen letzten Sonntag, als ich sie zum ersten Mal umarmt hatte. Wir beide hatten das tiefe Gefühl der Zuneigung zueinander erlebt und wollten uns treffen, so oft wie möglich. Während der Arbeitswoche blieb nur der Feierabend. Monika musste sich immer erklären, wohin sie denn am frühen Abend noch hinwollte. Sie war kein Kind mehr unter der Aufsicht ihrer Eltern, dennoch wollte ihre Familie wissen, ob sie jemanden kennengelernt hatte. Nachvollziehbarerweise war die Wahl des Partners ja überaus wichtig und entscheidend. Aus Sicht ihrer Eltern kam nach dem Sicherstellen des Überlebens und dem Abwehren von Krankheiten sofort die Frage: Wer ist es? Woher kommt er? Was bringt er mit?

Die ganze Woche arbeitete ich auf dem Dach. Ich betrachtete dies ganz einfach als meine Arbeit. So wie ich früher selbstverständlich jeden Tag Stallarbeit verrichtete und melkte, so war nun das Dach mein Arbeitsplatz. Das Zimmern war natürlich eine ganz andere Arbeit und forderte mehr Kraft, glücklicherweise weniger Fachkenntnisse. Das was es zu lernen gab, das nahm ich einfach mit ohne groß darüber zu sprechen. Man hatte sich an mich gewöhnt, redete mich als Xaver an und ich war nicht das Gesprächsthema. Das war gut so. Die Launen des Meisters oder die Missverständnisse untereinander waren in der Arbeiterschaft viel wichtiger als der Neue, der meist still seine Arbeit verrichtete und sich wohl schon auf den Zahltag freute.

Auf dem Dach hörte man die Kirchenglocken viel lauter als unten auf der Straße. In den teils verwinkelten Gassen kamen diese Erinnerungen an die unerbittlich voranschreitende Zeit abgemildert an. Jede Viertelstunde hämmerten die Glocken ihre Schläge über die Stadt. Erst nur ein Schlag, dann zwei, drei und vier Schläge. Zusätzlich zur vollen Stunde ein weiteres Geläut von einer tiefer klingenden Glocke nach Tageszeit von eins bis zwölf. Die Glocken erzeugten einen Ton, der gleich nach dem Entstehen wieder verstummte. Diese Schwingungen erreichten immer nur meinen Kopf, wo sie sich festsetzten und mich in eine Alarmstimmung versetzten.

Danach folgte aber nichts. Danach war alles wie zuvor. Wir Zimmerer widmeten uns weiterhin der Arbeit. Bei all dem Geläut in meinem Kopf spürte ich auch, wie meine tiefe, angenehme Schwingung unten im Bauchraum, die seit Sonntag angehalten hatte, davon nicht beeinträchtigt wurde. Es gelang mir, dieses besondere Gefühl hervorzuholen, oft genügte ein Gedanke an Monika. Insgesamt fühlte ich mich trotz der schweren Arbeit viel besser als zuletzt, weil ich hoffen durfte, dass es weiterging – mit Monika und mir.

Meine Schauspielerei als Xaver, der Zimmerer auf dem Dach, konnte bleiben, es gab ja keinen Grund für eine Änderung. Heute wollte ich aber Monika klaren Wein einschenken. Irgendwann kommt die Wahrheit ohnehin ans Licht; sagte man dies nicht sogar redensartlich? Zudem hatte ich auch ganz einfach das Bedürfnis, mit einem anderen Menschen ganz offen zu sprechen, wie zuletzt mit Anton und Elisabeth. Wie lange war das schon wieder her?

Ich verstellte mich, weil ich vom Feuer *verstellt* wurde. Zweimal das Wort *verstellen* in einem einzigen Satz und schon war fast alles über mich gesagt. Und wer, wenn nicht Monika, war diese Person, vor der ich alle Schauspielerei ablegen wollte? Dabei empfand ich dieses mich selbst Verstellen in letzter Zeit nicht nur als Belastung, weil man stets eine unsichtbare Maske mit sich herumtragen musste. Es hatte viel Gutes, in neue Rollen schlüpfen zu müssen und somit die persönlichen Möglichkeiten zu erweitern. Ich war nicht nur ein klar abgegrenzter Mensch, der in der Gesellschaft leicht einzuordnen war. Eher war ich ein Werdender, einer der selbst nicht genau wusste, wer er war und deswegen gerne mal Neues ausprobierte. Spielte ich noch den Xaver oder war ich schon der Xaver? Es war doch ich und niemand anderer, der den Xaver spielte, auf meine ganz eigene Art und Weise. Hätte man mich vor ein paar Wochen gefragt, ob mir all dies möglich sei, hätte ich bestimmt verneint. Ganz offensichtlich kannte oder kenne ich mich selbst nicht so richtig. Deshalb begann ich meine Geschichten zu meiner Person, die ich mir selbst erzählte, zu hinterfragen. Meine eigenen Erklärungen warum, weshalb und wieso ich so war wie ich nun mal war, stellte ich in Frage. Freilich gab es Tatsachen in meinem Lebenslauf, doch waren meine heutigen Erzählungen darüber wirklich noch richtig oder nur eine gewohnte, eingeschliffene Denkweise? Auf alle Fälle zeichnete ich heute ein anderes Bild von mir als noch vor ein paar Wochen.

Wir wollten uns wie immer auf der Postbrücke treffen, genau in der Mitte, wo auch ein Wappen der Stadt am Geländer angebracht war. Da ich viel zu früh ankam, nutzte mein Geist die Wartezeit für folgende Betrachtungen: Hier war man nicht mehr innerhalb der Stadtmauer, aber auch nicht ganz außerhalb. Dieser Treffpunkt passte auch ganz gut, weil eine Brücke ein Bild war für zwei getrennte Seiten, die zusammengeführt wurden. Zudem wäre ein Treffen in der Stadt viel zu öffentlich, an einem Ort außerhalb auf dem Land schon wieder zu abgelegen, deshalb verrucht gewesen. Würden wir jemals als Paar ganz öffentlich und selbstverständlich Händchen haltend durch die Laubengasse lustwandeln? Oder würden wir tatsächlich mal gemeinsam ins Land gehen, weiter weg von der Ansammlung der Leute und somit auch weg vom moralischen Gerüst der Gesellschaft, um dort an einem Waldrand unbeobachtet alle Hemmungen fallen zu lassen? Selbst wenn dies geschehen sollte, irgendwann müssten wir, zumindest Monika zurück in die Stadt.

Diese Gegensätze, Sittlichkeit und Lust, hatten beide ihre Berechtigung, das war mir jetzt schon klar. Zugunsten der Leidenschaft die Moral über Bord zu werfen war wohl falsch. Kühles, berechnendes Vorgehen, wie so oft mit Blick auf den wirtschaftlichen Vorteil, trieb mich nicht an, trotzdem galt es, auch einen klaren Kopf zu behalten. Im besten Fall kommen wohl Sittlichkeit und Lust, beide voll zu ihrem Recht. Eine schwierige Aufgabe! Doch in diesen Augenblicken wollte mir nichts schwierig erscheinen. Ein Nachhall der Empfindung von letztem Sonntag hatte die Woche über angehalten und wurde jetzt sogar noch stärker. Tief unten im Bauch spürte ich wieder das: „Hier gehörst du hin. Das ist bestimmt deine Frau." Zudem schien an meinem freien Tag die Sonne. Ich war jung und gesund, das Leben meinte es gut mit mir, weil ich hier auf meine Monika warten durfte.

Die Glocken waren eben verhallt, als sie die Brücke betrat und auf mich zu ging. Als sie lächelnd vor mir stand, berührte meine Hand ihren Oberarm, dabei neigten wir uns aber nicht zueinander, weil dies schon zu viel Nähe gewesen wäre. Ihre Haare waren wieder in ihrer bevorzugten Art und Weise frisiert und locker nach hinten geführt, ohne Scheitel. Ihre Haarfülle umrahmte ihr ganzes Gesicht und den Hals. Am Ende ihres Nackens band sie alle Haare mit einer Schleife zusammen. Das gefiel mir, wie sie ihre Haare ohne Strenge fallen ließ und doch wieder zusammenband.

»Ein schönes Dirndl hast du heute an.«

»Danke. Gefällt es dir?«

»Ja, sehr gut. Ich hoffe, meine Kluft ist für heute ausreichend?«

»Ja, natürlich.« Diesmal schien mir, schauten uns viele Passanten bewusster an, wie wenn sie sagen würden: „Ach, schau mal an. Die beiden schon wieder, ein hübsches Paar. Was aus euch beiden wohl wird?"

»Wollen wir heute ein bisschen spazieren gehen?«

»Wohin soll es denn gehen?«

»Vielleicht auf der anderen Passer Seite.«

»Ja gerne. Hast du eigentlich keine andere Kleidung als deine Kluft?«

»Ehrlich gesagt nein, weil man auf der Walz alles mit sich herumschleppen muss.«

»Ich dachte nur, dass du mal Lust haben könntest, etwas Anderes anzuziehen.«

»Ja, wenn die Walz beendet ist, dann ist es wieder anders.«

»Wann ist deine Walz denn beendet?« Nun nahm ich mir eine kleine Gesprächspause, um zu überlegen. War jetzt schon der Zeitpunkt gekommen, mich zu erklären? Monika bemerkte mein Zögern und so fragte sie:

»Gehst du dann wieder zurück in deine Heimat, ins Allgäu?«

»Weißt du, eigentlich kann ich selbst entscheiden, wann ich die Walz beende und wo ich dann bleibe.«

»Gibt es nicht strenge Regeln für die Walz?«

»Ja, schon, aber …« Ich zögerte, bestimmt hätte jeder sehen können, wie ich mit mir kämpfte. Ich fühlte mich wie eine volle Regentonne in die ohne Rücksicht auf die Begrenzungen unbeirrt immer weiter Wasser hineinfloss. „Entweder ich platze jetzt gleich oder ich laufe über", empfand ich, ohne dies auszusprechen. Meine Gefühle stauten sich in mir zum einen wegen des Schauspielerns, das mich nie unbedacht in den Tag hineinleben ließ, an das ich mich schon fast gewöhnt hatte, mir jetzt aber auf einmal unerträglich erschien. Erst recht gesteigert wurde meine innere Spannung durch die Nähe zu Monika, die mich vollkommen aufwühlte, die so viel wonniges Verlangen in mir auslöste. Ein Verlangen, das aber auch gleichzeitig durchaus schmerzlich in seiner Unerfülltheit sein konnte. Mir blieb nichts anderes übrig, als mir ein Herz, mein Herz zu fassen:

»Ich möchte dir meine Geschichte erzählen.«

»Ja gerne. Das ist doch schön.«

»Es war aber nicht alles schön.«

»Bei wem ist das denn schon so?«

Wir hatten schon das linke Ufer erreicht und schlenderten, vom Wasser begleitet, in Richtung der Etsch. Ich holte tief Luft und wusste, bei der folgenden nächsten Ausatmung bin ich ein anderer. Ich begann zu erzählen, von meiner Geburt bis zu dem Brand und meiner Reise über die Alpen bis hierher nach Meran. Während meiner doch recht langen Ausführungen beobachtete ich Monika, die nur zuhörte. Ich meinte zu erkennen, dass sich in ihr kein Widerstand regte. Während ich immer mehr erzählte, löste sich all das in mir Angestaute. Ich konnte mich ja seit Bregenz niemandem anvertrauen, weil ich stets genau darauf zu achten hatte, den Schein zu wahren. Doch jetzt endlich war es soweit, die inneren Dämme durften reißen und das Wasser konnte fließen. Als das erste Schweigen gebrochen war, so schien es mir, fielen auch andere Dämme. Auch meine doch immer wieder mühsam aufgesetzte Schauspielerei wurde weggeschwemmt. Ich verfiel sogar wieder in meinen Allgäuer Dialekt, musste deswegen sogar Ausdrücke erklären, wie *gsi*, gewesen. Doch das war egal. Immer wieder streckte ich meine Handflächen aus, in einer Geste nach oben gedreht, weil ich ausdrücken wollte: „So ist es wirklich. Ich halte nichts zurück." Monika zeigte sich mir als interessierte Zuhörerin. Ich konnte ihre Gedanken nicht lesen, aber mein reger Geist meinte beim Blick auf ihre weibliche, zarte Gesichtshaut folgende Botschaft wahrzunehmen: „Gut, dass du mir aus deinem Leben erzählst. Ich habe schon viele menschliche Geschichten gehört, manchmal sogar erlebt. Das, was mein Wesen ausmacht, sind all die vielen menschlichen Beziehungen und Entwicklungen. Ich habe noch viel Platz in mir für weitere Personen und deren Geschichten. Und das was du gerade erzählst ist doch wirklich nicht schlimm."

Als ich geendet hatte, entstand eine längere Pause. Wir schlenderten schweigsam in derselben Geschwindigkeit wie bisher weiter. Der Weg führte an einem Auwaldstreifen der Passer entlang ziemlich gerade nach Westen. Der Bahndamm mit der Brücke über den Fluss bewies, dass der technische Fortschritt bereits unwiderruflich im Land angekommen war. Viele fruchtbare Felder hatten wegen der neuen Trasse zu weichen, trotzdem galt mein Interesse eher der belebten Natur. Wir kamen an vielen Apfelhalbstämmen vorbei. Die meist noch grünen Äpfel waren schon kräftig gewachsen, die künftige kräftig rote Farbe ließ sich aber nur ansatzweise erahnen. Als wir so still weiterschlenderten, meinte ich weiter vorne, von Bäumen verborgen, schon den Verlauf der Etsch zu erkennen. Neben dem gleichmäßigen friedlichen Murmeln der Passer hörte ich die Vögel pfeifen und singen, insgesamt ein Musizieren wie es nur die Natur vermag. Es war mir recht, nach meinem längeren Vortrag nicht gleich weitersprechen zu müssen. Nun suchte ich den Blickkontakt zu Monika, die dies schnell bemerkte und mich direkt anschaute:

»Schön, dass du so viel Vertrauen in mich hast und mir deine ganze Geschichte erzählt hast.«

»Und was denkst du jetzt von mir?«

»Was soll ich denn jetzt von dir denken?«

»Naja, immerhin habe ich geschummelt oder gelogen bis sich die Balken biegen.«

»Aber in deiner Situation ist das doch vollkommen verständlich.« Sie sagte diese Worte mit einem Tonfall der Bestimmtheit, der bereits alle gedanklichen Überprüfungen abgeschlossen hatte.

»Das freut mich, dass du mich so siehst.«

»Also ich sehe es so. Du hast dir ein Ziel gesetzt und dieses erreicht. Dein Ziel war Meran und nun bist du hier! Nicht jeder hätte das geschafft.«

»Einfach war es weiß Gott nicht immer.«

»Und was willst du jetzt tun?«

»Hmm, weißt du, hier habe ich eine Arbeit und eine Unterkunft. Nach dem vielen Reisen brauche ich wieder ein Zuhause oder einen Ort wohin ich gehöre.« Sie wartete, ob noch etwas kommen wollte.

»Was ich im Winter mache weiß ich noch nicht«, fuhr ich fort, um Worte verlegen. Wieder entstand eine Redepause, die ich mit einem Ton der Entschlossenheit beendete:

»Ich bleibe erst mal da. Warum sollte ich auch gleich schon wieder gehen?« Monika schaute mich in einer ganz besonderen Weise an. Was genau in ihr vorging wusste ich wegen ihres wortlosen Blickes nicht. Das was bei mir ankam, war ungefähr folgendes: „Ich gehe auch nicht weg. Schau mich an. Gefalle ich dir?"

Da wir schon ziemlich nah beieinanderstanden, legte ich meinen Arm um sie, wie letzten Sonntag, diesmal in fast schon gewohnter Weise. Diese Bewegung selbst hatte ich nicht mal ganz bewusst ausgeführt, sie hatte sich von selbst ergeben aus unserer Nähe zueinander. Weil wir diesmal von anderen Leuten unbeobachtet standen, wollte ich sie nun doch näher und enger an mir haben und kuscheln. Das nur seitliche Zueinanderstehen war mir zu wenig. Ich drehte mich zu ihr und legte beide Arme um sie. Da ich größer war als sie konnte ich auf ihren Kopf hinunterschauen. Ihre Haare kitzelten meine Wange ein bisschen. Bevor ich die Augen schloss wollte ich ganz schnell noch mal meinen Blick erheben. Ich wollte mir nur kurz bestätigen, wo ich mich überhaupt befand. Die Berge standen wie eine Einrahmung um uns herum. Alles war so, wie es ein sollte. Als ich meinen Kopf wieder senkte, erhob sie ihr Gesicht in aufeinander abgestimmter, gegenläufiger Bewegung. Wollten wir uns in die Augen schauen? Ich wollte ihren Mund küssen, den sie mir darbot. Nur kurz berührten sich unsere Lippen. Wie nahe ich ihr war! Ich durfte ihren Atem spüren und ihrem Mund schmecken. Wie herrlich weich sich das anfühlte! Für mich überraschend entwand sich Monika geschmeidig aus der Umarmung. Während sie sich drehte und entfernte, rutschten meine Hände noch ein bisschen weiter runter. Die letzte Berührung zu ihrem Körper hatten meine Fingerspitzen an ihrer schlanken Taille, wo sie gerne weiter bleiben wollten. Sie bewegte sich nur etwas zur Seite, schaute mich aber weiterhin an. Augenblicklich empfand ich einen Verlust. Erst als ich etwas Zeit hatte, darüber nachzudenken, wollte mir das Verständnis kommen, dass es so besser war. Sie fasste nun meine Hand, um gemeinsam weiter zu spazieren. Längere Zeit sagten wir nichts, doch unsere Blicke bestätigten einander, dass wir glücklich waren.

Wir erreichten die Stelle, wo die Passer in die Etsch floss. Dort flossen zwei Flüsse zusammen, um einen größeren Fluss zu bilden. Schon nach wenigen Metern der Vereinigung waren die Eigenheiten der beiden Zuläufe, wie Farbe und Fließverhalten, nicht mehr zu erkennen. Der breitere Fluss war nun eine neue Einheit. War das ein Sinnbild für Monika und mich?

41

Meran, Samstag, den 15.10.1887

Monikas Familie wurde ich bereits vor Wochen vorgestellt. Ihr Vater musterte mich indem er mich in ein „männliches" Gespräch zog, das um Begriffe wie Entscheidungsfähigkeit und Durchhaltewillen kreiste, auch das Ansehen in der Gesellschaft war ihm wichtig. Da ich von ihm bereits auf Herz und Nieren geprüft wurde, konnte sich ihre Mutter auf das beschränken was ihr wichtig war, nämlich die Familie und das Wohlfühlen jedes Einzelnen. Ihre jüngeren Schwestern dagegen gaben sich keine Mühe, ihre Neugier zu verbergen. Zudem kicherten sie manchmal andeutungsvoll, als ob sie schon wüssten was kommen mochte. Immerhin hatte die Heimlichtuerei wegen unserer regelmäßigen Treffen somit ein Ende. Doch wir waren noch nicht offiziell verlobt. Monika meinte dazu, man brauche Zeit, diese wichtige Entscheidung reiflich zu überlegen. Ihre Eltern pflichteten dem bei, alles andere hätte mich auch sehr verwundert. Aus ihrer Sicht war ich ein Handwerker aus Bayern, der hier auf der Walz Station gemacht und sich dabei in deren Tochter verliebt hatte. Es wurden nun naheliegende Fragen gestellt wie: Würde ich für eine neue Familie sorgen können? Wie ernst meinte ich es denn mit Monika? Aus was für einer Familie kam ich? Bei all diese Fragen wusste ich was ich wollte. Mich beseelte sogar noch mehr als ein *wissen*. Ich wollte Monika!

Ihre Eltern bestanden darauf, dass es doch sittsam zugehen müsse. So hatte Monika ihrer Mutter immer ganz genau erklären müssen, wann sie ging, wohin genau und wie lange. Monika konnte diese Sorge verstehen, obwohl sie sich oft zu sehr eingeengt fühlte. Ich für meinen Teil wollte nicht zu fordernd sein auch wenn es mir schwerfiel mich zu beherrschen. Mein Kopf verstand die berechtigten Sorgen der Eltern, ich pflichtete ihnen gedanklich sogar bei, weil ich aus nachvollziehbaren Gründen auch keine Frau wollte, die sich schnell mal diesem, dann jenem hingibt. An diesem Samstag nach der Arbeitswoche hatte ich, sehr wahrscheinlich auch Monika, keinen Vorsatz gefasst, heute einen weiteren Schritt zu gehen. Es sollte aber anders kommen.

Wir trafen uns wie immer auf unserem Platz auf der Postbrücke und freuten uns, einander zu sehen und die Arbeit hinter uns zu wissen. Wobei es bei Monika eigentlich nie einen komplett freien Tag gab wegen der Fremden, die schließlich täglich versorgt werden wollten. Ihren Eltern war dies ganz recht so, denn wer beschäftigt ist, macht weniger Dummheiten. Ich sah wieder Monikas Mutter vor mir, wie sie das Wort Dummheiten vor uns beiden aussprach. Ihr Blick war dabei besorgt, sie traute sich aber nicht, eine rundherum ablehnende Haltung einzunehmen. Sie hatte schon längst alle Möglichkeiten durchgespielt, mein Auftreten und meine Erscheinung bewertet und ihre älteste Tochter dagegengehalten, besser gesagt: sich das künftige Leben ihrer Ältesten ausgemalt. In letzter Zeit sprach sie nur von Dummheiten, nicht von Verboten, gesellschaftlichen Ächtungen oder künftigen Sorgen, aber auch nicht von unserem innigen Zugewandtsein und unserer Liebe zueinander, die auch sie glücklich machte. Kein Wort kam über ihre Lippen, zumindest nicht vor mir, wegen der Freuden der körperlichen Berührung und dem was noch folgen konnte. Wenn Monika aber ihrer Mutter stolz den ersten Enkel präsentieren würde, dann wäre auch sie vollkommen glücklich, ob nun Dummheiten dabei waren oder nicht.

Monika und ich spazierten gestern über die Brücke in Richtung Untermais. Wir freuten uns, händchenhaltend die Stadt hinter uns zu lassen und in die Natur zu gehen. Mitte Oktober war es immer noch warm, viel wärmer als ich es vom Allgäu her gewohnt war. Die Äpfel, die noch an den Bäumen hingen, waren prall, tiefrot und glänzten sogar einladend. In manchen Parzellen mit Weinstöcken hingen die Reben schwer herunter, manchmal bis fast zum Boden. Die frischen Triebe, die jedes Frühjahr in den Himmel hinaufschossen, waren längst abgeschnitten. Nur noch wenige, schon leicht verwelkende Weinblätter waren zu sehen. Jeder sah wohl nur noch die Reben und freute sich auf den Wein. Dennoch brauchte es wohl die Blätter, sonst würde der Weinstock nicht gedeihen können. In meiner Vorstellung war jedes Blatt eine Berührung mit Monika, die besonders großen Weinblätter sogar ein Kuss, jede Ranke eine Umarmung. Allzu wilde Triebe wurden auch bei uns abgeschnitten, der Stock spürte das schmerzhaft, trieb aber immer wieder neu aus gemäß den Jahreszeiten. Unsere Zeit war gekommen! Ich sah den Weinstock im Frühjahr mit aller Macht treiben, überschwänglich wedelnd, vielleicht übertrieben in seinem Drang. Sollte er besser zaghaft sein? Nein! Sollte etwa der Apfelbaum nicht alle Jahre wieder blühen, diesen riesigen Aufwand dafür betreiben und sich allerlei Gefahren aussetzen? Die Blüte kann erfrieren, das zarte Ästchen kann brechen. Es fliegen immer wieder Pollen von irgendwelchen anderen Pflanzen in die Blüte, die diese nur abweisen kann. In voller Blüte wartet sie in ihrem Hochzeitskleid wunderbar duftend auf den einen Pollen, der genau passt. Er muss die erwarteten Eigenschaften haben, gleichzeitig etwas Neues mitbringen. Wenn der neue Pollen nur wie die eigenen wäre, dann könnte sich die Pflanze den ganzen Aufwand sparen, dann könnte sie genauso gut aus sich selbst heraus die männlichen und weiblichen Anteile vereinen. Doch es soll ja eine Bereicherung werden, verschieden aber nicht zu verschieden. Es soll keine plumpe Wiederholung werden, es soll das Wesen erhalten bleiben und gleichzeitig ein bisschen weiterentwickeln. Es soll am Ende ein neuer Apfel entstehen oder köstliche neue Weintrauben, die wieder neue Samen in sich tragen.

Als wir an einem Gasthaus vorbeikamen, kamen wir nur durch Blicke überein, hier einzukehren. Der Wirtsgarten war sehr einladend mit seiner geschützten Lage im Schatten einer alten Edelkastanie. Wir scherzten darüber, wem nun zuerst eine *Keschtn* auf den Kopf fallen würde. Der Wirt meinte dazu gut gelaunt, in diesem Falle wolle er sich nicht lumpen lassen. So saßen wir nebeneinander auf einer Bank an einem hölzernen Tisch, der glattgeschliffen interessante Maserungen auswies. Wir ließen uns eine leichte Brotjause bringen und ein frisches Bier vom Fass. Wir wollten nur ein *Brettl* und nur ein Glas Bier, weil wir gemeinsam essen und trinken wollten.

„Möchtest du das Stückchen Paradeiser? Wie schmeckt dir der Speck? Das ist doch Emmentaler Käse. Das *Vinschgerl* ist immer wieder gut. Habt ihr das auch im Allgäu?" Mit solchen kleinen Sätzen genossen wir unser Essen. Monika steckte mir manchmal etwas direkt in den Mund. Wann hatte ich dies zuletzt erlebt? Gefüttert zu werden war lange her, sehr lange. Meine Erinnerung fand keine Bilder von eigenem Erleben, bestätigte mir aber, dass mich natürlich meine Mama von Anfang an versorgte. Nun ließ ich es zu, hatte sogar Freude an diesem Spiel, das ansonsten für ein *ausgewachsenes Mannsbild* völlig undenkbar war. Meine Lippen schlossen sich um all das was Monika mir darreichte. Dann gab auch ich ihr etwas, das sie mit ihren Lippen zunächst liebkoste und erst dann vollends annahm. Der einzig richtige Dank dafür war ein Kuss. Meine Lippen suchten ihren Mund, ihre so verheißungsvollen, auch nach der Brotzeit schmeckenden, vollen und weichen Lippen. Sie schmeckte anders als ich, obwohl wir doch dasselbe aßen. Es wurde ein längerer, drangvoller Kuss. Ich spürte sogar leicht ihre Zähne. War ich so drängend oder ließ sie es einfach zu? Wir lösten uns wieder, dabei behielt ich aber meinen rechten Arm in der Umarmung, meinen Ellenbogen auf der Banklehne abgestützt. Wir aßen schweigend weiter. Jedes einzelne Stück, das zum Mund geführt wurde, wurde von vier Augen beobachtet. In diesen Augenblicken spürte wohl jeder für sich, dass es nun wirklich nicht sein konnte, einfach gleichzeitig nach dem Essen zu greifen. Wenn eine Hand etwas nahm, dann war das eine Entscheidung, die vorher überlegt wurde und die Aufmerksamkeit des anderen fesselte. So nahm einer nach dem anderen ein paar wenige Happen. Keiner hatte den Vorsatz, bewusst langsam zu essen, stattdessen wollte sich jeder für sich etwas Zeit nehmen, nachzuspüren und den anderen nach diesem Kuss wahrzunehmen. Hatte sich etwas verändert? War die Berührung von Monikas Zähnen schon eine überschrittene Grenze, wie jemand, der bislang nur an einem Ufer verweilte, nun aber mit den Füssen im Wasser stand? Um bei diesem Bild zu bleiben, in diesem Falle sollten zumindest die Schuhe ausgezogen werden, die Kleidung konnte bleiben, freilich etwas hochgekrempelt an den Waden. Meine Gedankenwelt konnte und wollte zu keiner Klarheit kommen. Meine rechte Hand griff etwas mehr nach Monika, eigentlich nur ganz wenig. Sie reagierte sofort auf diese kleine Änderung und schmiegte sich noch ein bisschen mehr an mich. Vor uns an der Hauswand hing ein Schild mit *ZIMMER FREI*. Ich hatte es schon länger als solches wahrgenommen, aber nicht weiter darüber nachgedacht. Blickte auch Monika darauf, gerade jetzt, als meine Augen daran hängen bleiben wollten? Ich löste meinen Blick von dem Schild und schaute zu Monika. Ihre heute offenen Haare mit dem leichten Schwung ihrer Locken empfand ich besonders verlockend. Eine einzige Einladung diese Haare zu bewundern und anzufassen, um mich auch ihrem von diesen Haaren geschmückten Gesicht zu nähern. Ihre Haare, ihr Gesicht, ihr Mund. Die Berührung der Lippen, das Öffnen der Münder, die erste scheue Berührung der Zungen. Als unsere Münder sich wieder lösten, ließ Monika ihren Kopf auf meine Brust und an meinen Hals sinken. Bestimmt hatte sie die Augen geschlossen. Hatten wir nun schon wieder eine Grenze überschritten? Darüber wollte ich gar nicht nachdenken. Das Schild mit *ZIMMER FREI* hing noch immer an derselben Stelle.

42

Meran, Sonntag, den 16.10.1887

Prachtvolle Schönheit aus Fleisch und Blut. Anziehend, verlockend und für das Begehren geschaffen. In diesen Begriffen ließe sich möglicherweise der Körper der schlafenden Monika beschreiben, die ich im Halbdunkel des Schlafzimmers auf den zerwühlten Laken betrachtete. Wenn ich ein Maler wäre, dann würde ich diese großartigen, langgestreckten Linien wiedergeben, die auf ihrem nackten Rücken zu Formen von wundersamer Vollkommenheit geschwungen waren. Auch der Winkel der um das Kopfkissen geschlungenen Arme würde auf meinem Gemälde ins Auge fallen. Überhaupt sollte es mir als Maler gelingen, das mit einem Bild eigentlich Unmögliche zu schaffen, nämlich Beweglichkeit auszudrücken. Es würde zum Beispiel an ihren Armen zu erkennen sein, wie diese gelenkig und geschmeidig in alle Richtungen zeigen konnten. Immer wieder schaute ich auf die ausladende und doch sanfte Kurve ihrer Hüfte, verlängert durch die schlanken, leicht gespreizten Beine. Verheißungsvolle Rundungen und eher gerade Konturen ihrer Beine flossen ineinander über, führten zueinander und unterstrichen sich gegenseitig. Ihr Schoß war nicht zu sehen, nur zu erahnen. Strebten all die langen Linien und sanften Kurven dort hin, zur Mitte, ihrem Schoß? Je länger ich sie betrachtete und je mehr ich mich vom Drängen meines wiedererwachten Gliedes lösen konnte, desto mehr nahm ich sie als Gesamtheit wahr. Was an ihr war nicht weiblich? Diese Frage, die ich mir bei der ersten Begegnung schon gestellt hatte, kam wieder hoch mit den Bildern und Eindrücken, als ich sie beim Einkaufen erblickte. Schon damals wusste ich, alles an ihr war weiblich, nicht nur ein gewisser Teil. Freilich waren Mann und Frau zuerst mal Menschen und somit in sehr vielem gleich.

Unser Schöpfer wusste aber von Ewigkeiten her wie er es anlegen musste, wie Verschiedenheiten zunächst trennen und dann doch wieder zusammenführen. Mein Glied und ihre

Scheide, jedes für sich ist eigentlich sinnlos, erst in der Vereinigung erreichten beide ihre Bestimmung. Wer wird das
jemals ganz verstehen?

Ihre offenen Haare lagen wie verstreut auf dem Kissen und
teils auch auf ihrem Rücken. Ich konnte die Form ihres Kopfes
nur erahnen. Erst als ich mich ein wenig erhob, war ein Teil
ihres Gesichtes zu sehen. Ihre zarte Wange wollte ich am
liebsten spontan küssen, doch ich wollte ihren Schlaf nicht
stören. Ich verzichtete darauf, sie zu berühren, spielte aber
ein bisschen mit ihren Haaren.

Gestern Abend gab es keine Grenzen mehr beim Anfassen,
Umarmen und Fühlen des Anderen. Jetzt begnügte ich mich
damit, sie anzuschauen und war auch zufrieden, für den
Moment zufrieden. Ihre Haut war so anders als meine. Meine
Körperbehaarung war nicht sehr ausgeprägt, doch deutlich
mehr als bei ihr. Und wenn ich Körperbehaarung an ihrem
Körper entdeckte, dann war alles viel kleiner, heller und
zarter.

Als ich heute Nacht ihre Brüste mit meiner Zunge lustvoll
liebkoste, war kein Platz in mir für nüchterne Betrachtungen.
Erst jetzt bestätigte mir meine Erinnerung, dass meine Zunge
kein einziges Härchen auf ihren Brüsten gespürt hatte. Ihre
Haut war überall glatter und weicher als meine, es zeichneten
sich zudem kaum Muskeln ab. So entstand ein Eindruck von
einem einheitlichen Körper, der als Ganzes lebt, eben nicht
aufgeteilt in einzelne Kraftbereiche wie bei Männern. Ich
wollte ihre Haut wieder anfassen, ihre Rundungen an den
Brüsten, der Taille und dem Becken streicheln. Hatte ich nicht
in all den letzten Jahren gehofft, eigentlich dafür gelebt, so
weit zu kommen, mit ihr zu schlafen und anschließend zu-
sammenzubleiben?

Sie lag jetzt selig schlafend auf dem Bauch und etwas zur
Seite. Auch ihr Rücken war für mich eine einzige Einladung
zum Geschlechtsverkehr. Gestern hatte ich sie zum ersten
Mal vollkommen nackt gesehen. Als wir uns mit gebremster
Eile der Kleider entledigt hatten, stand mein Glied gleich steil
nach oben. Da es mir unmöglich war, dies zu verbergen,
fühlte ich mich zunächst nackter als sie. Tatsächlich war mein

äußeres Geschlechtsteil deutlich sichtbarer als ihre Scheide. Doch waren ihre Brüste kein Geschlechtsteil? Was an ihr war eigentlich nicht weiblich und verführerisch? Sehr langsam und behutsam erkundete ich ihren Körper. Meine Hände durften sie überall berührten, meine Lippen suchten nun nicht mehr nur ihre Lippen, sondern auch ihr Gesicht, den Hals, die Brüste. Monika gab sich mir hin und fand immer sehr passende Antworten auf mein Wollen und Drängen. Zunächst waren zwischen ihren Beinen nur Schamhaare zu sehen, die auf mich wie ein Versteck wirkten. Was für ein Gegensatz! Meine Männlichkeit stand „wie eine eins" und ihre Scheide wollte sich nicht mal zeigen. Als sie mein Glied zärtlich anfasste, reagierte meine Latte sofort mit noch mehr Schwellung und Begierde. Ihre zarte Hand an meinem Penis hätte schon ausgereicht, zum Höhepunkt zu kommen. Wir wollten aber mehr! Die Art und Weise wie ihre Hand meinen Penis umgriff und liebkoste war wie ein Vorgeschmack. Wie würde erst ihre Scheide mich umfangen und sich anschmiegen? Ich begann behutsam mit meinen Fingern ihre Öffnung zu erkunden. Dabei verließen mich alle kühlen, berechnenden oder vergleichenden Gedanken. Ich gab mich dem Drängen der Lust einfach hin. Mein Mittelfinger erreichte zwischen ihren Schamlippen den Bereich wo es besonders weich und zugänglich war. Als mein Finger etwas tiefer gehen konnte, ohne ein Ende zu spüren, dabei umfangen von ihrer weichen, feuchten und warmen Haut, fühlte ich mich wie ein Fallender. Kein Ende in ihrer Öffnung in ihren Körper hinein war zu spüren. So fiel ich, nicht wie einer, der am Abgrund steht und eine Entscheidung zu treffen hat, nein, ich war bereits in mir ohne Halt, genoss mein freies Fallen und wollte mich nirgendwo festhalten. So wie ich mit meinem Finger tiefer in sie hinein hätte gehen können, bis wohin war nicht zu erahnen, so zog sie mich immer weiter hinein, in dem Maße wie ich auch selbst innerlich schwerelos fortgerissen wurde. Mein zum Bersten angeschwollener und verhärteter Penis, bis dahin mit Willenskraft mühevoll zurückgehalten, übernahm nun endgültig. Was war schon mein Finger gegen das unbändige Verlangen meines Gliedes? Meine Hände wollten ihr ganzes Becken umfassen. Jede Hand nahm sich eine Pobacke, ihre Beine blieben in der geöffneten Stellung. Die zarte Haut ihrer Schenkelinnenseite, in ihren runden Formen und der einladenden Stellung, streifte mich und blieb liebkosend an meinen Seiten. In ihrer Mitte wartete ihre Scheide, friedlich und empfänglich und gleichzeitig lockend. Mein Penis drängte hinein, ihre Scheide erwartete. Mein Penis verschaffte sich Platz in ihrer engen Grotte, ihr Inneres umfing mich von allen Seiten. Sie konnte mich aufnehmen in meiner ganzen Länge, ich fand kein Ende. Sie begann zu stöhnen, ich hätte schon davon zum Samenerguss kommen können. Ihre Höhle wurde glitschiger und dennoch eng, meine Bewegungen wurden fordernder. Ich wurde mit den Stößen meines Beckens aktiver, sie schien passiver zu werden. Wie ihr ganzer Körper zeigte mir auch ihr Gesicht, wie sie die Lust genoss. Ihre Augen gaben mir zu verstehen, dass sie bei all dem bei sich bleiben konnte während ich mich vollends vergaß. Ich konnte in ihr bleiben und etwas verweilen in dieser tiefen Verbindung oder wieder aktiver werden. Erst etwas heraus aus ihrer Lustgrotte, um dann noch lustvoller wieder hineinstoßen zu können. Mein von ihr nasses, von wonniger Lust geschwelltes Glied wollte ich aber nicht mehr ganz herausziehen. Mein Becken konnte sich an ihres pressen wie ich wollte, ihre Beine wurden dabei nach oben gedrückt, ihr Becken in meinen Händen wollte sich an mich zu verschenken. Meine Lust, ihre Lust, unsere Lust steigerte sich noch mehr, bis zu einer letzten Vereinigung suchenden Bewegung hinein. Schon kurz vor dem vollständigen Umfangen meines Gliedes entlud sich alle wonnige, fast schon schmerzliche Anspannung in einer Explosion. Mein Samen schoss heraus, genau gemäß seiner Bestimmung. Ein Gefühl der tiefen Erfüllung machte sich breit. Etwas von mir hatte mich verlassen und war nun in ihr. Was genau die Natur damit machen würde wusste ich nicht, es war mir auch egal. Ich blieb noch eine Zeit lang in ihr. Als mein Glied letztmalig heraus glitt, war es schon wieder deutlich kleiner.

In dieser Nacht erreichten wir zum ersten Mal gemeinsam den Höhepunkt, den Höhepunkt überhaupt! Ihre Scheide war jetzt nicht zu sehen, aber ich wusste, dass mein Samen in ihr war, und das schon seit Stunden. Was geschah damit? Ich wusste es nicht, wahrscheinlich wusste sie es auch nicht. Ich würde sie danach fragen, wenn sie erwachte. Es konnte doch sein, dass sie etwas in sich spürte, immerhin entstand vielleicht gerade ein neuer Mensch! Ich hatte schon von Frauen gehört, die völlig überrascht waren, wenn ihr Bauch wegen einer Schwangerschaft anschwoll. Offensichtlich konnte sich so ein Menschenleben unbemerkt entwickeln. Also könnte es nun sein, dass ich jetzt schon ein werdender Vater war oder nicht und in beiden Fällen absolut nichts spürte. Ich würde also warten müssen. Und wenn sie nun schon schwanger geworden war, dann würde Gott und die Welt darauf bestehen, dass ich sie heiraten musste. Von einem *muss* konnte keine Rede sein, liebend gerne würde ich das tun!

Bei der Erinnerung oder dem Nachspüren an unsere Vereinigung versteifte sich mein Glied wieder. Ihre langen, auf dem Kopfkissen verstreuten Haare gaben ein Stück des bloßen Nackens frei. Ich wollte sie wecken, hielt mich aber noch zurück. Für den Augenblick begnügte ich mich, mit meinem Mund ganz nah an ihrem Rücken entlang zu fahren, ohne sie zu berühren.

Dabei spürte ich ihre Lippen wieder, als würde sie mich jetzt auf meinen Mund küssen. Schließlich legte ich mich wieder auf den Rücken und hätte vor Freude platzen können.

Die Feuersbrunst von dem Hof bei Opfenbach kam mir wieder in den Sinn. Inzwischen war mir klar, dass ich berechtigterweise auch dankbar dafür sein sollte. Das Feuer versuchte sich nicht an einem Neubau mit frischem und damit feuchtem Holz. Das Feuer konnte viele Jahrzehnte warten bis das Holz alt und trocken genug war. Der verzehrende Brand nahm sich dann alle verbliebene Starrheit, die noch im Holz steckte, und bereitete ein vorzeitiges Ende.

Wie konnten doch auch Menschen in ihren Gewohnheiten trocken erstarrt sein. Ein kleiner Funke der Leidenschaft konnte alles entflammen! Es brennt sogar umso besser, je trockener alles ist. Sinnbildlich brannte auch in mir solch ein Feuer. Für meine Monika ein heftiges und loderndes Feuer, das mich vor lauter Leidenschaft kopflos vorgehen ließ. Es verzehrte mich, ohne mich aufzuzehren. Es trieb mich an und schenkte mir Tatkraft. Die Feuersbrunst schenkte mir neues Leben, dafür war ich zutiefst dankbar.

„Das Spiel mit dem Feuer beinhaltet immer auch Gefahr", warnte mich mein Verstand. Darauf fand ich keine Antwort. So sollte es wohl auch sein.

43

Es ist auf den Tag genau zwanzig Jahre her, als ich damals mit knapper Not dem brennenden Hof bei Opfenbach entronnen bin. Ich bin nun schon 49 Jahre alt. In diesem Alter kann man auf vieles zurückschauen. Es liegt wohl mehr hinter mir als vor mir. Ich bin zufrieden!

Damals war ich 29 und nahm meinen Weg über das Rheintal, dann in die Schweiz bis ich schließlich im Vinschgau ankam. Anschließend ging es noch vollends runter nach Meran. Und hier bin ich geblieben.

Die ganze fünfköpfige Familie ist gesund und die wirtschaftliche Grundlage, das Geschäft mit den „Fremden", hat sich als stabil erwiesen und wurde deshalb bereits ausgeweitet. Wir haben drei gesunde Kinder. Nachdem ich es dreimal miterlebt habe, wie meine Monika schwanger wurde, einen immer größeren Bauch bekam und anschließend unter unvorstellbaren Schmerzen entband, weiß ich wie groß der weibliche Anteil ist an einem entstehenden neuen Menschen. Auch nach der Geburt ist zunächst die Mutter viel wichtiger als der Vater. Dennoch sind es unsere gemeinsamen Kinder. Was war meine Aufgabe? Ich sollte wohl meine Ursprungsfamilie verlassen, weit weg aber nicht zu weit weg, und es dann schaffen, mit meinen Samen neues Leben zu zeugen. Es gibt Männer, die dies ohne andauernde liebevolle Beziehung vollbracht haben, doch dies ist nicht gefällig und schafft viele Probleme. In der Bibel heißt es: „Darum wird ein Mann seinen Vater und seine Mutter verlassen und an seinem Weibe hangen, und sie werden ein Fleisch sein." Ich soll von außen kommen, wie ein durch die Luft fliegender Pollen, dort ankommen und bleiben. Wenn die Kinder klein sind und an der Mutter hängen, soll ich wieder wie von außen kommen und eindringen in diese Innigkeit. Die Blüte, als Bild für Weiblichkeit, bleibt da wo sie ist, verändert sich und wird später zu einer Frucht. Der Pollen, als Bild für Männlichkeit, löst sich, geht einen teils gefährlichen Weg und soll erst dann ankommen. Schon während ich diese Einsichten in Worte kleide, regt sich Widerspruch. Das wird wohl immer so bleiben. Dennoch schreibe ich.

Was habe ich mit meinem Leben erreicht? Zuallererst überhaupt bis zum heutigen Tag überlebt zu haben. Am Leben zu bleiben, im Leben zu sein war und ist nicht selbstverständlich. Ich bin mir sicher, dass ich es nicht überlebt hätte, wenn ich vor zwanzig Jahren im Allgäu geblieben wäre. Ich musste unfreiwillig meine Heimat verlassen, doch letztlich war es ein Glücksfall für mich, denn sonst wäre ich nicht hier in Meran, wo es meiner Familie und mir gut geht. Wie eng doch Unglück und Glück zusammenliegen. Der brennende Hof nahm Menschen und Tieren das Leben, gleichzeitig brachte mich diese Kraft in ein neues Leben, nicht mehr als Knecht, in ein anderes Land und zu für mich ganz neuen Menschen. Tod und auf der anderen Seite Leben! Es fällt mir immer noch schwer, dies richtig zu verstehen. Manchmal erscheint mir die Redewendung mit den zwei Seiten einer Medaille geeignet, dieses Mysterium auszudrücken. Doch unsere Sprache ist wohl nicht wirklich geeignet, zu beschreiben wie Leben und Tod sich zunächst ausschließen und doch wieder zusammengehören.

Südtirol und Wein: Das gehört einfach zusammen. Ich bin überaus glücklich, mich selbst auch einen Winzer nennen zu können, da zur Familie auch eine Weinparzelle gehört. Von meinem Schwiegervater wurde ich über die Jahre in diese Kunst eingewiesen. Unser Flurstück mit den Lagrein Stöcken ist vergleichsweise klein, dennoch steckt viel Arbeit darin. Fast alle Jahre können wir den Gästen unseren eigenen Wein anbieten, die ihn sehr wertschätzen. Manche wollen sogar zum Weinberg mitgenommen werden und selbst schauen woher der Wein kommt.

Die ersten Anbaugebiete habe ich im unteren Vinschgau gesehen, über Meran geht es zu weiteren Regionen des Landes. Als Allgäuer hatte ich ja kaum eine Ahnung vom Wein, deshalb hatte ich viel zu lernen, vom richtigen Beschneiden bis zur Kellerei, von den Fachbegriffen bis zu den Besonderheiten der heimischen Sorten wie Blatterle, Fraueler, Goldbeere oder Pfefferer. Die bekannteste Traubensorte ist der Vernatsch, die einen hellroten, leichten und süffigen Tropfen ergibt. Vernatsch passt immer und zu allem, besonders gut zur *Marend*, der typischen Südtiroler *Brettljause* mit Speck, Kaminwurzen, Käse und Schüttelbrot. Am allerbesten mundet die *Marend* bei den Bauern, die ihren Speck noch selbst herstellen und dazu den eigenen Wein ausschenken, in den sogenannten *Buschen*. Wein war und ist Grundnahrungsmittel der Bevölkerung.

Die vielen Äpfel auf den Obstwiesen sind eine weitere Besonderheit. Der tiefgründige Boden und das von der Sonne verwöhnte Klima bieten dem Apfel hervorragende Bedingungen. Die warmen Sommertage und kühlen Herbstnächte sorgen für die einzigartige Fruchtfarbe und den hervorragenden Geschmack.

In diesem Zusammenhang dürfen die Früchte der Edelkastanie nicht vergessen werden. Sie gehören zu den Grundnahrungsmitteln in Südtirol, und so wie ich gehört habe, in vielen Gebieten rund ums Mittelmeer. Die Maroni gehört zu den größten, mächtigsten und nützlichsten Bäumen, die ich kenne. Auffallend sind die Längsrisse im Stamm, die nicht parallel, sondern in Windungen, sozusagen „um den Baum herum" wachsen. Kastanien gedeihen am besten auf lockeren, nicht zu fetten, feuchten Böden. Regen ist während der Wachstumsphase der Früchte willkommen. Die kräftigen Wurzeln greifen zwar nicht besonders tief in den Grund, breiten sich aber sehr weit aus und verleihen dem Baum auch beim stärksten Sturm einen festen Stand. Der Stamm einer ausgewachsenen Edelkastanie kann über zehn Meter im Umfang betragen. Die Kastanienfrüchte, oder wie sie hier genannt werden *Keschtn*, sind sehr nahrhaft und gesund. Man bekommt sie frisch nur im Herbst und Spätherbst. Bereits Ende Januar werden sie schlecht. Eine herbstliche Delikatesse sind über Holzkohle geröstete *Keschtn*. Zunächst muss man sie auf der gewölbten Seite mit einem spitzen Messer einritzen. Dann brät man sie unter ständigem Wenden in einer speziellen durchlöcherten Pfanne und bedeckt sie einige Minuten mit einem feuchten Tuch. So lassen sie sich leicht schälen. Wenn es ans Essen geht, dann sagt man: *Auf drei Keschtn, ein Glasl Wein.*

Eine weitere Besonderheit in Südtirol ist das Törggelen im Herbst. Wenn die Ernten des Jahreslaufes eingebracht wurden, bekommen die Knechte und Mägde eine freie Zeit als Belohnung für die treue Arbeit. Dies ist die einzige Zeit im Jahreslauf, in der sie ihrem Alltag entkommen können, der geprägt ist von täglicher Arbeit und sonntäglichem Kirchgang. Das Törggelen ist sozusagen die Erlaubnis, das Dorf zu verlassen, um woanders den neuen Wein, den *Nuien* zu probieren, den sich jedermann leisten kann, weil er nicht so teuer angeboten wird. Dies ist die Gelegenheit, mit einem anderen Bauern als Dienstherrn ins Gespräch zu kommen. Nicht zuletzt ist das Törggelen auch ein Heiratsmarkt.

Unsere Bürgermeister sind sich der Wichtigkeit der Sanierung im hygienischen Sinne bewusst. Und die Kurvorstehung brüstet sich damit, bereits 1891 vom HygieneKongress in Wien für die außerordentlich günstigen sanitären Verhältnisse gelobt worden zu sein. Schon die pneumatischen Apparate, die die Senkgruben ab den 1890er Jahren auspumpten, verbesserten die Situation erheblich. Doch die erst seit diesem Jahr betriebsbereite Kanalisation ist der entscheidende Fortschritt. Zudem wurde die Zuführung von Hochquellwasser der wachsenden Nachfrage angepasst.

In Südtirol gibt es so manche Familie mit bayerisch klingenden Namen. Auch die Mundart erinnert an die vielen Bayern, die bereits vor mir eingewandert waren. In gewisser Weise schloss sich nun der Kreis für mich als den gebürtigen Bayern, zwar nicht aus Altbayern, aber doch aus dem Königreich Bayern.

Nachwort

Wie komme ich überhaupt dazu, einen Roman zu schreiben, der in einer Zeit spielt, die 135 Jahre vergangen ist? Natürlich konnte ich niemanden persönlich fragen, Geschichtsprofessoren habe ich erst gar nicht gesucht. Vieles war im Internet herauszulesen, Wikipedia war oft eine große Hilfe.

Die Hauptinspirationsquelle, wenn ich das so schreiben darf, war meine Kindheit und Jugend im Westallgäu. Diese war in den 60er und 70er Jahren des letzten Jahrhunderts, also auch deutlich nach dem Handlungszeitraum. Warum also dennoch? Erstens, weil es mir Freude bereitet, diesen Roman zu schreiben. Zweitens, weil ich mich auf die grundsätzliche Freiheit eines Erzählers berufen kann. Drittens, weil mir die Inspiration zum Schreiben meistens zufliegt, manchmal sogar auf fast mysteriöse Weise aus meinem Umfeld. Und viertens, weil mein Stammbaum lückenlos bis zum heutigen Tag existiert. Es gab somit garantiert auch ganz persönliche Vorfahren, sogar mehrere, die genau in dieser Zeit um 1887 gelebt hatten. Hinzu kommt, dass diese Vorfahren sehr wahrscheinlich im Allgäu und Bodenseeraum gelebt haben, also genau zur richtigen Zeit am richtigen Ort. Diese Ur, Ur, wie viele Ur weiß ich nicht, Väter und Mütter wiederum gaben ihre Gene weiter, von Generation zu Generation, bis zu mir! Es wäre also höchst vermessen zu behaupten, dass nichts mehr aus 1887 in mir stecken würde.

Bei diesen Ausführungen möchte ich, eine gewisse Anmaßung sei mir hier erlaubt, Zhuangzi zitieren aus dem Buch der daoistischen Weisheit: „Er kehrt zurück und erschöpft sich nicht; er spürt dem Altertum nach und erforscht es nicht – das ist die Wahrhaftigkeit des großen Menschen."

Im August 2021 bin ich mit meiner Andrea nach Meran gefahren. Es war die erste größere Reise mit unserem neuen Hybrid-Auto mit Elektromotor und Solardach. Von meinem

Elternhaus aus sind wir, vorbei an Opfenbach, genau die Strecke gefahren, die der Schorsch mühsam erlaufen musste. Ich habe es sehr genossen, mich während der Fahrt inspirieren zu lassen. Mehr als einmal habe ich gebeten, anzuhalten, weil ich meine Feststellungen und Inspirationen sofort zu Papier bringen wollte.

Viele Informationen habe ich dem Buch „Schönes Südtirol" von C. Zingerling und F. Haller entnommen.

Ein paar Gedanken habe ich von Peter Roseggers Erzählung „Als wir zur Schulprüfung geführt wurden" mitgenommen.

Bei Kapitel 27 hat mich Gedankengut von Hermann Hesse inspiriert.

Die Grundlage für Kapitel 29 war mein Besuch im Museum Passeier. Dieses Haus in St. Leonhard war früher ein Bauernhof und das Geburtshaus des Südtiroler Volkshelden Andreas Hofer.

Einmal habe ich tatsächlich geschummelt, wahrscheinlich sollte ich ganz einfach bekennen, dass ich abgeschrieben habe. Siehe Seite 20. Der Absatz beginnend mit: „Die Lebensläufe …" stammt aus dem Spiegel-Heft „Leben im Mittelalter".

Wenn dies hier meine Doktorarbeit und ich Politiker wäre, dann könnte mir das hierzulande zum Verhängnis werden.

Darauf möchte ich aber nicht näher eingehen. In diesem Zusammenhang verweise ich lieber auf den Spruch:

„Wenn du eine Weisheit aus einem einzigen Buch klaust, bist du ein Plagiator. Aber wenn du aus zehn Büchern klaust, nennt man dich einen Gelehrten, und wenn du aus dreißig oder vierzig Büchern klaust – einen hervorragenden Gelehrten."

Ach ja, die Quelle muss sofort zitiert werden: von Amos Oz, „Eine Geschichte von Liebe und Finsternis".

Zu Kapitel 14: Auch wenn etwa die Hälfte der Bevölkerung armutsbedingt keine Heiratserlaubnis bekam und ledig bleiben musste, sank nicht die Zahl unehelich geborener Kinder.

Geschätzt zehn Prozent aller im 17. und 18. Jahrhundert in Bayern geborenen Kinder sind "*Bankerte*" und in den Münchner Vorstädten kam sogar fast jedes zweite Kind außerehelich zur Welt. Wo diese Kinder entstehen, sagt ihr Name: *Bankert* hießen sie nach der Bank, auf der die Dienstboten und Mägde schliefen.

Eichenau im Dezember 2022
Johann Steinhauser

Danksagung

Mein erster Dank gilt meiner lieben Andrea für die vielen kleinen Gespräche während des Schreibens wegen Fragen wie folgt: Wie klingt das? Wie kann ich das schreiben? Ist dieses Wort hochdeutsch?

Auf chinesisch sage ich danke *„xie xie"* an Ling Han für viele aufschlussreiche Gespräche zum Daoismus.

Die Insiderkenntnisse meines Nachbarn Armin Maas zu Südtirol haben mein Buch maßgeblich bereichert.

Alle meine Fragen zu den „früheren Zeiten" und speziellen Allgäuer Ausdrücken bekam ich beantwortet von dem Heimatpfleger Wolfgang B. Sutter aus Niederstaufen. Zudem erwies er sich als ein hervorragender Kenner der Westallgäuer Mundart; auch deren Schreibweise.

Der Besuch im Gemeindearchiv des Opfenbacher Rathauses war für mich sehr aufschlussreich. Mein *Vergelt's Gott* an Gebhard Straub.

Es wurde mir empfohlen, mit dem Opfenbacher Heimatpfleger Herbert Bader Kontakt aufzunehmen. Auf diese Weise traf ich nach vielen Jahren wieder meinen Cousin Herbert. Vielen Dank für deine Ausführungen rund um den Hausbau.

Ich bedanke mich auch bei der Kreisheimatpflegerin Inge Heining aus Olching.

Last not least bedanke ich mich bei Eva Maria Bader für ihr hilfreiches Lektorat und bei Wolfgang Bader für sein kritisches Probelesen, das Layout und die gelungene Umschlagsgestaltung.